A ousadia do poema

FUNDAÇÃO EDITORA DA UNESP

Presidente do Conselho Curador
Mário Sérgio Vasconcelos

Diretor-Presidente / Publisher
Jézio Hernani Bomfim Gutierre

Superintendente Administrativo e Financeiro
William de Souza Agostinho

Conselho Editorial Acadêmico
Divino José da Silva
Luís Antônio Francisco de Souza
Marcelo dos Santos Pereira
Patricia Porchat Pereira da Silva Knudsen
Paulo Celso Moura
Ricardo D'Elia Matheus
Sandra Aparecida Ferreira
Tatiana Noronha de Souza
Trajano Sardenberg
Valéria dos Santos Guimarães

Editores-Adjuntos
Anderson Nobara
Leandro Rodrigues

Luiz Costa Lima

A ousadia do poema

ENSAIOS SOBRE A POESIA MODERNA
E CONTEMPORÂNEA BRASILEIRA

© 2022 Editora Unesp

Direitos de publicação reservados à:
Fundação Editora da Unesp (FEU)
Praça da Sé, 108
01001-900 – São Paulo – SP
Tel.: (0xx11) 3242-7171
Fax: (0xx11) 3242-7172
www.editoraunesp.com.br
www.livrariaunesp.com.br
atendimento.editora@unesp.br

Dados Internacionais de Catalogação na Publicação (CIP) de acordo com ISBD
Elaborado por Vagner Rodolfo da Silva – CRB-8/9410

L732o   Costa Lima, Luiz

A ousadia do poema: ensaios sobre a poesia moderna e contemporânea brasileira / Luiz Costa Lima. – São Paulo: Editora Unesp, 2022.

Inclui bibliografia.
ISBN: 978-65-5711-124-6

1. Literatura brasileira. 2. Poesia. I. Título.

2022-644   CDD 869.1
                                                         CDU 821.134.3(81)-1

Editora afiliada:

Asociación de Editoriales Universitarias
de América Latina y el Caribe

Associação Brasileira de
Editoras Universitárias

"Théoriquement, on sait que la terre tourne, mais en fait on ne s'en aperçoit pas, le sol sur lequel on marche semble ne pas bouger et on vit tranquille"

[Sabemos teoricamente que a terra gira, mas, na verdade, não o notamos; o chão que pisamos parece que se move, e a gente vive tranquilo]

Marcel Proust, *À sombra das raparigas em flor*, trad. de Mário Quintana

Sumário

Prefácio teórico – Poesia e experiência estética   *9*
Introdução – Letras à míngua   *31*

PRIMEIRA PARTE – A POESIA CONSOLIDADA

I. Acerca de Bandeira e Cabral   *43*
II. A forja da poesia: Carlos Drummond de Andrade   *57*
III. Dois poemas de João Cabral de Melo Neto   *81*
IV. Sebastião Uchoa Leite: resposta ao agora   *111*
V. O experimentalismo teorizado dos concretos   *187*

SEGUNDA PARTE – ALGUNS CONTEMPORÂNEOS

VI. Max Martins: a excepcionalidade paraense   *213*
VII. Francisco Alvim: a busca de um rumo   *239*
VIII. Oswaldo Martins: o vazio positivo   *259*
IX. Orides Fontela: a outra cena   *279*
X. Os trajetos na poética de Ana Martins Marques   *299*
XI. Dora Sampaio: a busca de si   *319*

Adendo – No contexto do concretismo,
   a poética de Augusto de Campos   347
Bibliografia   377
Índice remissivo   389

Prefácio teórico

Poesia e experiência estética

> "There is a sense in sounds beyond their meaning."
>
> Wallace Stevens, "Pieces"

Mesmo que não tenhamos lido Agostinho, é provável que saibamos que, nas *Confissões*, o douto santo dizia saber o que é o tempo, contanto que ninguém o indagasse (cf. Agostinho, 1977, p.14).

É menos divulgado que, séculos depois, um certo Samuel Johnson diria o mesmo sobre a poesia. James Boswell, seu biógrafo exemplar, relata o diálogo, travado em 11 de abril de 1776:

Boswell: "Then, sir, what is poetry?".

Johnson: "Why, sir, it is much easier to say what it is not. We all know what light is; but it is not easy to tell what it is" (Boswell, 1892, p.85).

O cotejo das passagens nos ensina a suspeitar da suficiência das definições. Não se diz que elas sejam impossíveis ou impraticáveis – mesmo fora das ciências e do ambiente acadêmico, a sobrevivência diária se tornaria caótica sem um mínimo delas.

Isso não impede que sua eficácia dependa da obediência a dois pressupostos: a) que se limitem a ser descritivas, tenha ou não a descrição uma função normativa; b) que concirnam a objetos ou situações verificáveis ou de reconhecimento imediato ou quase imediato, isto é, que sejam reconhecíveis no que é a realidade para uma certa sociedade. Posso então definir um martelo, um parafuso, uma colher ou uma situação, assim como "a arrogância do império não impediu que a torre ruísse". Contudo, mesmo em relação a instrumentos e situações evidentes, é indispensável levar em conta o segundo limite. Já provocará transtorno se eu me perguntar: para que servem tais coisas ou advertências? A resposta passará a depender de variáveis não previamente dadas: o conhecimento de que tempo e espaço se trata; e, dentro destes, de qual conjuntura atualizada por uma comunidade com seus hábitos e valores. Por isso mesmo, um conjunto de definições não forma uma teoria, tampouco uma teoria se confunde com um conjunto de axiomas.

Tais considerações não diminuem as dificuldades evidenciadas por Agostinho e Johnson. No primeiro caso porque Agostinho não ultrapassa o obstáculo a uma definição do tempo pelo uso do que hoje chamaríamos de uma "fenomenologia pura do tempo". Pois, ainda que suspendamos a nossa suspeita contra a dita "pureza", haveremos de concordar que "[...] a 'teoria' é inseparável da operação argumentativa, pela qual o pensador corta uma depois das outras cabeças sempre renascentes da hidra do ceticismo" (Ricoeur, 1987, p.23). Não separar a teoria da força da argumentação significa que sua concepção do tempo não caberá numa definição que, caso seja formulada, valerá apenas como recurso provisório, por exemplo, editorial, importante para a circulação de dicionários e enciclopédias. No caso de Samuel Johnson, a situação é mais grave: embora tão variadas, suas conversas com Boswell nunca pretenderam discutir ou esboçar alguma teoria que pretendesse ser adequada à poesia.

Só aparentemente, o pensamento contemporâneo nos põe numa situação menos embaraçosa. Seus dois máximos extremos,

Heidegger e Wittgenstein, indicam nosso desconforto. A eles recorrerei de maneira extremamente simplista.

Para Heidegger, a poesia (no sentido amplo de arte) é um instrumento privilegiado na revelação do Ser dos entes. Ao contrário do que o Ocidente pensara desde os gregos, o Ser já não se confunde com algo simplesmente situado "atrás" da substância ou habitante de uma região mais estável daquele em que os entes proliferam, mas, sim, o que se revela apenas instantaneamente para que logo retome à sua situação de velado (*verbogen*). A poesia é uma das formas pelas quais o Ser se desvela para que, como sucede nas outras maneiras, logo recaia em seu encobrimento (*Verdeckung*) originário. A formulação, embora mereça e já tenha recebido longos desenvolvimentos, é mais especulativa do que explicativa. Ou mais explicativa da própria concepção heideggeriana do *Dasein* do que da suposta poesia. Sem embargo, algo de fecundo é trazido ao leitor: embora o pensador a encare oblíqua e especulativamente, passamos a saber melhor que a poesia não é uma miragem ou algo dependente de um puro arbítrio (a intenção autoral ou a compreensão do leitor como árbitro). Ela, na verdade, é algo que a atividade no mundo cotidiano tende a ignorar.

No extremo oposto, localiza-se o mínimo que extrairei de Wittgenstein. É verdade que, na passagem que temos em mira, o filósofo austríaco não falava de poesia, mas, sim, de experiência estética. Mas a diferença de sujeito não seria por si um obstáculo, porquanto, se encontrarmos alguma trilha, no que diz sobre a experiência estética, se tornará menos misterioso o caminho de compreensão da poesia. Sabendo que assim se dá, reconhece-se que o avanço não será de ajuda para quem ainda aspire algo próximo a uma definição. A experiência estética, para Wittgenstein, é mais um "jogo de linguagem" (*Sprachspiel*), que só se define no interior de uma certa cultura: "O que pertence a um jogo de linguagem é toda a cultura" (Wittgenstein, 2007, p.8).

Como jogo de linguagem, a experiência estética não acolhe, revela e desfaz algo encoberto. O que se passa nela ocorre na superfície das palavras sintaticamente coordenadas, portanto entre elas, e não em seu interior. Mesmo porque não se nega o acerto do que é dito; da reflexão de Wittgenstein, resulta que o mero recurso à "ciência da linguagem" não bastará para que sejam compreendidas as regras do jogo. Será preciso determinar quando e onde o jogo se desenrola e, a partir dessas coordenadas, sua situação precisa. Se imaginamos, por exemplo, uma cultura extremamente ritualística em que a formulação *"m'illumino d'immenso"* constituísse uma forma de cumprimento (!), digamos que reservado ao reencontro de um raro amigo, o verso de Ungaretti simplesmente perderia o caráter de um pragmático automatizado. (O exemplo inverso parece altamente improvável. Mas não estamos livres do arbitrário; não esqueçamos o poeta alemão que, pela simples conversão em "estrofe" da escalação de uma equipe de futebol, pretendia apresentar um poema.)

Em síntese, as reflexões decorrentes da referência aos dois pensadores, ao lado de desenvolvimentos imediatos feitos acima, recebem uma formulação pontual: há fenômenos que, apesar de sua frequente incidência, oferecem uma entrada mínima para o entendimento, no sentido pleno do termo. E, ainda quando alcançamos algum acesso a ele, este será sempre argumentativo. Daí sua impossibilidade de receber definição, no sentido próprio e dicionarizado do termo. É o caso da poesia. Seu pleno entendimento dependerá de mergulharmos nos *Spielesprache* e diferençar o jogo que lhe é específico.

Daí resulta um segundo desenvolvimento. Seu fundamento pode ser rapidamente formulado: a impossibilidade de definir a poesia parece ou escandalosa ao progresso científico, ou significa convertê-la em objeto de menosprezo. No entanto, é esse escândalo ou menosprezo que merece ser pensado. Pede-se a paciência do leitor. Talvez lhe pareça preferível seguir o conselho de Dante: "Non ragioniam di lor, ma guarda e passa". Não é verdade que, diante de qualquer mediana dificuldade, costumamos recorrer a uma ciência, ainda que através de seu escalão mais trivial, a técnica mais banal? Ora, a qual ciência deveria o contemporâneo recorrer para entender a poesia? Como esta tem por veículo a palavra, a resposta haveria de ser a linguística. Assim, de fato, se tentou, ainda nas primeiras décadas do século. O que antes era tarefa dos retóricos, passou a ser dos linguistas. Seria excessivo resgatar aqui a sua história. Mal esboçamos a linha dos formalistas. Ainda assim, já em etapa avançada.

Quando sua sobrevivência se tornou ameaçada sob o poder stalinista, alguns tantos (Trubetzkoy, Jakobson, Karcevski) passaram a colaborar com o Círculo Linguístico de Praga, fundado em 1926 por Vilém Mathesius. Poucos anos depois, publicavam as hoje famosas *Teses de* 1929. Como seria inútil remeter o interessado à larga bibliografia sobre os formalistas russos e tchecos, recorro a duas pequenas passagens. Dez anos depois da fundação do Círculo, Mathesius escrevia:

> Minha conferência [...] de 6 de fevereiro de 1911 [...], publicada com o título "Sobre a potencialidade do fenômeno da linguagem" [...], baseava-se na ideia de que, na linguística, o procedimento mais seguro parte da estática para dinâmica [isto é, da sincronia para a diacronia]. Estava convencido de que apenas na análise da linguagem contemporânea temos à nossa disposição materiais que são razoavelmente completos. (Mathesius, 1936, p.137-8)

Anos antes, em 1931, passagem de Jan Mukařovský era suficiente para mostrar como a ênfase imediata no plano fonológico dava lugar ao realce indevido do acústico sobre o gráfico (a retificação seria de máxima utilidade para a compreensão da nossa poesia concreta): (Os procedimentos gráficos),

> como a escolha de diferentes tipos de impressão, a disposição dos tipos sobre a página, o emprego, diferente do uso normal, dos sinais de pontuação, das maiúsculas e das minúsculas etc., podem ter a função de componentes integrantes da estrutura da obra poética. *Se, até agora, pouco se dedicou a seu estudo quanto à obra, é que a preponderância do ponto de vista acústico fez com que se negligenciasse a sua importância.* (grifos meus)

Ao considerarmos a segunda formulação, logo notaremos que surge aí um operador que escapava da estrita competência linguística, ao menos de como usualmente é considerada:

o papel da semiose na linguagem. Para desenvolvê-lo, o especialista ou ampliará seu objeto, articulando a apreensão de sua estrutura às formas de seu uso, ou reconhecerá que empregava uma variável que exigiria a reorganização de seu campo, tornando-o interdisciplinar. Mas a interdisciplinaridade ainda não era uma prática corriqueira.

Ao continuarmos essa mínima retrospectiva, notaremos que, contemporaneamente, Mukařovský, ao tratar da linguagem poética, não só reiterava a relevância da distinção das funções de uso da linguagem, como a aprofundava pela introdução do operador "função estética". Passagem, aparentemente simples como a seguinte, permanece, em geral, não operacionalizada: "Em suas pesquisas, a ciência da literatura concentra seu interesse na história da literatura. O que constitui a base da evolução ininterrupta de uma cadeia literária é esta qualidade específica que faz da literatura uma arte: sua função estética".

Se o princípio de uso da língua ainda poderia ser pensado como passível de ser expandido pelos linguistas, o do efeito estético o levava para longe de sua estrita área de competência. Como então poderia ser uma propriedade dos linguistas, a menos que se convertessem em sociolinguistas? O que nos importa, contudo, não é chamar a atenção para um conflito de competências, mas, sim, a forma como a questão se deslocava, saindo de uma estrita área científica para a da reflexão filosófica.

Não nos interessa aqui indicar os outros embaraços em que o analista assim entrava. É suficiente dizer que eles se assentavam na afirmação de que o valor estético assumia o caráter de "reflexo e correlato" na mente do receptor. Mas, em vez de o levarmos adiante, apenas nos perguntemos por que, em um período tão curto (1929-1935), um participante ativo do Círculo teria preferido afrontar a selva *selvaggia* do efeito estético em vez de se contentar com o promissor tratamento dado ao fonológico? Talvez só a um eslavista especializado na questão caiba a resposta. Podemos, contudo, presumir que tenha sido ele motivado pela mesma razão que forçara seus colegas linguistas, russos e tchecos, a recorrer, já em 1929, a um operador linguisticamente não de antemão legitimado. Assim sucedera porque a poesia se mostrava recalcitrante a ser explicada pela história. Daí desviar-se Mukařovský para uma reflexão nitidamente de cunho filosófico, da qual estudos de poética e literatura estiveram desligados durante o século XIX. Mas é fato que não se renuncia impunemente a uma trilha científica.

É o que mostraria o trabalho de uma norte-americana que, muitos anos depois, se preparava para se tornar uma especialista em estudos literários. O primeiro capítulo de seu livro se intitula "A falácia da linguagem poética", em cuja abertura censura os seus responsáveis por não notarem algo extremamente simples: "Exemplos da literatura virtualmente nunca são acompanhados por dados do discurso extraliterário" (Pratt, 1977, p.5). Seu ataque à pretensão dos formalistas eslavos nunca extrapola essa trivialidade pasmosa: "Uma simples prova negativa disso (isto é, de que não há as chamadas 'propriedades literárias') é o fato de que os textos não podem ser sempre identificados como literatura de cara (*on sight*)" (ibid., p.6). (A "ideologia estética") "tem dificuldades em explicar o fato de que enunciados literários e não literários são absolutamente semelhantes" (ibid., p.16). Ou ainda: "[...] A prosa literária não é sistematicamente distinguível como literatura com base em propriedades textuais que a linguística estrutural possa distinguir" (ibid., p.16). O que ela chamava de "a falácia poética" consistia em a linguística haver aceitado reconhecer como objetos distintos o que não se diferençava de enunciados do dia a dia. "Pois, pois", diria um colega luso.

Que concluir daí? Bem, seria possível dizer que nenhuma instituição está isenta de legitimar profissionais incompetentes. Mas, para sabê-lo, não precisamos cometer a indiscrição de apontar nomes. Conclusão menos óbvia seria dizer que tal tipo de ataque à poética de base linguística se explica porque vivemos em uma sociedade que pressupõe que um objeto só adquire existência quando é cientificamente demonstrado.

Também essa conclusão seria ociosa se, ao contrário, não justificasse rever o que notamos a partir da passagem das *Teses de* 1929. Ao introduzirem o operador "função", os linguistas eslavos implicitamente reconheciam que a análise da estrutura linguística não bastava para objetivar o poético; que não há marcas linguísticas que sejam específicas ao poético ou cujo reconhecimento em um enunciado cotidiano o converta em objeto literário.

Em poucas palavras, que a diferenciação de formas de uso da linguagem ou adquiriria um respaldo científico, ou que a poesia não se legitimaria. A opção dos linguistas era pelo primeiro caminho. Um Jakobson a manteria até o fim de sua vida. Se a cientificidade de sua abordagem do poético não é bastante, assim parece suceder por conta do próprio objeto, a poesia. Por acaso, a biologia, ao se desenvolver, saiu-se melhor com a vida, que pretensamente seria seu objeto? A ciência operacionaliza um modo de ser, ou seja, é capaz de instrumentalizá-lo; de definir suas instrumentações, mas não de definir seu objeto, senão de maneira ociosa. Como Max Weber já sabia, ao médico cabe prolongar a vida do paciente, sem que lhe compita saber para quê. Se as conclusões a que Weber chegava ainda no começo do século passado houvessem sido mais bem consideradas, o desenvolvimento que aqui se faz ou teria sido desnecessário, ou haveria sido menos complicado: a ciência pressupõe

> que o que é produzido pelo trabalho científico é importante, no sentido de ser "digno de ser conhecido" (*wissenswert*). Nisso, manifestamente, estão contidos nossos problemas. Pois esse pressuposto não é, de sua parte, verificável com os meios da ciência. Pode apenas ser *interpretado* com referência a seu significado derradeiro, que devemos rejeitar ou aceitar de acordo com nossa posição derradeira quanto à vida. (Weber, 1988, p.143)

A ciência tem seu limite – diz aquele que dedicou sua vida ao desenvolvimento das ciências sociais; esse limite se manifesta na formulação citada acima: "Denn diese Voraussetzung ist nicht wieder ihrerseits mit den Mitteln der Wissenschaft beweisbar" (ibid., p.599). Nossas posições não são idênticas. Para Weber, só não é cientificizável "nossa posição derradeira quanto à vida", enquanto penso que a experiência estética explicita esse limite.

Em síntese: o que se declara sobre poesia, ficção literária, arte, não é verificável com os meios da ciência. Querer definir a experiência estética é pretender apreendê-la cientificamente. A opção de Mukařovský, relativamente diversa da de Jakobson, se faz a partir do terreno escolhido: o campo da reflexão filosófica. Será por ela que tentaremos entender em que consiste a experiência estética – o meio pelo qual se configuram os valores estéticos – e como ela se metamorfoseia em experiência crítica. Tanto melhor se os meios da ciência aumentarem sua ajuda. Mas considerá-la condição *sine' qua non* é apenas prova de sermos "demasiado modernos". Ou, de modo menos delicado, demasiado estúpidos.

O segundo desenvolvimento nos levou muito adiante do alvo inicial. Mas ele explicita melhor o passo que queríamos dar. Anos atrás, na tentativa de desdobrar o entendimento da experiência estética segundo Kant, eu avançava a hipótese de que tal experiência se desse e então se caracterizasse pela oscilação entre o sintático e o semântico. (Entendia o termo sintaxe na acepção usual de mecanismo formal de articulação entre os membros de um enunciado, vigente em uma língua, como condição para a formulação e transmissão de significados.) Repito agora sua justificativa em termos quase absolutamente idênticos. Fora da experiência estética, tanto na relação pragmática mais banal quanto na composição do mais abstrato dos tratados, estamos sempre presos ao império do semântico. É possível modelar a sintaxe a bel-prazer, lançar mão de toda a gama dos recursos expressivos da língua; sempre, contudo, a sintaxe – e, com ela, o andamento alcançado pela modulação da frase – estará a serviço do semântico. Assim sucede porque, independente da elaboração do texto não artístico, é ele sempre presidido por um interesse objetivo, e este só se transmitirá caso se observe o império do semântico. Em decorrência, sendo a experiência estética apropriada para a arte, podemos acrescentar que tanto a experiência estética quanto o objeto a que ela conduz – o discurso ficcional – implicam a suspensão provisória do império do semântico. Assim se dá toda vez que, diante de uma formulação ou mesmo pela posição de uma única palavra, suspendemos sua decodificação – isto é, a pergunta por seu sentido – e nos deixamos ocupar pela própria configuração conseguida. A experiência estética implica a sintaxe tornar-se espera e intervalo que, provisória e contingencialmente, antecedem a (re)ocupação semântica (Costa Lima, 1993, p.137). Nesse sentido, a experiência estética realiza uma espécie particular de movimento psíquico.

Enquanto a experiência estética dura, dissolve-se o confronto entre sujeito e objeto. Essa dissolução é a condição para que se cumpra a distância do eu criada pela arte, "a arte cria a distância do eu" (*Ich-Ferne*), intuída por Celan (1988, p.49). É o passo prévio que a prepara, sem que, evidentemente do ponto de vista do receptor, seu êxito seja inevitável. Dizê-lo *significa que entendemos que a experiência estética não se confunde com a recepção da obra de arte*. A experiência estética é também do autor, não porque seja ele autor, mas na medida em que consiga romper seus limites personalizados, passando a conectar com limites que sua identidade desconhecia. Mas a experiência estética não é suscitada apenas pela obra de arte. Ela se compara a uma perda de peso, provocada por qualquer evento que nos faça perder o sentido de orientação, sem que, por isso, nos desatine.[1] A vantagem

---

1 Na procura de explicar mais claramente a formulação, observo que ela se *baseia na analogia entre a experiência estética e o voo*. Como a viagem aérea tornou-se rotineira, é provável que já não a experimentemos como capaz de nos fazer sentir à semelhança de uma pluma, o que supõe que, durante a sua duração, nos sintamos libertos da força da gravidade. Portanto, assim como a força da gravidade faz com que estejamos dotados de certo peso, *também a semântica reveste cada nome de um certo peso, de que a experiência estética, enquanto dura, nos libera*. Uso as palavras de Valéry, em carta de 23 de fevereiro de 1943 a J. M. Carré, a propósito de passagem das *Illuminations*, de Rimbaud: "R. inventou ou descobriu a potência da incoerência harmônica. Chegado a esse ponto extremo, paroxístico da irritação voluntária da função da linguagem, ele não podia fazer senão o que fez: fugir" (apud Blumenberg, 1969, p.23, nota 15). O que Valéry chamava de "*irritation voluntaire de la fonction du langage*", equivale, na analogia que emprego, à dissipação, pela experiência estética, da estrita função semântica que acompanha cada palavra. Acrescente-se apenas que tal "*irritation*" não se iniciou com Rimbaud, mas se exacerbara desde Baudelaire, sem que fosse privilégio da poesia moderna. Aproximo o leitor da leitura de Valéry pela transcrição do primeiro parágrafo de "Enfance", segundo fragmento de *Illuminations*, embora saiba que não é dos mais

da experiência estética provocada por urna obra de arte estaria apenas em que, ao cessar, sabemos identificar o que a provocou, sendo, pois, capaz de nos orientar mais frontalmente na reocupação crítica do semântico. Provisória, contingente, de pequena duração, ela nem se confunde com uma alucinação, nem, muito menos, poderia se converter em um "programa de vida". Não estranharia, entretanto, que se dissesse que ela exige um certo preparo para ser reconhecida. Mesmo porque ela não é necessariamente prazerosa. Tanto o belo quanto o sublime, kantianamente definido, podem provocá-la – e o belo e o sublime não são motivados somente pelo objeto de arte. Penso, contudo, que só a experiência estética suscitada por um objeto de arte é passível de provocar a reocupação crítica do semântico. Como os dois parágrafos anteriores correm o risco de uma desmedida abstração, procuremos concretizá-los por meio de um exemplo. No prefácio ao *Traité du verbe* (1886), de René Ghil, escrevia Mallarmé (1956, p.857): "Je dis: une fleur! Et, hors de l'oubli ou ma vaoix relegue aucun contour, en tant que quelque chose d'autre que les calices sus, musicalement se leve, idée même et suave, l'absente de tous bouquets".

Harald Weinrich, que cita a passagem, enfatiza a poética mallarmeana como uma poética fundada na negação (Weinrich, 1997, p.177-80). Aqui a utilizamos não para falar de uma poética, e sim da experiência provocada por suas obras. Mas que dizemos? Por acaso não ressaltamos que, na experiência estética, a sintaxe rompe, embora por curto instante, o império do semântico, ao passo que, na passagem referida, é uma ideia, "a ausente de todos os buquês", que se eleva do esquecimento da flor? É pelo próprio choque das formulações que esperamos avançar. Pois a suspensão provocada pela sintaxe não significa ausência de ideia – algo semelhante ao que, havia pouco tempo, se chamava

---

salientes para a caracterização de Valéry: "Cette idole, yeux noirs et crin jaune, sans parents ni cour, plus noble que la fable, mexicaine et flamande: son domaine, azur et verdure insolents, court sur des plages nommées par des vagues sans vaisseaux de noms férocement grecs, slaves, celtiques" (Rimbaud, 1954, p.176).

popularmente "curtir um som" –, senão ausência de alguma ideia estabelecida, obediente aos limites fixados por esta ou aquela palavra. Se assim o fosse, estaríamos confundindo a experiência estética com um subjetivismo extremo, em que qualquer coisa poderia ser entendida por qualquer outra. Mas não se trata disso. A suspensão propiciada pelo realce da sintaxe significa a oportunidade de uma protoideia passível ou não de germinar. Caso, entretanto, ela fecunde, o resultado não será uma repetição da ocupação semântica prévia. Depois de se elevar sobre a ausência de todos os buquês, a ideia não mais remeterá à flor que, indiretamente, a suscitara.

Que fique claro que não entendemos a experiência estética à semelhança de como a poética da negatividade entende a obra de arte. A experiência estética ou se esgota em si, ou provocará uma decisão, própria da crise que a engendrou. Com isso, adiantamos seu enlace com a experiência crítica. Não vou me deter na pergunta se, sendo prévia à reocupação, a experiência estética se esgota nessa anterioridade. Não o creio. Antes, penso na possibilidade de sua inter-relação: a suspensão dá lugar à reocupação, que, enquanto é trabalhada, dá lugar a nova suspensão, e assim sucessivamente. Mas esse zigue-zague só é pensável se a suspensão inicial, tanto no produtor quanto no receptor, tenha dado lugar ao distanciamento do eu.

Continuemos a pensar, considerando agora a reocupação semântica. Sua volta nos conduzirá obrigatoriamente ao pragmático cotidiano. Mas ela será diferente se terminar por nos reintroduzir em um campo analítico, sobretudo o analítico de uma obra de arte. Assim, se ao sair de um concerto o espectador não voltar de imediato à sua condição habitual, terá dificuldades com as imposições do dia a dia: a de voltar para casa, a de ir a um encontro antes programado etc. A dificuldade não será menor – ainda que de tipo diferente – se se tratar de um crítico. Suponhamos um crítico de poesia. Caso, terminada a leitura de um poema que tanto o extasiou, ele, ao começar a indagá-lo, continuar sob a mesma oscilação de que se alimentara sua experiência estética, o resultado inevitável será desastroso: escrever então uma análise equivaleria à diluição do poema. Sua crítica seria "literária", as aspas indicando seu desajuste (não importa que agradável a certo tipo de leitor). Mas a reocupação poderá consistir na percepção mais aguda de sua função crítica, isto é, de sua percepção dos limites da razão, provocados pelo objeto e pela tentativa consequente de ver adiante, ou seja, de penetrar no que antes a razão não lhe permitia.

Avancemos um pouco mais sobre as duas voltas. No primeiro caso, o reingresso no cotidiano não pode ser afetado pela experiência da suspensão, pois, no entretempo, as regras que presidem o cotidiano não se modificaram – no exemplo aludido, terei de lembrar onde tomar a condução que me trará de volta para casa – ou onde e quem são, um hiato inevitável, terá um modo de continuação. Se me está vedada a perduração pura e simples da experiência estética, se, de imediato, terei as mesmas dificuldades se não compreender o mundo não estético, poderá ela, em troca, afetar o sentido ordinário que tenho das coisas, depois de tê-las vivido de longe, de tê-las experimentado "sem peso" ou distante de minha "identidade". Obviamente, a diferença do retorno ao cotidiano não significa que a capacidade, aberta pela experiência estética, de passar a ver as coisas de longe, se reduza ao analista! (O analista é apenas uma espécie de leitor.) Mas, ainda que esteja teoricamente aberto para todos, esse ver a distância não anula o choque do retorno (o fechar o livro, o cessar do acorde equivalem à volta à vida pública). Podemos, pois, dizer que, independente da fecundidade ou não da experiência estética pela qual tenha passado, seu encerramento, de imediato, provoca uma descontinuidade. Nos termos de Wittgenstein, exige o reconhecimento de havermos passado a outro "jogo de linguagem".

Tematizando a questão da estética por um outro contorno, permito-me um acréscimo. Ele será a antecipação de um ensaio mais longo, que não sei se será feito. O esboço duplamente se justifica: (a) dá melhor precisão ao uso do termo *mímesis* fora do estrito contexto grego e o relaciona a formas distintas de ficção; (b) adianta uma relativa divergência com o legado de Hans

Blumenberg, que tem sido decisivo para mim desde *Os eixos da linguagem* (2015). As razões incidem preliminarmente em *Die Lesbarkeit der Welt* [A legibilidade do mundo] (1981), derivadas da *profunda distinção entre as concepções de realidade do mundo grego e do mundo moderno ocidental*. Sem que o pensador o diga expressamente – até porque o tema não lhe interessava –, a concepção grega dava a seu conceito de *mímesis* uma peculiaridade que tornaria questionável sua transposição para a modernidade ocidental, particularmente para a releitura que temos desenvolvido. Levanto os dados do problema.

O mundo grego, declaram as primeiras páginas de *Die Lesbarkeit der Welt*, privilegiava o imediato e o visível, a imagem visual e não a metáfora. Daí ser a luz, enquanto visualidade, confundida com a verdade. Isso permitia entender o mundo como sendo passível de alcançar seu pleno sentido, o que equivalia a dizer que o mundo grego ignorava a ideia de deciframento. Em troca, a realidade do mundo moderno, desde o advento da ciência, supõe a experimentação. No Ocidente, antes do primado da ciência, o domínio do teocentrismo cristão, conquanto já distante do privilégio grego da visualidade, ao fundar-se na criação do mundo por Deus e condensar o que fizera no Livro da criação, ainda admitia uma margem de proximidade com a realidade grega. Daí a permanência da interdição da metáfora. Nos termos do próprio Blumenberg: "O absolutismo do Livro impede seu uso metafórico para o mundo" (Blumenberg, 1981, p. 34). Se para os gregos o livro era um acessório, para o cristianismo dos primeiros tempos o Livro, agora de emissão divina, era seu oposto, muito embora o secundarismo da metáfora ajudasse ser mantida alguma aproximação.

Entre o absolutismo cristão do livro e o primado da ciência, já em Montaigne o livro se transformava em fonte de decifração do mundo, através, contudo, da intervenção do leitor. O livro mantinha seu enorme prestígio, mas não por um conteúdo fixo e permanente, e sim pelo entendimento que o leitor lhe concedia. Abandono o entrançado dos vários legados – o visual grego, o do Livro cristão, o do livro lido, postulado por Montaigne, a ser desenvolvido pelo romantismo alemão (Novalis e Friedrich Schlegel), o do mundo como experimentação da ciência, a culminar, no que nem sequer toquei, na metáfora absoluta[2] – porque exigiria uma ampla exposição. Longe disso, recordemos o trecho de um dos capítulos iniciais de *Die Lesbarkeit der Welt*: "Contra o ideal da objetivação científica, a metáfora da linguagem serve bastante contra a concepção orientada do 'ser'" (Blumenberg, 1981, p.21).

Embora grosseiro, o esboço é suficiente para nos levar a pensar que *Die Lesbarkeit der Welt* ao menos provoca a suspeita de que o questionamento a que temos submetido o entendimento habitual da *mímesis* é infundado e arbitrário. Vejamos como saio da enrascada.

É verdade que não encontro passagem em que Blumenberg declare que, no mundo grego, *mímesis* era tomada por imitação. Em troca, se o sentido do mundo era visualmente dado, se, em consequência, a metáfora era reduzida à condição de ornamentação da linguagem, então a *mímesis*, por certo, supunha a reiteração de um sentido previamente estabelecido. Assim, mesmo que o pensamento grego não se confundisse com a teoria platônica das Ideias, dela muito menos se distanciava; em consequência, a correspondência latina, *imitatio*, não seria falsa. Seguramente, a identificação da *mímesis* com a reiteração de um sentido preestabelecido não é explicitada em Platão. Ainda que a completa condenação da arte no livro X da *República* não seja unívoca em sua obra, não é discutível que, para ele, "o ser (é) eternamente imutável" (*Rep.*, VI, p.484 b). Mas que pensar de sua recepção por seu discípulo Aristóteles? Nos comentários de Roselyne Dupont-Roc e Jean Lallot sobre a tradução da *Poética*, é assinalado que só em duas ocasiões o verbo *mimeisthai* assume a

---

[2] No *Paradigmen zu einer Metaphorologie* [Paradigmas para uma metaforologia] (1998), o pensador bem definia: "Serem essas metáforas chamadas absolutas significa apenas que elas se mostram resistentes à pretensão terminológica, que não podem ser reabsorvidas na conceitualidade, não porque uma metáfora não possa ser substituída por outra ou ser mais bem representada ou corrigida por uma mais precisa" (Blumenberg, 1998, p.12-3).

acepção incontestável de "imitar" – as passagens de 54 a 9 e 59 a 12 ("se a Tragédia é imitação de homens melhores que nós [...]" e [...] ["Nos versos heroicos, todas as espécies de vocábulos são utilizáveis nos jâmbicos, ao invés, e] porque neles é imitada a linguagem corrente...").

Porque a atestação é insuficiente, ainda recorro às primeiras páginas de *Aristotele' e' aristotelismo nella storia dell estetica antica*, de Augusto Rostagni. Destaco a passagem que se inicia por acentuar os motivos da condenação da poesia por Platão:

> (a) A poesia não exprime a ideia originária das coisas, a realidade verdadeira, a que tão só a filosofia pode atingir; (b) ela é inconveniente e imoral em suas representações, quando imita os deuses e os Heróis lhe aplicam a mediocridade, os vícios, as paixões da natureza humana; (c) e, ao imitar os homens, põe os malvados em estado de felicidade, os bons, na desgraça; não se funda na razão alta e racional da alma, mas, sim, agita as paixões baixas, que culminam no prazer e na dor. (Rostagni, 1921, p.7-8)

O filólogo italiano argumenta que Aristóteles se opunha a cada uma das três. Contra (a) porque todos sabiam que ele não aderia à teoria das ideias; contra (b) menos porque recusava o critério ético do que por submetê-lo ao critério (que considera estético) de piedade e terror. Em suas palavras, o "êxito moral (na) poesia séria" (a tragédia) se cumpre pela "purificação" efetuada pela catarse e, na poesia cômica, pela purificação provocada pelo "riso" (ibid., p.10); (c) não menos contraria o terceiro argumento, porquanto, ao passo que Platão propunha a apatia, o estudo, sobretudo da medicina, levou Aristóteles a defender a purificação catártica dos excessos passionais: "O sábio não deve tanto ser sem paixões quanto com paixões moderadas" (ibid., p.11). Em suma, Aristóteles afasta-se da fonte platônica, "calando em parte o caráter heroico, em parte afirmando a universalidade e a substância moral da poesia", liberando-se do afirmado em (c) pelo conceito de "purificação".

Levando em conta os argumentos sustentados por Rostagni, justifica-se dizer que a relativa independência do pensamento aristotélico não impede que se mantenha a concepção de realidade que Blumenberg atribui ao pensamento grego. Impede, sim, que a atribuição de uma cognição completa ao mundo faça com que o *fenômeno* da *mímesis* seja compreendido como a reduplicação formal do já presente na natureza. Dizê-lo não significa que se negue *que tal concepção de realidade torna a arte próxima do princípio de reiteração da physis*; estar ela próxima da reiteração, no entanto, não significa confundi-la com sua repetição. A ação da catarse, ressaltada por Rostagni, era suficiente para mostrar que sua concepção da poética implicava que o *mímema* incorporava a seu objeto algo que não tinha em sua feição natural e prévia. Com isso, já começava a se dissipar o receio que havíamos encontrado em ver em *Die Lesbarkeit der Welt* um argumento que, confundindo a *mímesis* com a repetição do já presente no mundo, não permitia que sua experiência fosse incorporada a concepções de realidade diversas da grega. Noutras palavras, caso se verificasse que a *mímesis* grega só supunha um sinônimo de *imitatio*, algo dela extremamente próximo, a tentativa de trazê-la para a arte da modernidade ocidental seria um risco, se não uma extravagância.

O mesmo se diria da concepção de realidade derivada do teocentrismo cristão – com a desvantagem para a arte medieval por desconhecer-se um pensador medieval que introduzisse ressalvas semelhantes às de Aristóteles. Não me demoro a respeito tanto por não ser medievalista quanto porque as dúvidas provocadas por Blumenberg não se respaldam em uma concepção expressamente cristã.

Passo, pois, para o conceito romântico da arte como criação. Para fazê-lo de maneira contundente, propõe-se de imediato a alternativa: ou se toma a criação como sinônimo das artes pelas quais a *mímesis* se manifesta – as artes pictórica e verbal –, ou é ela estendida aos outros campos discursivos – a filosofia, as ciências, a religião. No primeiro caso, o que explicaria a concentração da *poiesis* nas artes miméticas? No segundo, como os diversos campos discursivos seriam diferenciados se têm a mesma propriedade criativa? A segunda hipótese é menos grave porque a filosofia, as ciências naturais, distintas das sociais, e a religião têm um número suficiente de especialistas para que não se contentem em caracterizar seu campo por uma criatividade abstrata e indefinida. O problema se resumiria às artes miméticas, que ou recorrem a variantes da *mímesis-imitatio*, ou renunciam ao termo grego, em nome de uma *poiesis* generalizada. À diferença do que sucedera com o legado da arte medieval, passei também rapidamente pelo caso romântico porque a alternativa que se apresenta, para críticos e teóricos contemporâneos, é igualmente insuficiente.

Diminuída a rapidez da resposta, passo à segunda frente do que aqui tematizo.

Coerente com a força que a metaforologia terá ao longo de sua obra, em Blumenberg, a insistência no papel desempenhado pelo mito não se dará apenas no *Arbeit am Mythos* [Trabalho sobre o mito] (1984) ou no "Wirklichkeit und Wirkungspotential des Mythos" [Realidade e potencial de efeito do mito] (1971), reeditado nos *Ästhetische und metaphorologische Schriften* [Escritos estéticos e metaforológicos] (2001), como, ao menos parcialmente, em boa parte dos ensaios aí reunidos, nos *Paradigmen zu einer Metaphorologie* [Paradigmas para uma metaforologia] (1998), para só citar os exemplos mais evidentes.

Começo pelo procedimento inconveniente de converter o complexo em algo de compreensão fácil. Ele consiste em ressaltar que "a antítese entre mito e razão é uma invenção pobre e tardia, porque deixa de ver a função do mito, na superação da estranheza arcaica do mundo, como uma função em si racional [...]" (Blumenberg, 1984, p.56). A passagem recupera uma parte de sua complexidade se acrescento comentário de Jean-Claude Monod no capítulo 7 de seu excelente *Hans Blumenberg*. Se, diz Monod, em *Arbeit am Mythos*, o pensador destacava que "a plena necessidade de significação se funda (no mito) na indiferença de espaço e tempo" (ibid., 109), "posso acrescentar que o mito responde por romper a homogeneidade e a indiferença de espaço e tempo [...] por distinguir lugares e reuni-los a uma história, por diferençar tempos associando-os a eventos que têm um alcance no mundo humano, uma significação" (Monod, 2007, p.172). E, citando diretamente o *Arbeit*, "o mito não precisa responder a pergunta alguma; inventa antes que a questão se torne aguda e, assim, não se torne" (Blumenberg, 1984, p.219).

Às propriedades mencionadas como peculiares ao mito – significação (*Bedeutsamkeit*), inquestionabilidade (*Unfragbarmachung*), Monod destaca, em terceiro lugar, o criar complicações (*Umständlichkeit*). Para este, oferece a glosa competente: "As complicações do mito refletem as operações substitutivas a que a humanidade recorre para operar com uma realidade que se trata assim de fracionar, de aclimatar, de tornar familiar – o conceito de absolutismo da realidade como o pano de fundo dessa valorização da *Umständlichkeut*" (Monod, 2007, p.174). (Apenas acrescento que a ponta desse traço, o mito, é "a contrafigura do realismo substancial do dogma" [Blumenberg, 1984, p.159].)

Embora me incomode a pobreza expositiva emprestada a um texto de tamanha complexidade, a intencionalidade se explica porque a questão que enfrento é menos relativa à natureza do mito do que a seu enlace com a revisão da *mímesis*. Já tratando expressamente dessa relação, a primeira observação a fazer consiste em que, conquanto a caracterização do mito seja una, sua configuração efetiva varia de acordo com a concepção de realidade dentro da qual ele atua, a qual lhe permitirá ser mais complexa ou menos, ou até bem menos. É certo que, como estamos habituados a tratar do mito em função de sua incidência grega – salvo se o acrescentarmos ao mito "industrial" mediaticamente estimulado, cuja superficialidade é indiscutível –, tendemos a pensá-lo em seu formato complexo. Mesmo que Blumenberg participe dessa tendência, há um ângulo que não lhe interessou explorar: sua relação com o teatro. Essa frente, em troca, é decisiva para o encaminhamento a oferecer para a relação do mito com a *mímesis*. É bem sabido que o teatro grego teve no arcabouço do mito a sua matéria-prima. Não faremos aqui a comparação das propriedades da peça teatral grega com sua fonte. Em seu lugar, digamos apenas que a peça teatral se diferencia pelo requinte formal a que sua matéria é submetida; que a esse requinte responde uma segunda propriedade: ao passo que o mito contém uma destinação coletiva, a peça, embora passível de ser encenada várias vezes, se destina à plateia, relativamente pequena, de um teatro. É certo que a diferenciação do mito entre sua orientação original e sua derivação teatral não embaça a função comum de operar a "superação da estranheza arcaica do mundo". Cabe, entretanto, acrescentar que o cunho oral do mito encontrava sua resposta mais efetiva na adaptação do mito, em seu sentido estrito, ao papel de resposta a uma questão social. Quero dizer: provocado como "significação" que contraria a estranheza do mundo, ele se socializa como eventual resposta a uma questão social. Essa função pode ser extremamente simples. Os quatro volumes das *Mythologiques*, de Lévi-Strauss, nos oferecem um vastíssimo campo de exemplos. Recorro aleatoriamente ao mito dos Tacana sobre a origem do pequeno marsupial, chamado sariguê. Convertido de modo sumário: para se livrar dos carrapatos que a cobriam, uma índia se aproveita do sono da anta, os envolve em uma folha, coze-os em uma marmita e os come. Com isso, tira o alimento do pássaro que deles se nutria, que se queixa ao abutre. O abutre o vinga declarando à índia que dela só nascerão carrapatos, cujo excesso não comido pelo pássaro se transformaria depois em sariguê (cf. Lévi-Strauss, 1964, p.186). Como o antropólogo não encara o mito pelo ângulo de sua função social, ficamos sem saber qual a importância para a comunidade dos Tacana do sariguê, muito menos a razão do papel concedido ao abutre. A nós, contudo, importa apenas que o mito oferece o motivo para a existência do pequeno mamífero.

A baixa significação do mito exemplificado melhor acentua que a resposta extraída do mito é bastante menor que a explicação oferecida para a origem do pequeno animal, assim a seu respeito superando a "estranheza" que o envolvia no "mundo arcaico". Ou seja, a função social não esgotava a utilidade do relato mítico, mas apenas se introduzia em sua plurivocidade.

Já o requinte formal da peça teatral grega, assim como o lugar de sua encenação, provocará destinar-se a uma parcela bastante menor que o todo de uma comunidade ou nação. Ao recordá-lo, passamos a estar em condições de diferençar as modalidades do mito.

Contemporâneo de Blumenberg, Reinhart Koselleck contrariou, em um importante ensaio, a disposição dos historiadores de considerar seu objeto como uma das tantas ciências ao destacar que a narrativa histórica é uma modalidade de ficção, a que chama de "ficção fática" (cf. Koselleck, 1976, p.80-95). Ainda que eu mesmo prefira dizer que a história não é uma "ficção fática", mas, sim, que nela encontra uma camada decisiva sua, isso impede de confundir-se a história com o estatuto de objetividade e impessoalidade próprio da ciência.

Se a história é (ou contém) uma "ficção fática", o mito, no sentido estrito, constitui também uma ficção, diferenciada por sua vocação coletiva, ao passo que o teatro constitui, ao lado do *epos* homérico, a manifestação eloquente da ficção, *stricto sensu*, a que costumamos generalizar com o nome de literatura.

O esboço acima se daria por encerrado se "o perspectivismo ameríndio", proposto por Eduardo Viveiros de Castro, não merecesse mais do que a referência que dele faremos. À primeira exigência do relato mítico – responder a uma concepção específica da realidade –, o antropólogo responde acentuando a diferença profunda do mito amazônico com a concepção ocidental de realidade. Ao passo que nesta a posição de sujeito é uma exclusividade humana, entre os povos amazônicos "dizer que animais e espíritos são gente é dizer que eles são pessoas e personificá-los é atribuir aos não humanos capacidades de intencionalidade consciente e agência que definem a posição do sujeito" (Viveiros de Castro, 2012, p.99, apud Sá, 2020, p.157-78). Em consequência, lidamos com "uma única cultura, múltiplas naturezas – uma epistemologia, múltiplas ontologias" (ibid., p.111). Já em seu fundamental *A inconstância da alma selvagem*, Viveiros de Castro havia escrito que "a identidade é um caso particular da diferença" (Viveiros de Castro, 2002, p.422). Ou seja, a mudança epistemológica absoluta provoca a mudança da posição da diferença quanto àquela que lhe atribuímos na revisão da *mímesis* ocidental. Isso ainda significa dizer: à diferenciação da realidade corresponde a diversidade dos modos de conhecer, assim como a própria concepção de *mímesis*. Isso pode ser concebido mais diretamente por outro enunciado: a própria diferença significa de modo diferente conforme a própria concepção de realidade.

Guardo-me para uma última observação: em seu ensaio "Histórias sem fim: perspectivismo e forma narrativa na literatura indígena da Amazônia", Lúcia Sá acentuava: "Muitas dessas narrativas possuem caráter sagrado e são contadas pelos pajés e pelos membros mais velhos da comunidade, em rituais ou ocasiões especiais; outras são simplesmente divertidas [...]. Muitas vezes, no entanto, a distinção entre histórias sagradas, engraçadas e cotidianas é irrelevante" (Sá, 2020, p.159). Sem conhecer os relatos que a autora descreve e analisa, atrevo-me a pensar que a irrelevância referida decorre de que, no mundo amazônico, o mito não alcançou a etapa que, na Grécia, correspondeu ao advento do teatro, no qual a diferença entre a recepção sagrada e engraçada se converteu nas formas do sério e do jocoso, isto é, na peça trágica ou cômica.

Introdução
✣
Letras à míngua

Comumente, cabe à introdução de um livro apresentar as razões que presidiram os capítulos que se seguem. Isso é tão usual que as introduções não precisam ser justificadas. Algo diverso sucede com um livro que pertence exclusivamente a um gênero de ficção, o poema, que afronta o gosto mercadológico vigente. Sem embargo, ele termina muito aquém do que concebia: dar conta de parte substanciosa do que nem sequer referi.[1]

Não é particularidade de uma área subdesenvolvida que o interesse do leitor em geral se afastou do poema. É internacionalmente sabido que, no Ocidente, o século XVIII funcionou como divisor de águas: à subida da atração pelo romance correspondeu o descenso de interesse por poema. Se, entre nós, o século XVIII está longe da função que exerceu na Europa, a força de atração da prosa romanesca se deslocou para o século XIX, quando então encontrou outro motivo de explicação: não a secularização do

---

[1] A única tentativa próxima de cumprir o que eu supus que poderia fazer é a coleção concebida e dirigida por Italo Moriconi, *Ciranda da poesia*, lançada pela EdUERJ, a partir de 2010, com seus pequenos livros dedicados a poetas nacionais contemporâneos.

pensamento, realizada pela *Aufklärung*, mas a independência do país e a necessidade logo sentida pelo poder monárquico de convocar a rala *intelligentsia* na justificação da autonomia política. Ainda que, a princípio, Alencar e Gonçalves Dias respondessem ao mesmo apelo, não chega a ser uma questão porque, afinal, a balança se inclinou em favor da prosa romanesca, em detrimento do indianismo poemático de *Os timbiras*.

Do ponto de vista que aqui importa – a formação do público leitor –, a autonomia política não pode ser desligada do modo econômico como se dera, o modo escravocrata. Era este que determinava a mínima extensão dos habilitados à leitura, os proprietários, sobretudo dos engenhos de açúcar. O público leitor era restrito não só porque era pequena a margem dos alfabetizados, como também porque a posse da terra não exigia qualificação intelectual. Fora do proprietário, sendo rarefeita nas cidades a margem dos profissionais liberais, quem mais faria parte do público leitor senão sua família e seu pequeno círculo de agregados? Por isso é correto dizer que o público leitor era escasso, assim como seu entusiasmo pela independência não iluminado por alguma chama mais do que bem escassa.

O lembrete acima ganha pelo contraste com o que se dá na Inglaterra. Como aqui apenas se esboça o tema, podem-se eliminar referências ao romance nos séculos XVIII e XIX e vir-se diretamente ao século XX. Uma ajuda substancial é fornecida por *Fiction and the Reading Public*, editado por Queenie Dorothy Leavis em 1932; apenas há de se ter cautela de não superestimar as diferenças dos casos.

Leavis principiava por acentuar que, "na Inglaterra do século XX, não só todos podem ler, mas é seguro acrescentar que cada um lê" (Leavis, 1979, p.19), enquanto, entre nós, agora já passado quase um século, em cada grande cidade brasileira tem-se a sensação de que a margem de leitores se dilui, com o aumento dos aparelhos de TV, com seus noticiários superficiais, seus programas para o grande público e suas inefáveis telenovelas.

Mesmo tendo em conta a enorme diferença, a leitura da pesquisadora é validada por outras observações. Assim sucede a propósito da circulação dos jornais. Conquanto Leavis anote que o mais comum era que os leitores antes tomassem os livros de empréstimo das bibliotecas municipais ou circulantes do que os comprassem, o comércio do livro não era prejudicado porque os grandes jornais consideravam ser de sua vantagem pagar a figuras literárias conhecidas para que neles apresentassem resenhas semanais do que se editava. "Livreiros responsáveis admitirão bastar que Arnold Bennett, por exemplo, mencionasse um romance em sua coluna semanal para que uma edição fosse vendida [...]" (ibid., p.33). "É certo que a popularidade da ficção escrita, concentrada no romance, já conhecia a concorrência do cinema e que o homem de letras era engolido pela estrela do cinema" (ibid., p.28).

Para a razão que nos leva a destacar a obra de Q. D. Leavis, é importante esta anotação: "Ao contrário do que sucedia em 1760, quando não havia estratificação entre autores e leitores porque todos viviam um mesmo código e usavam técnicas comuns de expressão" (ibid., p.41), no momento em que a autora redigia seu livro tal linguagem comum não mais existia. Isso favorecia um certo pessimismo: "A minoria crítica, com acesso à literatura moderna, está isolada, repudiada pelo público em geral e ameaçada de extinção" (ibid., p.42). E "o leitor não preparado para se reajustar à técnica de *Mrs. Dalloway* ou *To the Lighthouse* teria muito pouco retorno pela energia despendida com eles" (ibid., p.61). (Adiante veremos comprovações feitas no mesmo sentido por T. S. Eliot.)

Se os anos de 1930 admitiam que alguma sombra de pessimismo pousasse sobre a pesquisadora, que diremos de nós mesmos quase um século depois? Desde logo cabe assinalar que os poetas estudados na segunda parte do presente livro passarão por desconhecidos mesmo pelo pequeno público de aficionados da literatura. A mediação que tivemos ao longo do século XX entre a literatura e o público, os suplementos dos jornais, hoje estão apenas em nossa lembrança. A situação piora muito com o cenário político-econômico atual. A desvalorização progressiva do dólar impossibilita a circulação do livro estrangeiro e aumenta o empobrecimento de nossas já desfalcadas bibliotecas, ao passo que o ministro da Economia se regozija com a cotação do dólar pelo argumento de que favorece os exportadores. Não estranha que, na busca por aumentar sua receita, o governo cogite taxar o livro, sob o argumento de que é um bem de luxo. Ademais, à desaparição dos suplementos corresponde o fechamento de livrarias e a concentração da mídia televisiva em programas destinados tão só ao grande público.

Sem entrar em maiores detalhes, apenas se acrescente: falar em pessimismo em termos culturais mais amplos, e não só em referência à literatura, ainda seria uma prova de incrível ingenuidade.

As curtas anotações acima são suficientes para tomarmos consciência da afronta aos interesses mercadológicos que representam as poucas centenas de páginas que se seguem. Mas a perspectiva que vemos se abrir para nós ainda precisa acentuar outra frente. O papel desempenhado pelos suplementos de jornais no século XX se correlacionava à função então exercida pelas histórias da literatura. Não estranha que já se tenha dito que, para a geração de críticos literários anterior à minha, o máximo a alcançar consistia em escrever uma história da literatura. Se os suplementos literários favoreciam a crítica dos resenhistas e lhes dava visibilidade, a história da literatura era o meio de sistematização da crítica. Sistematizá-la significava praticamente conceber-se a literatura como um objeto já sabido e reconhecido, cabendo a seu especialista desenvolver a conjunção temporal de seus momentos. Ora, a partir das décadas finais do século XIX, a mecanização crescente provocada pela industrialização progressiva e a redução da escala de valores ao valor único do lucro financeiro fazem com que a obra de Baudelaire e Mallarmé, seguida nas primeiras décadas do século XX por Pound, Eliot e Cummings, manifestem a quebra da linguagem comum, que Q. D. Leavis notava, em 1932. Em consequência, a possibilidade de entender a propriedade da ficção literária por sua pura historicização reduzia-se à sua descrição, isto é, tornava-se inviável.

Entre nós, se já contávamos com as dificuldades apontadas, que dirá das dificuldades agora impostas a seu analista, considerando, sobretudo, que dele se exige uma capacidade de reflexão com que não fora educado. Em poucas palavras, enquanto a nossa teorização evitava o contato com a filosofia como algo danoso, era exatamente essa proximidade que agora se impunha. À ficção literária passa a fazer falta tanto um público menos restrito quanto o analista que saiba mais do que localizá-la temporalmente. Isso significa que se impõe o reexame da questão da literatura, considerando que o foco principal de seu exame não se encerra em sua historicização. A pergunta que passa a se impor tem sido desenvolvida em meus últimos livros. Aqui nos limitaremos ao aspecto que o poema veio a ter a partir de Baudelaire. Contento-me em uns poucos destaques de Pound e Eliot sobre o contexto social em que a poesia se formulava desde as primeiras décadas do século XX.

Em 1918, ao escrever o ensaio "French Poets", Ezra Pound tinha o propósito de apresentar uma espécie de antilogia portátil da poesia francesa, publicada desde 1870 até seus próprios dias. Meu interesse em sua pesquisa é bem mais restrito: acentuar o que para Pound era bastante marginal: o divórcio da produção poética com o público. Esse aspecto se evidencia no que diz sobre aquele que considera o "maior poeta do período", Tristan Corbière (1845-1875). Conquanto sua primeira publicação datasse de 1873, ela "permaneceu praticamente desconhecida até o ensaio de Verlaine em 1884, e dificilmente era conhecida pelo 'público' até a edição de sua obra por Messein, em 1891" (Pound, 1935, p.173). A questão proposta era trazida para o lado inglês na "Introdução" que T. S. Eliot escreveria para seus ensaios reunidos em *The Use of Poetry and the Use of Criticism*: a suposição de Sidney de que o papel da poesia consistia em oferecer "deleite e instrução" se modificará no final do século XVIII. "Wordsworth e Coleridge não estavam apenas demolindo uma tradição degradada, mas revoltando-se contra toda uma ordem social [...]" (Eliot, 1945, p.25). Bem mais adiante, observa, a propósito de sua própria geração, que ele mesmo, Pound, e "colegas nossos" haviam sido chamados por um articulista de *literary bolsheviks* (ibid., p.71). E, na abertura das páginas dedicadas a Matthew Arnold, citava: "A ascensão da democracia ao poder na América e na Europa não é, como havia sido esperado, a salvaguarda da paz e da civilização. É a ascensão do incivilizado, a que nenhuma educação escolar pode prover de inteligência e razão" (ibid., p.103).

Ao sumário destaque do rompimento do *same' code'*, provocador da separação entre o poeta e o público, há de se acrescentar que a ela corresponde a diferenciação do poema na modernidade. Seremos ainda mais sumários ao reiterar, com Iser, que em sua linguagem avulta a função do *efeito* (*Wirkung*), entendido precisamente em seus termos: "O efeito resulta da diferença entre o dito e o significado, ou, noutras palavras, da dialética entre mostrar e encobrir" (Iser, 1976, v.I, p.92), em decorrência da junção das "várias camadas de significado que criam no leitor a necessidade de relacioná-las" (ibid., p.97).

Paradoxalmente, a estratificação da linguagem provoca, por um lado, o distanciamento entre a produção e a recepção literárias, e, por outro, a complexa riqueza textual e a consequente necessidade, por parte da crítica, de não se satisfazer com a contextualização do que analisa. A situação daí resultante motiva o salto que a teoria da literatura dará nas décadas finais do século XX – e a obra de Wolfgang Iser aparece como sua maior concretização.

Exposto o panorama acima, faço umas últimas observações à presença da ficção literária nacional. Elas hão de se concentrar no reexame da questão da literatura nacional, porque, como vimos, o foco primordial há de ser a qualificação de seu objeto e não seu caráter territorial.

É sabido que a diferenciação de uma forma discursiva como "literatura" só se estabeleceu no fim do século XVIII; que foi acolhida pela academia no início do XIX, sob a rubrica de história da literatura, que a princípio acolhia apenas as antigas e a nacional; que o critério historiográfico de tal modo se impunha que Gervinus, em nome da objetividade, afirmava em 1832 que, "para o historiador da literatura, a estética é apenas um meio auxiliar".[2]

---

2 A primeira versão desta introdução foi originalmente publicado na *Folha de' S.Paulo*, em 27 de agosto de 2006, e republicada em *A Terra é redonda*, em 10 de setembro de 2020.

Sabemos também que a reação contra essa totalização redutora se manifestara no princípio do século XX, com Croce e os formalistas russos, se propagara com o *new criticism* e já não permitia ser acusada de um reducionismo às propriedades verbais do texto com a teorização efetuada entre 1960 e 1980. Cabe indagar: e entre nós?

Para que a reflexão teórica se firmasse entre nós, teria de contrariar um modo de pensar que, mesmo se refinando, se fixara desde Gonçalves de Magalhães (1811-1882). Em seu "Discurso sobre a história da literatura do Brasil" (1836), a literatura era apresentada como a quintessência do que haveria de melhor e mais autêntico em um povo.[3] Como o país se autonomizara sem que tivesse havido propriamente um movimento em prol da independência, impunha-se que a literatura, enquanto forma discursiva capaz de atingir as mais diversas regiões, se encarregasse de propagá-la. E, dadas as condições de um público rarefeito e sem acesso nacional a cursos universitários, teria de contar com uma palavra empolgada, estimulante e logo sentimental, que mais entrasse pelos ouvidos do que exigisse esforço mental. Dentro desse circuito curto, o interesse se voltava para a formação de um Estado unificado e pouco concernia à própria literatura.

Há de se considerar, ademais, que essa conjuntura se cumpria em um século no qual o desenvolvimento tecnológico começava a evoluir e que procurava, no campo que passava a se chamar de ciências humanas, explicações deterministas, que parecessem

---

[3] Cito sua edição em *Caminhos do pensamento crítico*, organizada por Afrânio Coutinho, em dois volumes. O texto de Magalhães abre seu primeiro volume, extremamente fecundo em apontar a quantidade de autores que reiteram o papel da historiografia literária (cf. Coutinho, 1980, v.I, p.24-38). Na verdade, o segundo volume da obra referida não trará menos abundante documentação em prol da nacionalização da literatura. Destaque-se passagem da "Carta sobre a literatura brasílica" que Araripe Junior publica em 16/17 de junho de 1869: "[...] Não será desprezando o que de mais belo e inspirador existe em nossos climas que havemos de sacudir com o jugo das impressões importadas do velho continente". A leitura da "Carta" importa porque indica que, ao enraizamento nacionalista, se opunham aqueles que chamavam de "cabocla" a literatura aqui realizada, numa extrapolação do critério racial vigente (cf. ibid., v.II, p.26).

prolongar as causalidades duras, estabelecidas pelas ciências da natureza. Daí a importância que assumiria um Sílvio Romero e a timidez com que seu adversário, José Veríssimo, intentava uma aproximação razoavelmente próxima do que fosse a constituição do texto literário. Em suma, nacionalidade, explicação histórico--determinista, sociologismo e linguagem de fácil compreensão eram traços que mantinham o fazer crítico-literário bem distante do circuito reflexivo. (Seria descortês nos perguntarmos até quando esses pressupostos se manterão vivos. Seria ainda mais arriscado perguntar se a expressão "até quando", mesmo que seu conteúdo se suavizasse, adquiriu validade.)

A genialidade machadiana teria sofrido o mesmo ostracismo que enterrou Joaquim de Sousândrade (1833-1902) e o obrigou ao exílio se o romancista não tivesse aprendido a adaptar a tática da capoeira às relações sociais. Primeiro sinal de sua esperteza: não teimar no exercício da crítica. Se houvesse insistido em artigos como seu "Instinto de nacionalidade" (1873), e se mesmo no curso do artigo não houvesse procurado diminuir sua carga contra a identificação da literatura com a expressão de nacionalidade, teria provavelmente multiplicado inimigos ferozes. Em troca, a iniciativa de criar a Academia Brasileira de Letras permitiu que firmasse relações cordiais com os letrados e os compadres dos "donos do poder".

Em troca, a salvação editorial de Machado se deu pela estabilização das linhas fixadas com a política cultural de Pedro II. Desse modo, não houve, entre nós, condições de medrar, nem o veio especulativo que tornou a Alemanha um centro de referência para a indagação intelectual, mesmo que, no século XVIII, a nação fosse politicamente um zero à esquerda, nem a linha ético--pragmática que distinguiria a Inglaterra.

Em vez de uma ou outra direção, mantivemos, como toda a América hispânica, a tradição da palavra retoricizada, sem nem mesmo nos darmos ao trabalho de consultar os tratados de retórica. O autor podia empregar um léxico complicado, extremamente complicado, como em *Os sertões*, ou ainda em Augusto dos Anjos, desde que tudo aquilo não passasse de uma névoa, com aparência de erudita. E Euclides, mesmo que, recorrendo ao pressuposto étnico, pretendesse oferecer uma interpretação científica do país, continuaria a ser entendido como inequívoca obra literária, porquanto tratara de uma questão de nossa história política. E assim permanece para os euclidianos de agora.

A marca historista sobre a literatura brasileira manteve-se durante os anos áureos da reflexão teórica internacional (1960-1980). E se tornou um divisor de águas político. A teorização era confundida com o formalismo e, coincidindo com a nossa mais recente ditadura (1964-1983), era confundida com uma posição de direita. Em troca, a esquerda era identificada com o Lukács marxista, com a exclusão de suas relevantes obras de início, *A alma e as formas* (1911) e *A teoria do romance* (1920). Tais identificações foram simplesmente desastrosas, ainda mais porque estimuladas por figuras valiosas da academia. Quem contra ela se rebelou, como Haroldo de Campos, foi marginalizado e assim se mantém. Ao passo que, naquelas décadas, a reflexão teórica da literatura repercutiu em áreas vizinhas – na reflexão sobre a escrita da história e no reexame da prática antropológica – estritamente na literatura, ela foi pouco praticada e, hoje em dia, encontra ainda menos praticantes. (Incluo-me entre eles.)

As inclinações apontadas não tornam o nosso caso menos dotado de um percurso específico. Embora a reflexão teórica e a própria ficção literária já não tenham o prestígio que a primeira conquistara em pouco tempo e a segunda mantivera desde fins do século XVIII, isso não impede que, no mundo desenvolvido, continuem a aparecer obras teóricas e ficcionais de importância, ao passo que, entre nós, com exceção do romance, tanto a obra poética quanto a teórica correm o risco de que seus títulos nem sequer sejam conhecidos pelo leitor; e, como não circulam, aumenta a possibilidade de não encontrarem editores. Isso significa dizer que à globalização corresponde a constituição de um abismo maior a separar o mundo desenvolvido do restante. Contra tal abismo, há de se dizer que o próprio estudo da ficção literária precisa ser reformulado e que sua drástica separação de áreas próximas, como a filosofia e a antropologia, lhe é catastrófica. Como, por exemplo, continuar a ignorar as consequências que Eduardo Viveiros de Castro tem extraído do "perspectivismo ameríndio", por ele próprio formulado em *A inconstância da alma selvagem* (2002)?

Assim sucede por duas razões: por um lado, a ficção literária, enquanto ficção – isto é, uma modalidade discursiva que, não fundada em conceitos, põe em questão verdades aceitas, sem que ela mesma se apresente como verdade –, não tem condições de se autoconhecer e, por outro, é incapaz de competir com os produtos da mídia eletrônica; que o diga a multiplicação das *fake news*, tomadas por muitos como exemplos da ficcionalidade.

Duas consequências imediatas daí advêm: (a) a escassez de reflexão teórica favorece que se perpetuem juízos críticos tradicionais. O nosso cânone literário se mantém menos por motivos ideológicos do que por ausência de indagação; (b) com isso, aumenta a impossibilidade de comparação efetiva com obras de outras literaturas, que então se mantêm desconhecidas e, enquanto desconhecidas, aumentam o abismo em relação às nossas obras.

O que é possível fazer contra isso? É cabível o exame da questão da literatura nacional, por certo não para negá-la ou para negar a função da história, mas para penetrar propriamente em seu objeto. Não o fazer supõe que o conceito de nacional não tem limites. Se assim for, por que ninguém cogita da nacionalidade do saber científico? A extensão da expressão de nacionalidade à literatura e à cultura em geral era inevitável no contexto do século XIX. Além de o código manter-se comum até meados do século, defendia-se com ela a independência de áreas que, na própria Europa, se mantiveram colonizadas ou subalternas. Nos dias que correm, fazê-lo significa reduzir a literatura à documentação do cotidiano, à questão dos gêneros ou da identificação sexual. Se tal redução não é menos absurda por ser muito praticada, como superá-la sem a reflexão teórica e a retirada dos entraves que a separam da indagação filosófica ou antropológica? E como estabelecê-la mantendo-se entre parênteses o entendimento do ficcional?

Rio de Janeiro, abril/outubro de 2020

Primeira parte

A poesia consolidada

I

Acerca de Bandeira e Cabral[1]

Não carece de demonstração que nenhuma grande poesia é discrepante de outra. Falando nos termos de Júlio Castañon Guimarães, no "Brinde a Álvaro de Campos":

>   bêbado
>   essa torrente de sentimentos
>   não aniquilará meu poema

Assim as poéticas de Manuel Bandeira e João Cabral são bastante distintas, sem que sejam antagônicas. Para explicá-lo, precisamos, contudo, de um exercício preparatório. Ele concerne ao que operacionalmente as relaciona: os modelos poéticos que realizam.

Ao contrário do que sucede na indústria, "modelo" aqui não supõe a reprodução sem falhas de um mesmo padrão, mas a permanência de uma disposição fundamental, uma protoforma que admite variações múltiplas, *a priori* indetermináveis. Essas não

---

[1] A primeira versão foi apresentada no seminário "Cabral – Bandeira – Drummond", na Fundação Casa de Rui Barbosa, em 27 de março de 2001, e publicada na *Revista USP* (São Paulo, n.50, p.39-45, jun./ago. 2001).

serão necessariamente de mesma qualidade, do contrário, não saberíamos identificar os epígonos ou as linhagens fracassadas.

A determinação exaustiva das protoformas presentes no caso exigiria de minha parte um espaço e, do leitor, uma paciência, igualmente excepcionais. Procuraremos concretizá-las pela recorrência a um número bastante reduzido de textos, com a abertura de um caminho passível de ser desenvolvido por outros analistas. Se o conseguirmos, terá sido mostrado que, de um pernambucano a outro, a estruturação da linguagem poética brasileira assumiu variedades que, empregando a dedicatória de João Cabral, em *A educação pela pedra*, supõem sinteticamente a passagem da lira para a antilira.

Antes de tentá-lo, dois esclarecimentos prévios se impõem: (a) a mudança na estruturação implica *a modificação drástica do eixo de composição do poema*, isto é, que ele passa a utilizar sua matéria-prima, as cenas de referência, de maneira incomparável do ponto de vista do eixo alternativo; (b) um esclarecimento menor responde a uma crítica que tem acompanhado o meu *Lira e antilira* (1ª edição, 1968; 2ª edição, 1995). O livro – que reconheço bastante imaturo – tinha por propósito analisar a poesia nacional a partir do modernismo, em suas figuras mais marcantes (de Bandeira, passando por Mário e Oswald de Andrade, vindo a Murilo Mendes, Drummond e Cabral),[2] o que foi entendido como prática de um evolucionismo retardado, que teria por extremos opostos Bandeira e Cabral.

A crítica partia do suposto de que o livro se conformava a uma concepção linear do tempo, em que o seguinte haveria de ser mais complexo e melhor que o antecedente. A "evolução" que acusavam lhes parecia uma justificativa indireta do concretismo ou do anticabralismo pela "poesia marginal", praticada nos anos 1970. A razão mais séria, porém, decorria de uma falha anterior:

---

2 A inserção de seis poetas, formando um volume de cerca de quinhentas páginas, já demonstrava a imaturidade do autor, no caso do ponto de vista editorial. Alertado por um editor amigo, reduzi-o à metade, começando por Mário de Andrade, que, de acordo com o conselho do amigo, tornava o livro mais vendável.

embora o conceito de "contemporaneidade do não contemporâneo" tivesse sido elaborado em 1932 e circulasse em livro desde 1935, trinta anos depois eu continuava a desconhecê-lo. Sendo ele fundamental para a compreensão das consequências da diversidade das heranças românticas, com sua voz embargada pela emoção e dos ramais que se agregam à baudelairiana, traduzo a abertura do ensaio em que Ernst Bloch principiava a explicar o conceito (*Ungleichzeitigkeit und Gleichzeitigkeit*): "Nem todos se encontram no mesmo agora. Aí se encontram apenas externamente, de modo que hoje hão de ser vistos. Mas não é por isso que vivem no mesmo tempo que os outros" (Bloch, 1985, p.104). Em vez de seguir seu desdobramento, apenas acrescento o que cerca a vida individual de agora: "A condição de vinte anos é muito mais voltada ao outro do que a vida material de agora" (ibid., p.105).

Afirmar a contemporaneidade do não contemporâneo implica que o tempo, em vez de tomado à semelhança de um fio que se desenrola, compreende o descompasso, a fratura, a assimetria, o heterogêneo. Em nosso caso, a lírica dominante e a restrição que cerca o concretismo supõem a prevalência de uma estruturação antes aproximada da bandeiriana. Cada uma de suas atualizações provoca ramificações diversas, que, no entanto, remetem a uma estratificação semelhante. No meu entender, seu menos valor estético não tem a ver com a opção por um modelo temporalmente anterior senão por sua concentração no que tenho chamado de eu performático (cf. Capítulo X).

Esclarecimentos feitos, venhamos a nosso objeto. De Manuel Bandeira e João Cabral, tomaremos como peças básicas poemas conhecidos, porém não dos mais divulgados. No primeiro caso, escolhi "Meninos carvoeiros", integrado ao *Ritmo dissoluto* (1921), publicado na primeira reunião das obras de Bandeira (1924):

>
> Os meninos carvoeiros
>
> Passam a caminho da cidade.
> – Eh, carvoero!
> E vão tocando os animais com um relho enorme.

Os burros são magrinhos e velhos.
Cada um leva seis sacos de carvão de lenha.
A aniagem é toda remendada.
Os carvões caem.

(Pela boca da noite vem uma velhinha que os recolhe,
dobrando-se com um gemido.)
– Eh, carvoero!
Só mesmo estas crianças raquíticas
Vão bem como estes burrinhos descadeirados.
A madruguada ingênua parece feita para eles...
Pequenina, ingênua miséria!
Adoráveis carvoeirinhos que trabalhais como se brincásseis!
– Eh, carvoero!

Quando voltam, vêm mordendo num pão encarvoado,
Encarapitados nas alimárias,
Apostando corrida,
Dançando, bamboleando nas cangalhas como espantalhos
desamparados!

A evidente irregularidade métrica – fonte, contudo, de um ritmo singular e não só dissoluto –, as formas diminutivas, a grafia conforme à pronúncia oral do refrão exclamativo, são sinais flagrantes da adoção do coloquial modernista, usado com uma maestria sem paralelo, cujo contraste com o uso eventual da segunda pessoa do plural faz com que assuma uma disposição de dissonância musical. A continuação do exame das marcas verbais revela outro traço: embora todas as formas verbais estejam no presente do indicativo, no presente progressivo ou em reduções gerundiais, transformáveis em presente do indicativo, com ênfase nos versos finais, em que "apostando corrida, dançando, bamboleando" ressalta o efeito da cena presente, tal presente gramatical não guarda nenhuma relação com o presente referencial. Muito pelo contrário, a cena em que estão os verbos no presente antes transparece como uma cena da memória. Os meninos carvoeiros convertem-se em palavras como se o tempo houvesse cessado, para que, sobre seu vazio, melhor se destacassem suas tristes/

brincalhonas figuras sujas. E o refrão exclamativo se encrava à maneira de uma voz anônima, que, em sua coloquialidade, adensa de afeto o tempo imobilizado. Pois a preponderância é de uma afetividade profunda, o ocupar a posição que, nas artes plásticas, fora reservado à perspectiva, com ênfase no renascimento até ao neoclassicismo. Assim, conquanto haja gramaticalmente um antes e um depois – "Os meninos carvoeiros passam a caminho da cidade", "Quando voltam vêm mordendo...", efetivamente não há essa sequência porque, vazio de presente, o tempo da ação recorre para trás. É ressaltada a conversão da *expressão temporal* em impressão afetiva. O que equivale a dizer: os elementos da cena proposta se imobilizam e transformam em agentes de emoção.

A essa conversão acrescenta-se outro traço: a carga emocional que envolve o poema não decorre de alguma exploração do psicológico. Ou seja, não há exploração de um eu, mas, sim, uma afetividade que, unânime, inunda a cena. Como Mário de Andrade bem apreendia: "o poeta se generaliza", "por mais pessoais que sejam assuntos e detalhes, mais o poeta se despersonaliza" (Andrade, 1943, p.30). A despersonalização, como veremos, é o traço que, com independência do que muda, permanece em Cabral.

A "poesia do cotidiano", que Bandeira viria a dizer haver aprendido a apreciar em Blaise Cendrars (Bandeira, 1957), conduz o nosso poeta a figurar o cotidiano como o presente que transita por um breve instante para, no melhor dos casos, se configurar em um instante da memória, então deixando de se confundir com o infalível companheiro do eu. O eu não se confunde com o autocentramento, a exemplo do que passará a suceder a partir da década de 1970 com a "poesia marginal", a pretexto de não seguir o "Diktat da ditadura de 1964", e permanecerá na maioria dos poetas que aparecem desde então. A lição de Bandeira, que não se resumiu nele, precisaria ser reatualizada; nela o eu é apenas a condição para que se cumpra a condensação do poema, a afetividade impessoalizada impregna uma dicção simples, a fim de que, sob a forma de emoção, o leitor a reacenda, sem confundi-la com seu sentimento privado. (Sei bem que isso não pode ser tomado como conselho, porque supõe uma aprendizagem lenta e demorada.)

Consideremos ainda umas poucas corroborações. A subordinação do presente a uma cena guardada na memória é bastante notória no belíssimo "Profundamente" (em *Libertinagem* [1930]). O presente se mostra para sinalizar que não está mais ali: "Hoje já não ouço as vozes daquele tempo". Onde se encontram as vozes dos que hoje apenas nomeio? O tempo presente, fugaz como todo presente, vaza para o subsolo. Do passado, o poema propriamente dito só contém a superfície do que perpassou.

Das muitas variantes da protoforma, é considerada apenas a formulada em "Momento num café" (em *Estrela da manhã*, 1936):

> Quando o enterro passou
> Os homens que se achavam no café
> Tiraram o chapéu maquinalmente
> Saudavam o morto distraídos
> Estavam todos voltados para a vida
> Absortos na vida
> Confiantes na vida.
>
> Um no entanto se desdobriu num gesto largo e demorado
> Olhando o esquife longamente
> Este sabia que a vida é uma agitação feroz e sem finalidade
> Que a vida é traição
> E saudava a matéria que passava
> Liberta para sempre da alma extinta.

Ao contrário do que foi dito, o presente não é plena e avidamente vivido? Sim, por certo, mas por aqueles que, presos ao presente, não compreendem, com a exceção daquele que, "olhando o esquife longamente", compreende o não sentido da vida. A diferença de atitude dos muitos e daquele um indica por que a linguagem da poesia não se confunde com a usualmente empregada. A linguagem da poesia dela se excetua, não porque tenha de ser familiar a uns poucos, mas porque sua generalidade levaria a um reconhecimento que tornaria a vida impossível de ser vivida. Por isso, só nela o tempo se esvazia e o presente assume o caráter de instantaneamente mutável. Dito de maneira mais larga: com independência da protoforma de Bandeira, declarar o caráter da linguagem da poesia supõe a coexistência de outras linguagens, em que o presente assume uma dimensão diversa, em si mesma mais usual, mas não menos indispensável para que a vida permaneça possível.

Em suma, a protoforma ou esquema axial de Bandeira supõe o tempo concentrar-se em um instante do passado, escolhido não por ser raro, mas, sim, porque exemplificante do que outro qualquer expressaria do mesmo modo; a maneira de o raro ser exemplificante de um tempo passado igual a de qualquer outro tempo passado, que então assume o cunho de um afeto impessoalizado, propiciador da socialização do emotivo. A linguagem da poesia então assume um caráter paradoxal: ela não pode ser a linguagem própria das maiorias que, simultaneamente, precisa a ativação de outras linguagens – a científica, a filosófica, a religiosa, se não a apenas pragmática.

Abro um pequeno parêntese: quem conhece a análise que Davi Arrigucci dedicou a "O cacto" (cf. Arrigucci Jr., 1997, p.17-76) poderá estranhar o destaque dado na poética de Bandeira à afetividade. "Belo, áspero, intratável" são propriedades do cacto referencial e do poema-cacto. Embora seu tratamento seja excepcional na obra bandeiriana – o "Murilograma", que Murilo Mendes lhe dedicava, o designava "Anticacto és" –, seu exemplo é lembrado para que seja reiterado o caráter variável da protoforma, constituído por um conjunto hierarquizado de marcas ou traços. A aspereza de "O cacto" não afeta seu tratamento do tempo que o poema estende ao presente: a atrocidade comum aos diversos tempos da vida. (Não é essa uma das razões possíveis para que "Momento num café" identificasse a vida com a traição? O presente congelado tanto chocará aqueles que nele vivem quanto emocionará os que o vivam a distância.)

Antes de passarmos à transformação que esse esquema receberá em Cabral, será oportuno verificar o choque provocado por este outro poeta. Testemunho evidente do choque é fornecido por um crítico que, desde o começo do conhecimento de Cabral, soube reconhecer que ali algo soava de modo diferente. Refiro-me a Sérgio Buarque de Holanda, antes de se converter em historiador. Em artigo de agosto de 1952, escrevia: "Confesso bastante envergonhado que meus primeiros contatos com sua obra, e depois o crescente interesse que ela pôde inspirar-me, nem sempre me deixaram totalmente livre de hesitações ou suspeitas" (Holanda, 1996, p.516). De fato, o crítico não tinha razão em se envergonhar de suas hesitações. Acompanhando suas diversas alusões ao poeta e aos companheiros da chamada geração de 1945, percebe-se que Sérgio Buarque compreendera com nitidez o que os separava. Assim, indispondo-se contra a opinião que deveria ser corrente naqueles anos, observava ser bastante falso falar a propósito de João Cabral em formalismo (ibid., p.520). Mas a própria singularidade cabralina explicava o choque provocado, porquanto a linguagem de seus companheiros de geração se conformava com o que se entendia por estético, e, em consequência, suas dúvidas e hesitações. É assim que, ante passagem da *Psicologia da composição* – "[...] a forma atingida/ como a ponta do novelo/ que a atenção, lenta,/ desenrola, aranha [...]" –, o crítico, na conclusão do artigo dedicado ao poeta, se indagava: "Até onde nos levará essa valorização do artesanato pelo artesanato, que, em contraste com a atitude dos parnasianos ou de tantos autores dessa geração chamada de 1945, está longe de servir sequer a algum ideal estético definido?" (ibid., p.521). Participava do mesmo equívoco, dúvida expressa anteriormente: "[...] A luta do poeta pela expressão nítida, cristalina, que vai aos extremos de uma linguagem crítica, já não parece traduzir aspiração de um mundo sereno, povoado de essências puras que prolonga, requintando-o apenas o próprio ideal de beleza herdado do renascimento e do petrarquismo?" (ibid., p.519-20).

Tais hesitações não impediam Sérgio Buarque de compreender o fio da meada em que se depositava a composição cabralina: "O que parecia traduzir-se naquele zelo sempre atento não era apenas uma poética, na acepção mais corrente e usual do vocábulo. Era mais, e principalmente, uma espécie de norma de ação e de vida. *A estética, em outras palavras, assentava sobre uma ética*" (ibid., p.517, grifos meus).

O crítico por certo mostrava sua acuidade, ao mesmo tempo que manifestava a falta que lhe fazia, bem como a toda a *intel-*

ligentsia nacional, de algum compromisso com um pensamento filosoficamente desenvolvido. Houvesse esse compromisso – e hoje ele apenas ameaça se atualizar –, veria que a ética não é uma conduta reservada a uns poucos, portanto um tipo de especialidade, mas algo universal, coincidente com a manifestação de qualquer forma de conduta. Em vez de uma não ética que seria própria de parnasianos e membros de 1945, em antítese à ética cabralina, tínhamos, sim, éticas antagônicas. Sua tematização, portanto, teria de ser exposta: o que seria a não ética dos que eram separados de Cabral senão uma modalidade de esteticismo? Não cabe desenvolver o raciocínio. Basta acentuar que as passagens transcritas revelam claramente o que representou para um crítico de qualidade o início da poética cabralina.

Seria mesquinho criticá-lo por suas dúvidas, quando não só soubera distinguir Cabral da tradição luso-brasileira, do modernismo e da reação a ele proposta pelos poetas de 1945, como percebera que sua produção supunha "uma norma de ação e de vida", pela qual a estética expunha a dimensão ética que a acompanha. Esta última anotação serve de abertura para nos aproximarmos da protoforma cabralina.

A exemplo do que foi feito com Bandeira, procuremos concretizá-la pelo destaque de um poema, "O vento no canavial" (em *Paisagens com figuras*, incluído em *Duas águas*, 1956).

> Não se vê no canavial
> nenhuma planta com nome,
> nenhuma planta maria,
> planta com nome de homem.
>
> É anônimo o canavial,
> sem feições, como a campina;
> é como um mar sem navios,
> papel em branco de escrita.
>
> É como um grande lençol
> sem dobras e sem bainha;
> penugem de moça ao sol,
> roupa lavada estendida.

Contudo há no canavial
oculta fisionomia:
como em pulso de relógio
há possível melodia,

ou como de um avião
a paisagem se organiza,
ou há finos desenhos nas
pedras da praça vazia.

Se venta no canavial
estendido sob o sol
seu tecido inanimado
faz-se sensível lençol,

se muda em bandeira viva,
de cor verde sobre verde,
com estrelas verdes que
no verde nascem, se perdem.

Não lembra o canavial
então, as praças vazias:
não tem, como têm as pedras,
disciplina de milícias.

É solta sua simetria:
como a das ondas na areia
ou as ondas da multidão
lutando na praça cheia.

Então, é da praça cheia
que o canavial é a imagem:
veem-se as mesmas correntes
que se fazem e desfazem.

voragens que se desatam,
redemoinhos iguais,
estrelas iguais àquelas
que o povo na praça faz.

Salvo o primeiro verso das estrofes 1 e 2, octossílabo, as onze estrofes se organizam em septissílabos. Os verbos se apresentam todos no indicativo presente. À diferença, porém, de Bandeira, não há oposição entre presente gramatical e presente referencial. Ao contrário, eles se superpõem. À sua coincidência corresponde um dinamismo que se modifica a cada momento estrófico. Não se trata de um dinamismo que resulte do relato de uma narrativa, mas que se constitui pelo desdobramento interno do título-lema: o vento no canavial. À diferença no tratamento do tempo se ajunta uma semelhança: como já em Bandeira, não há pessoalização, porquanto não há psicologia. Ela, no entanto, é acompanhada de outra diferença: a impessoalidade não provoca alguma afetividade envolvente. A emotividade do leitor, portanto o despertar do efeito do poema, dependerá de ser nele suscitada sua sensibilidade intelectual. O estabelecimento de um circuito humano formado pelo contato entre o texto e o leitor dependerá do trabalho promovido sobre o lema, tendo por agente a força provocada por uma única imagem: a planta cana.

Como se cumpre esse trabaho imagético? Como tal renúncia da afetividade, em um poema de cadência métrica quase absoluta, não converte o texto em uma peça fria, estática, neoparnasiana? Tudo depende da dinâmica que o move. Em vez de assumir o caráter de estatutário, o canavial forma, a exemplo de peças de Alexander Calder, um verdadeiro *móbile*. O *móbile* cabralino principia com a dessingularização do objeto:

> Não se vê no canavial
> nenhuma planta com nome
> nenhuma planta maria

Por outro lado, a variante das rimas – desde sua ausência, passando pelas rimas toantes ("nome – homem"; "campina – escrita") até a completa homofonia –, cria a ambiência para a dinâmica a ser efetuada. Assim, desde o início, com a impessoalidade afirmada, a máquina do poema começa por alargar seu campo visual: o canavial é comparado a "um mar sem navios", a um "papel em branco de escrita". E o alargamento prossegue por outra comparação: "É como um grande lençol/ penugem de moça ao sol/ roupa lavada estendida".

Por si só, no entanto, a extensão da visualização ameaçaria fazer o poema soçobrar no estático. A leitura precisará rever o campo desdobrado em que o canavial contém o mar que, sem navios, é comparável a uma presença feminina sem destaque de *eros*, e compreender que numa camada impessoalizada – o canavial – se depositam outra e mais outra, também impessoalizadas – o mar e a moça ao sol. Explicita-o a quarta estrofe:

> Contudo há no canavial
> oculta fisionomia:
> como em pulso de relógio
> há possível melodia,

Vale, entretanto, a objeção: como se poderia supor que a oculta fisionomia *é vista*? Como *ver* a possível melodia? Com efeito, não faz sentido falar em "ver" ou ressaltar qualquer outro sentido. Assim como a cena material – o canavial – se desdobrara noutras cenas que, embora igualmente materiais, não são materializadas, já que apreendidas e dependentes tão só da estruturação lexical, também "ver" se desdobra noutra dimensão, que não se confunde com a manifestação de um órgão dos sentidos. A essa outra dimensão chamamos de *visualização*. Uma análise mais detida deveria mostrar que a visualização é resultante da plasticidade que Cabral dizia haver aprendido com Murilo Mendes. Na falta desse requinte analítico, basta-nos assinalar que, na poesia cabralina, visualização significa a superação da oposição clássica entre o campo dos *percepta* e a intervenção da imaginação. O visualizável atualiza o que está *sob o que' se' vê*; radiografia passível de ser processada apenas pela palavra ou, no pintor, pelo pincel. Esse visualizável não é percebido, dado que constitui uma modalidade de imaginário, aquele que se desdobra sob uma imagem, evitando sua irradiação múltipla.

Mas uma outra retificação é necessária: para que *o que' está sob* não se espiritualize, o que poderia suceder pela tematização da potência plena do imaginário, será preciso que o poeta não supervalorize a imagem gerada. Daí as alternativas que se reiteram na quarta estrofe: a oculta fisionomia é aquela que há na melodia possível em "pulso de relógio", *ou*, na quinta, como a paisagem vista de um avião, *ou*, na oitava, como os desenhos que as pedras traçam na praça vazia. A insistência na comparativa explicita a luta contra a metáfora que potencializa o imaginário, assumindo uma distância consciente contra grande parte da poesia contemporânea.

Aos movimentos mencionados – o de ampliação comparativa do canavial e sua escavação interna – acrescenta-se um terceiro: o vento no canavial. Até então, as plantas sem nome guardavam sua possível melodia. Ao agitá-las, o vento criará desenhos diversos. Desde logo, "seu tecido inanimado/ faz-se sensível lençol" (estrofe VI). Já não é tão só lençol sem dobras (estrofe III), mas se anima e então converte em bandeira – não alegórica, porém viva e aleatória. Conforme declara o verso "É solta sua simetria" (estrofe IX), acata-se o metaforismo que se distende a partir do que está *sob o ver*, restringindo-se sua potência. O que, de sua parte, permite outro alargamento imagético: como a das ondas na areia/ ou as ondas da multidão/ lutando na praça cheia". A figura humana que reaparece se integra a um mundo sem privilégios privados. O coletivo vegetal se transforma no coletivo humano da praça cheia, por sua vez comparável ao coletivo mineral da areia e líquido das ondas do mar. O que não significa que as comparações da multidão, da areia e das ondas tenham o mesmo peso – são comparáveis por seu caráter coletivo, sem que isso implique algum elogio da unanimidade. As duas estrofes finais intensificam ao máximo o campo da visualização – correntes que se fazem e se desfazem, voragens que se desatam, redemoinhos, o louvor do coletivo está na força que atualizam, sem que seja precisado semanticamente o sentido em que assim se dará.

A leitura que acabamos de fazer segue a ordem da leitura linear. Numa releitura, ver-se-ia como a composição, depois de configurar seu campo, reelabora seus elementos e os desdobra em sua intensidade aleatória. Porque aleatória, a intensidade não dispõe de um clímax, acorde final de um relato. A planta sem nome, pertencente a um coletivo vegetal, mostra conter dentro de voragens, redemoinhos, "estrelas iguais àquelas/ que o povo na praça faz".

Não escolhemos o poema estudado senão de maneira também aleatória. Embora fosse absurdo pensar que supuséssemos haver captado a fórmula poemática de Cabral, é admissível que "O vento no canavial" torna palpável a protoforma de sua "psicologia da composição". Ela diverge do modelo bandeiriano pela ocupação bastante diversa do tempo. O presente, em vez de esvaziado em função de uma cena meditativa do passado, é intensificado tanto no sentido horizontal – o realce do que está sob o que se vê, que se encontra abaixo dos *percepta* – quanto no vertical – há no canavial possível melodia, que, no entanto, não tem a regularidade de uma peça *cantabile*, pois é solta sua simetria. Presente intensificado que, como dissera Sérgio Buarque, supõe uma estética assente em uma ética, sem que recaísse, como temia o crítico, "na aspiração de um mundo sereno, povoado de essências puras". Porque apontando para o presente, essa é uma ética da *polis*, ao passo que a ética bandeiriana era uma ética da fraternidade.

Proponente de uma ética da *polis*, e não de essências, a poética cabralina visualiza voragens e redemoinhos, que mantêm o leitor em um alerta sensível para os jogos sem conta do mundo, visualizáveis pelos "jogos da linguagem" em que o poema se integra.

II

A forja da poesia:
Carlos Drummond de Andrade

Além dos concretos (Augusto e Haroldo de Campos, Décio Pignatari), estudados a seguir, a lírica brasileira do século XX conheceu duas realizações extremas: a poesia arquitetônica de João Cabral de Melo Neto e a simbiose entre o subjetivo e o objetivo de Carlos Drummond de Andrade. Em João Cabral, o construtor subtrai o subjetivo de sua expressão explícita. Em Drummond, as dimensões mantidas do subjetivo descobrem um mundo doutro modo impalpável. As dimensões do presente ensaio não permitem seu desenvolvimento longo. No presente capítulo, nosso compromisso restringe-se a apontar tópicos em que assenta a obra poética de Drummond.

Sua estreia se dá em 1930, com *Alguma poesia*. Era, sim, e apenas ainda, "alguma", que assinalava sua adesão à revolta do modernismo brasileiro contra a rigidez parnasiana. De seu amigo e então mentor, Mário de Andrade, o poeta mineiro recebia a ênfase na redescoberta da terra e a desintoxicação da linguagem poética, sendo o papel de Mário contrabalançado pela influência de alguém mais verdadeiramente poeta, o também amigo Manuel Bandeira. A blague, célula básica, fazia parte da aludida desintoxicação, cumprida por liberar a poesia dos sentimentos tidos por finos – a saudade, a melancolia, a nostalgia da perda –, por sua vez formulados em uma linguagem hostil à coloquialidade cotidiana. Por exemplo, o depois famoso "No meio do caminho" foi tomado como um ato de agressão ou desrespeito à sociedade polida por um moço irreverente.

O começo do poeta pleno só se dá em 1940, com *Sentimento do mundo*. Por que dele dizemos ser a primeira prova eloquente de um grande poeta? Não é porque desapareça a múltipla tematização que atravessa seus dois primeiros livros – "Quem foi que apitou?/ Deixa dormir o Aleijadinho coitadinho" ("São João del-Rei", em *Alguma poesia*; "Esqueci um ramo de flores no sobretudo" ["Nova Friburgo, idem]), que aponta o eixo de Itabira – "Cada um de nós tem seu pedaço no pico do Cauê" ("Itabira", idem) –, mas porque ela passa a contar com um eixo de fusão. Este se manifesta na peça de abertura do *Sentimento*. A matéria de que trata já estivera nos dois primeiros livros, mas sem partilhar da força imagética enunciada pelos três primeiros versos do *Sentimento do mundo*:

> Tenho apenas duas mãos
> e o sentimento do mundo,
> mas estou cheio de escravos.

Sem tal potência, o *insight* memorialista corresponderia a linhas de uma crônica. Destaquemos a segunda estrofe:

> Quando me levantar, o céu
> Estará morto e saqueado,
> eu mesmo estarei morto,
> morto meu desejo, morto
> o pântano sem acordes.

A temática da guerra já se manifesta na apreensão do eu. É de sua fusão que resulta o sentimento do mundo. A vastidão do mundo é tanto maior quanto a presença do eu é "anterior a fronteiras". De sua correlação, resulta que, embora a quarta estrofe inverta as posições entre mundo e eu, ressaltando o segundo, o destaque do eu é paralelo ao da guerra que grassa pelo vasto mundo.

A fusão referida assinala que nenhum de seus termos determinantes – o mundo, em seu interior, a guerra e, dentro do eu, Itabira – pode ser entendido em sua acepção geográfica. A geografia vem a ser temporalmente reescrita. Em virtude da mudança, as "sete faces" do poema de abertura de *Alguma poesia* adquirem a visibilidade não confundível com a que envolve qualquer outra inscrição geográfica. Com isso, não se insinua que a fusão se converta em um outro sinal de estabilidade, como se a mudança das peças dos dois primeiros livros decorresse da simples passagem do espaço geográfico para o tempo histórico. Pensá-lo seria desastroso para a compreensão da poética drummondiana. Em vez de permanência e estabilidade, a passagem para a tematização do tempo provoca uma tensão constante, que subjaz à irregularidade qualitativa da obra analisada.

Apenas aponto o que é inestimável para que se veja a presença da tensão. É o que nos concede a leitura da segunda peça do *Sentimento do mundo*, "Confidência do itabirano". Como em continuação da quarta estrofe do primeiro poema – "Quando os corpos passarem,/ eu ficarei sozinho,/ desfiando a recordação/ do sineiro, da viúva e do microscopista" –, o termo "mundo" é posto em segundo plano – muito embora a continuação da leitura assinale que seu secundarismo é aparente: a guerra, que envolvia o mundo, habita uma hipotética caverna, de onde comanda a tensa permanência. Como ela se manifesta? Leia-se a estrofe final:

> Tive ouro, tive gado, tive fazendas,
> Hoje sou funcionário público.
> Itabira é apenas uma fotografia na parede.
> Mas como dói!

É óbvio que não se fala em guerra. A transmutação de "mundo" no tempo do "eu" requer que a "guerra" encontre um análogo. A ele temos chamado de espécies. (Ele foi inicialmente formulado no capítulo de *Lira e antilira* (1968) dedicado a Drummond, em um desenvolvimento ainda bastante imaturo.)

A presença da corrosão nos versos transcritos está subordinada à dominância da memória de Itabira. O ter tido o que agora não tem mais, sendo o de agora bastante inferior, significa que, para o poeta, o tempo implica corrosão. O tempo não é tão só mutação, mas permanência do desgaste. Sua apreensão é mais evidente se voltarmos ao começo da "Confidência":

> Alguns anos vivi em Itabira.
> Principalmente nasci em Itabira.
> Por isso sou triste, orgulhoso: de ferro.
> Noventa por cento de ferro nas calçadas.
> Oitenta por cento de ferro nas almas.

O contraste de antes e aquele agora é o que marca a diferença entre seus antepassados e o poeta: fazendeiro de terras e o "fazendeiro do ar". A propriedade deste consiste nos poemas que provoca. O poema é, por conseguinte, um paradoxal bem no ar. Dito de maneira mais explícita: é um bem cultivado pela imaginação, lastreado pela memória do que foi vivido. Dissemos por isso que as "sete faces" que abriam seu primeiro livro davam lugar a uma fusão, caracterizada por seu caráter tenso. Ora, como manifestarão cabalmente os três volumes de *Boitempo* (1968, 1973, 1979), o que fora vivido pelo "menino antigo" entre Itabira e arredores era a herança do avô e do pai fazendeiros. Por mais diversa que seja a condição presente, o bem do ar, por excelência o poema, guarda consigo bastante do descendente de fazendeiros. A mudança de condição e de status não provoca metamorfose integral, porquanto a memória conserva valores que gera valores da mesma estirpe. Ressalto apenas que a expressão "fazendeiro do ar" não é tão só irônica, mas também confessional. O segundo qualificativo, "do ar", destaca, sobretudo, a contradição estrutural que atravessa a obra drummondiana: ainda que crítico do legado transmitido por exploradores de terras e de homens, o poeta não se desliga por completo da carga que nele se mantém.

Por certo, a observação da permanência de valores engendrados pela posição material do sujeito não é exclusividade do poeta mineiro. Drummond, na verdade, é a própria encarnação do que sucede com o intelectual brasileiro, cuja ocupação do "ar" torna-se possível porque legara certa disponibilidade material para dedicar-se a uma tarefa pouco rendosa. Por essa carga, o intelectual brasileiro manifesta a perduração de valores adequados aos fazendeiros, mesmo quando assume uma posição política avessa à deles. Esse elemento entrará nas contradições do autor, assim como na força que assume o princípio-corrosão, sem que as explique. Dentro dele, o que chamamos de corrosão-escavação corresponderá a certo momento em que a posição política do poeta se oporá flagrantemente à contradição que logo se reafirmará. A corrosão-escavação pouco se manterá, enquanto a espécie contrária, a corrosão-opacidade, será temporalmente de atuação bem mais extensa.

Antes de explorá-las, perguntemo-nos como a contradição entranhada no "fazendeiro do ar" coexiste com a perduração do sentimento de guerra, inculcado pela corrosão. Para a coexistência de uma com a outra, é decisiva a presença da ironia. Pois a ironia é o fermento que corrói o sentimental, sem o apagar por inteiro. Observemos em "Os mortos de sobrecasaca" que a recusa de apreensão sentimental é resultante da ironia corrosiva:

> Havia a um canto da sala um álbum de fotografias intoleráveis,
> alto de muitos metros e velho de infinitos minutos,
> em que todos se debruçavam
> na alegria de zombar dos mortos de sobrecasaca.
>
> Um verme principiou a roer as sobrecasacas indiferentes
> e roeu as páginas, as dedicatórias e mesmo a poeira dos retratos.
> Só não roeu o imortal soluço de vida que rebentava
> que rebentava daquelas páginas.

Tão relevante como a sincronia entre o tom sentimental e a ironia corrosiva é a consciência do autor dos limites da ironia. Ela se mostra em verso que aparentaria tratar de outro tema: "O mundo é mesmo de cimento armado" (em "Privilégio do mar").

O próximo livro a ser analisado, *José* (1942), compreendia poemas compostos em 1941-42. A nova residência do poeta se anuncia na primeira estrofe da primeira peça:

> Nesta cidade do Rio,
> de dois milhões de habitantes,
> estou sozinho no quarto,
> estou sozinho na América.
> ("A Bruxa")

Logo chama a atenção, em "O lutador", a presença de versos quase totalmente isossilábicos e parcialmente rimados. Porque oposta à norma da irregularidade de seu começo, a mudança poderia parecer sistemática. De fato, é contingente. Em troca, "O lutador" anuncia algo relevante: a preocupação ímpar com a linguagem:

> Lutar com palavras
> é a luta mais vã.
> Entanto lutamos mal rompe a manhã.

Expressa pela proximidade com o isossilabismo, ela poderia ser mal-entendida como opção por uma espécie de formalismo. Na verdade, a preocupação com a linguagem é simultânea à ênfase que agora se explicita na afirmação da falta de sentido das coisas e dos acontecimentos. Ela é incontestável na abertura de "Tristeza no céu":

> No céu também há uma hora melancólica.
> Hora difícil, em que a dúvida penetra as almas.
> Por que fiz o mundo? Deus se pergunta
> e se responde: Não sei.

Atenção extrema à linguagem e admissão do não sentido do mundo juntam-se ao foco decisivo da via reflexiva. Ela conduz ao que designamos como dimensão meta-física. A estrofe final do poema que dá título ao livro evidencia por que escrevemos "meta-física":

> Sozinho no escuro
> qual bicho-do-mato,
> sem teogonia,
> sem parede nua
> para se encostar,
> sem cavalo preto
> que fuja a galope,
> você marcha, José!
> José, para onde?

Em um autor que não se destaca por indagações filosóficas, seria estranha uma orientação propriamente metafísica. Ela não ocorre. Aprofunda-se a capacidade de penetração no sensível, respaldado pelo sentido a que o mundo não responde, que provoca a dimensão meta-física. A concentração na ocorrência nua do sensível cobrirá desde a viagem na família até a insistência em recursos verbais como a ironia.

A referência ao passado pessoal não se confundia com algo próximo da autobiografia. Em suma, sem estar entre suas grandes obras, *José* continha pontos inaugurais. Dizê-lo supõe pô-lo em posição menor quanto à obra seguinte, *A rosa do povo* (1945), em que a reafirmação do realce da palavra ressalta a própria estrutura do verso:

> Não rimarei a palavra sono
> com a incorrespondente palavra outono.
> Rimarei com a palavra carne
> ou qualquer outra, que todas me convêm.
> ("Consideração do poema")

Por vir de um poeta, a reflexão será decisiva para a consideração a lhe ser prestada. Ao lado do assim reiterado, em *A rosa do povo* era ainda decisiva a adesão ao outro plural, situado muito além do desdobramento da memória pessoalizada:

> [...] Tal uma lâmina,
> o povo, meu poema, te atravessa.
> ("Consideração do poema")

A lâmina aludida, conquanto de pouca duração, é tão poderosa quanto a indagação da matéria do poema. "Procura da poesia", de imediato destacável, ressalta que a disposição isossilábica ou regular são de igual oportunas:

> Penetra surdamente no reino das palavras.
> Lá estão os poemas que esperam ser escritos.
> ("Procura da poesia")

Aproximar a afirmação de "Anoitecer" tem de imediato o propósito de diferençar o acontecimento do que se destaca na memória pessoal. As estrofes de "Anoitecer" aproximam o tempo de antes do de agora. Antes, no interior mineiro, ao toque do sino correspondia o retorno dos pássaros, no cair da noite. Agora, no tempo urbano, "o corpo não pede sono, depois de tanto rodar" ("Anoitecer"), com o que o medo, saliente pela associação com a guerra, torna a aflorar. A grande cidade então se anuncia pelo rompimento da antiga tranquilidade. Em consequência, a lembrança de Itabira adquire, na ambiência cotidiana, um contraste visual. Intensifica-se então o marco da contradição, que se converte, em termos da mais palpável vivência imediata. Temos visto a imagem da guerra avultar no poeta. Como ela não se confunde com a que se expande na Europa, em *A rosa do povo*, à sua carga se acrescenta a sensação imediata do medo. A mescla de "carteiro, ditador, soldado" ("O medo") torna a sensação de guerra bastante concreta. A presença iminente dispara ante alguém – "Fiquei com medo de ti,/ meu companheiro moreno" (idem) – cuja explicitação pela cor não se justificaria sem recordar nossa estrutura socioeconômica, em que negros e mulatos ocupam as posições mais deploráveis. Isso os torna os agentes mais próximos do crime e da violência. O "moreno" se incorpora aos desqualificados que provocam o medo. Isso ainda explica o verso de outro modo enigmático: "Assim nos criam burgueses" (idem); burgueses que se concretizam na antepenúltima estrofe:

> O medo, com sua física,
> tanto produz: carcereiros,
> edifícios, escritores,
> este poema; outras vidas.

A exemplificação confirma o que chamamos anteriormente de a dimensão meta-física. *A rosa do povo* é o livro mais longo que Drummond publicara. Sua extensão é também o da convivência de grandes poemas com peças mal resolvidas. Típica destas é "Nosso tempo". À qualidade da apresentação sintética dos versos iniciais – "Este é tempo de partido/ tempo de homens partidos" –, corresponde um vale-tudo imagético em que a lembrança de cenas dispersas da juventude mineira se combina ao salto *engagé* da última parte, bem distante da qualidade da "Elegia 1938", do *Sentimento do mundo*. Venho aos poemas da guerra. Neles, destaca-se a pujança da corrosão-escavação. Já não é a "aurora", da "Morte do leiteiro", mas algo assemelhado à explosão do inesperado, flagrante na abertura do "Telegrama de Moscou":

> Pedra por pedra reconstruiremos a cidade.
> Casa e mais casa se cobrirá o chão.
> Rua e mais rua o trânsito ressurgirá.
> [...]
> Outros homens, em outras casas,
> continuarão a mesma certeza.

A corrosão-escavação encontrará seu ápice na "Visão 1944", que assinala a maestria alcançada em um poema longo. Mas a corrosão-escavação não se confunde com a série da guerra. A mesma energia afirmativa é reiterada na homenagem a Charles Chaplin:

> Ó Carlito, meu e nosso amigo, teus sapatos e teu bigode
> caminham numa estrada de pó e esperança.
> ("Canto ao homem do povo Charlie Chaplin")

Sem seguir a ordem impressa dos poemas, destaque-se o final do poema do princípio de *A rosa do povo*, "Áporo". Antes de acompanhar a análise que dele fizera Décio Pignatari, apenas acrescento a observação: se o quarteto de abertura se integra à noite opaca, o terceto final responde à espécie contrária de corrosão, a corrosão-opacidade, em cujo âmbito a orquídea "em verde, sozinha" remete à beleza natural e, analogicamente, ao poema.

Nenhum outro poema de Drummond conheceu a concentração que Décio Pignatari concedeu a "Áporo". Vale nela nos demorarmos. Não é acidental que dele diga no final:[1] "Uma das peças de poesia mais perfeitas e mais criativas, em âmbito internacional e dentro da tradição do verso pós-Mallarmé" (Pignatari, 1969, p.144).

Sua extrema saliência está condicionada ao máximo destaque das combinações fonéticas nele descobertas. Descendente da modalidade anagramática intentada por Saussure, tal tipo de análise permanece num campo de operação bem restrito. Igualmente precipitado seria declarar que se trata de uma limitação derivada de entender o poético como concentrado no âmbito do fonético ou de a abordagem ainda não haver se desenvolvido de modo suficiente. Porque o dilema não está superado, apenas apresentamos um esboço da análise empreendida por Pignatari. Sinteticamente, dela destacamos a abertura: "Seccionada em seus três anéis-sílabas, a palavra IN-SE-TO desencadeia um processo de *aliterações verticais*, com dois percursos principais, a que chamaremos *percurso-inseto* e *percurso-orquídea*" (ibid., p.139). Logo trata do primeiro: "Percurso: inSEto/ SEm/ Escape/ fazer/ EXausto/ enlaCE/ eiS/ prEsto SE dESata/ forma-SE. É a trilha das fricativas. Sábia e encliticamente expelido da forma, vemos o inseto-flor-poema formando-se formado (ibid.).

A ele se seguem duas pistas laterais. Uma é "trilha das nasais: "UM inseto, EM país, Enlace, EM verde, UMA orquídea" (ibid.,

---

[1] Um inseto cava/ cava sem alarme/ perfurando a terra/ sem achar escape. // Que fazer, exausto,/ em país bloqueado/ enlace de noite/ raiz e minério? // Eis que o labirinto/ (oh razão mistério)/ presto se desata: // em verde, sozinha,/ antieuclidiana/ uma orquídea forma-se.

p.140). A outra segue a trilha das oclusivas línguo-dentais, "a partir de *inseto*, e continuando: Terra/ exausto/ noite/ labirinTO/ mistério/ presTO/ desata" (ibid.).

Já o "percurso-orquídea" desenvolve-se a partir da "palavra *cava*" e "segue a trilha das oclusivas velares: Cava/ Cava/ escape/ QUE/ bloqueado/ eis QUE/ antieuCLIDIANA/orquídea" (ibid., 140-1).

A observação a seguir anotada insinua uma abertura para o semântico. O poema é chamado de "autofecundante e autogestatório". Com referência ao segundo verso do primeiro terceto, declara que "o pertinaz 'inseto' se apresenta encerrado não só dentro do parêntese, como também dentro dos outros dois versos do terceto, o segundo dos quais anuncia a abertura, ao mesmo tempo, que, dentro dele, o bicho avança, se enleia e desenleia – 'prESto SE dESata' – mais ainda preso, posicionalmente, para libertar-se, transubstanciado, em forma-SE'" (ibid., p.141).

Do ponto de vista do que chama de "macroestrutura externa", "não deixa de ser curioso o fato de INSETO ser um quase anagrama de SONETO..." (ibid., p.142).

O poema constituiria, pois, uma estrutura cerrada em que seus componentes, as palavras, a partir das combinações silábicas, se motivariam, opondo-se ao caráter arbitrário a que as palavras, por si, respondem.

O livro seguinte, *Novos poemas* (1948), que abre a segunda fase do grande poeta, principia com "Canção amiga". Como se assinalara em *José*, a proximidade do verso isossilábico tinha um cunho apenas relativo. Efetivo era o abandono da corrosão--escavação, ainda presente na homenagem a Lorca, o poeta espanhol morto pelo fascismo falangista. O "Desaparecimento de Luísa Porto" assinala que a dissipação do engajamento político do autor não impede a frequência da temática fundada em acidentes ocorridos no meio do povo simples. Em troca, é manifesta a permanência da preocupação com o aspecto formal do poema, sem que isso afete a irregularidade qualitativa das peças. Não é, portanto, abusivo dizer que o livro não faria falta na fortuna crítica de Drummond.

Em 1951, a publicação de *Claro enigma* mostra a completa cessação do entusiasmo sociopolítico que atravessara os poemas de guerra. Ao desengano com o que fora um breve engajamento político, brevidade provavelmente provocada pela divulgação do caráter ditatorial que Stálin emprestara ao socialismo soviético, era proporcional a atração do poeta pelo que a noite e a escuridão reservam. O verso, aparentemente neutro, antes declara um profundo desengano:

> Pois que aprouve ao dia findar,
> aceito a noite.
> ("Dissolução")

A estrofe seguinte – "E com ela aceito que brote/ uma ordem outra de seres/ e coisas não figuradas/ Braços cruzados" – poderia sugerir que a aceitação da ordem social, fosse qual fosse, decorresse da indiferença com o que ocorria no âmbito da sociedade.

A leitura cuidadosa evita o engano. "Seres e coisas não figuradas" não se conciliam com uma opção política antagônica à que havia provocado a corrosão-escavação; explicitam, sim, o aprofundamento do que denominei de dimensão meta-física. Menos que oposta, tal dimensão é o prolongamento do que manifestara o mundo de Itabira, com o olhar dolorido deposto nos retratos de família, com a recordação da desavença com o pai, com os miúdos desastres urbanos – a morte do leiteiro, a morte antevista no avião, a homenagem a Lorca, a esperança contida no telegrama de Moscou, carta a Stalingrado etc. No reino da noite, cabem o céu despovoado de estrelas e "povoações/ (que) surgem do vácuo" ("Dissolução"). Em vez da intermitência de possibilidades aberta pela claridade do dia,

> A madureza vê, posto que a venda
> interrompa a surpresa da janela,
> o círculo vazio, onde se estenda,
> e que o mundo converte numa cela.
> ("A ingaia ciência")

A madureza, identificada com um dos efeitos da noite, converte em suportável a ausência pelo que sente, no âmbito do corpo. Relacionada ao ofício de exploração da palavra, ante o trânsito das coisas, palavra e noite se entrelaçam e se fazem compatíveis. O que se ouve em "Dissolução" poderia decorrer de uma dor contingente, sem que deixasse de conter um corte vertical. É na madureza que se desvela o preço exato da existência. Ela contém

> [...] O agudo olfato,
> o agudo olhar, a mão, livre de encantos,
> se destroem no sonho da existência.
> ("A ingaia ciência")

O que se anunciava como pertence da noite, melhor se formula como algo sucedido ao corpo. A madureza compreende a falta de resposta passível de ser extraída dos acontecimentos, porquanto, diante do que se oferecia ao passante, "a surpresa da janela" converte-se em "cela". O encanto, ainda que ocasional e provisório, de ver, tocar, sentir, se desfaz no resto da existência:

> E mereço esperar mais do que os outros, eu?
> Tu não me enganas, mundo, e não te engano a ti.
> ("Legado")

Não que pela noite seja abolido o que antes era, em ampla escala, absorvido pelos órgãos dos sentidos, mas que agora se acrescente a camada de melancolia. Em contraste sobretudo com *José*, os poemas são de extensão curta ou mediana, concentrados no sentimento do agente, preparatórios do intenso tom reflexivo que se destaca em "Ser" e na "Oficina irritada": este provoca a extrema pertinência da leitura de Abel Baptista.[2] Nela devemos nos deter.

---

2 Eu quero compor um soneto duro/ como poeta algum ousara escrever./ Eu quero pintar um soneto escuro,/ Seco, abafado, difícil de ler. // Quero que meu soneto, no futuro,/ Não desperte em ninguém nenhum prazer./ E que, no seu maligno ar imaturo,/ Ao mesmo tempo saiba ser, não ser. // Esse meu

Ela segue em direção bem diversa da análise de "Áporo" por Pignatari. Sua abordagem não é tão incomum como a de linhagem anagramática. Sendo de ordem semântica, sua amplidão é bem mais considerável.

O crítico português começa por glosar Antonio Candido, que tomava como um dos traços da poesia analisada "a violência do choque com o leitor". De sua parte, Baptista logo se pergunta: "Como fica afinal a oficina em estado de 'irritação'? Agastada, enfurecida, exasperada, irada – ou estimulada, excitada, picada? Ou ainda impaciente, importunada? Inflamada ou com sensibilidade anormal, como se diz da pele ou das narinas?" (Baptista, 2002, p.14).

E responde: "A regra e o procedimento salvaguardam o produto, e em certo sentido protegem o sentido, assegurando o cumprimento da finalidade da oficina. Por isso, 'a irritação' não afeta apenas e acidentalmente uma certa oficina, mas essencialmente a própria noção de oficina [...]" (ibid.).

Pois a irritação não é da oficina, e sim do poeta. O título enuncia, portanto, uma hipálage, acentuando o desajuste entre as funções gramatical e lógica por criar uma transposição de sentidos. Ao aqui chegar, Baptista remetia à reflexão que João Cabral desenvolvera no ensaio "Poesia e composição". Dela deriva a aproximação: "[...] O cotejo de 'Oficina irritada' com 'Poesia e composição' ensina que o 'choque contra o leitor' releva antes do mais da condição da poesia contemporânea e que *por isso mesmo* esta se diversifica em poéticas individuais" (ibid., p.15). Nos termos do próprio Cabral: "O autor de hoje trabalha à sua maneira, à maneira que ele considera mais conveniente à sua expressão pessoal" (Melo Neto, 1952, p.53). A hipálage mencionada por Abel Baptista confunde-se com a configuração do poema. No caso específico, o desacordo dos sentidos se concentra no substantivo "oficina" e no qualificativo dele deslocado, "irritada". O desacordo dá lugar a duas lições:

> verbo antipático e impuro/ há de pungir, há de fazer sofrer,/ tendão de Vênus sob o pedicuro. // Ninguém o lembrará: tiro no muro,/ Cão mijando no caos, enquanto Arcturo,/ Claro enigma, se deixa surpreender.

De acordo com a primeira lição, o soneto, acidental, apaga-se para declarar a intenção; de acordo com a segunda, o soneto, essencial, resiste ao apagamento e à intenção. Na primeira, o poeta dispõe-se contra a oficina e no limite dispensa-a; na segunda, a oficina ressurge indispensável e subjuga o poeta. [...] A segunda lição é a da contradição performativa. A possibilidade de o soneto fazer já o que se propõe depende de não fazer já o que se propõe. (Ibid., p.17)

A atenção particular à abordagem de Abel Baptista decorre da elucidação compreensiva que estabelece. Ela consiste em, a partir da concordância com João Cabral, atentar para o isolamento do poeta contemporâneo quanto a seu leitor. Qual a relação dessa solidão com o papel central da hipálage? A explicação de Joseph Frank é extremamente elucidativa:

Assim como a dimensão de profundidade desapareceu da esfera da criação visual, assim a dimensão da profundidade histórica se dissipou do conteúdo das obras principais da literatura moderna. Passado e presente são apreendidos espacialmente, encerrados em uma unidade sem tempo que, enquanto pode acentuar diferenças de superfície, elimina qualquer sentimento de sequência pelo próprio ato de justaposição. Desde o Renascimento, o homem moderno cultivara tanto a imaginação visual objetiva (a habilidade de retratar o espaço) quanto a imaginação histórica objetiva (a habilidade de localizar acontecimentos no tempo cronológico); ambas agora o abandonaram. (Frank, 1991, p.63)

Sua formulação é reiterada por observação que encontra no poeta:

Para Eliot, a qualidade distintiva de uma sensibilidade poética é sua capacidade de formar novos todos, de fundir experiências aparentemente díspares em uma unidade orgânica. O homem comum, escreve Eliot, se apaixona ou lê Spinoza, e essas duas experiências não têm nada a ver uma com a outra [...]; na mente do poeta, essas experiências estão sempre a formar novos todos. (Ibid., p.11-2)

Tal diferenciação de sua parte explica, como dirá Haroldo de Campos, que o poema "pós-utópico" supõe a aliança do poeta com o crítico, a sincronia que então se estabelece entre uma poética presente e a poética de certo passado – como prova a redescoberta de Góngora por Lorca e seus contemporâneos, de John Donne por Eliot, de Sousândrade pelos concretos. A razão da hipálage na "Oficina irritada" justifica a atenção dada à análise de Abel Baptista.

Como prova o muito que se tem escrito sobre o poeta, não é que seus poemas não provoquem prazer, mas, sim, que ele não é o prazer do aprazível aos sentidos, mas o que remete à apreensão reflexiva.

Se a métrica regular e total ou alternadamente rimada por vezes recai em um rígido formalismo, como em "Fraga e sombra", em "Campo de flores", por sua vez, ela confina com a excelência, é exclusiva aos poetas notáveis:

> Seu grão de angústia amor já me oferece
> na mão esquerda. Enquanto a outra acaricia
> os cabelos e a voz e o passo e a arquitetura
> e o mistério que além faz os seres preciosos
> à visão extasiada.
> ("Campo de flores")

Já dissemos que a preocupação com a palavra não alterava a tematização das "sete faces", ou seja, de aspectos dispersos e não harmonizados. Nela, pois, continua a caber a constante memória de família e das cidades próximas a Itabira (cf. os poemas incluídos no título geral de "Selo de Minas"). Ao virmos a eles, já estamos próximos do final de *Claro enigma*. O acorde derradeiro do livro é dado por "A máquina do mundo". A opção pelo verso cuidado, oposto à anarquia, contém sua memória pessoal, sem se restringir a ela. Dessa maneira, o verso regular não contraria a constância das contradições drummondianas. A própria corrosão encontra outra volta, cabível na espécie da corrosão-opacidade. Já não lhe parece bastar que, depois de sua atuação, haja um resto. No resto cabe o que apenas continua a caminhar. Daí os dois tercetos derradeiros de "A máquina do mundo":

> A treva mais estrita já pousara
> sobre a estrada de Minas, pedregosa,
> e a máquina do mundo, repelida,
> se foi miudamente recompondo,
> enquanto eu, avaliando o que perdera,
> seguia vagaroso, de mãos pensas.

Como é frequente em Drummond, a extrema excelência do livro de *Claro enigma* é sucedida por *O fazendeiro do ar* (1953), pequeno e irregular. Não é exagero dizer que contém mais grandeza no título geral do que nas peças que o compõem.

A irregularidade qualitativa das peças desaparece em *A vida passada a limpo* (1959). Se a corrosão-escavação havia sido de pouca dura, sua contravertente se expande por toda a obra poética do autor. O decisivo não é a sua extensão, mas a tendência inequívoca para a qualidade. É por explicitá-la que a camada de melancolia se destaca em "Especulações sobre a palavra homem", em que ressalta não haver resposta sequer para sua nomeada existência. A pergunta do primeiro terceto – "Mas que coisa é homem,/ que há sob o nome:/ uma geografia?" – é reiterada no último: "Que milagre é o homem?/ Que sonho, que sombra?/ mas existe o homem?", sem que fosse justo dizer que a questão proposta pelos 36 tercetos possa ser reduzida à dimensão retórica. O poeta como que recolhe suas dores privadas para conduzi-las ao questionamento de sua própria condição. Ao contrário do filósofo, coagido pela moldura (*frame*) do discurso a que pertence, pressionado a oferecer resposta, mesmo que hipotética, ao que indaga, o poeta radicaliza por permanecer na pergunta. Elas partem do nível mais elementar – seria o homem uma geografia? – até sua suposta função – "Para que serve o homem?/ para estrumar flores, para tecer contos?" – senão que a mais extrema pergunta:

> Que milagre é o homem?
> Que sonho, que sombra?
> Mas existe o homem?

A dimensão meta-física volta a atravessar outro grande poema: "Véspera". Na impossibilidade de desenvolvê-la, contento-me em assinalar a penúltima estrofe:

> Serão cegos, autômatos, escravos
> de um deus sem caridade e sem presença?
> mas sorriem os olhos, e que claros
> gestos de indagação, na noite densa!

A corrosão-opacidade, em coerência com o sempre reafirmado não sentido, implica a necessidade e a simultânea inanidade das perguntas. Sem resposta, elas são o alimento incessante da fome insaciável da poesia:

> Pergunta ao que, não sendo, resta
> perfilado à porta do tempo,
> aguardando vez de possível [...]
> A ti mesmo, nada perguntes.
> ("Inquérito")

Justamente porque o legado da poesia não se ajusta a um propósito definido, ela é o discurso mais próximo das perguntas feitas à própria vida. Uma e outra não sossegam por responder a algum porquê.

Em 1962, Drummond publicava *Lição de coisas*. Detenho-me em "A palavra e a terra", subtítulo de "Origem". Itabira agora se incorpora às fases infindas da história do mundo. Se a pré-história era lembrada pelo termo científico "aurinaciano", expresso pelos três tercetos iniciais, o irônico-afetivo "Auritabirano" o era pelos vários quartetos que, de sua parte, remetem aos frutos da terra, que dirigem às perguntas associadas a

> Onde é Brasil?
> Que verdura é amor?
> Quando te condensas, atingindo
> o ponto fora do tempo e da vida?

Como encontrar a correspondência entre o nome e o que ele nomeia? Curiosamente, mas não com surpresa, a afirmação da palavra como arbitrária só será aceita pela linguística a partir do século XIX. Os nomes de frutas que enxameiam a parte IV do poema, supostamente desconhecidos pelo leitor, reforçam a unidade entre Itabira e as eras remotas. A estranheza dos nomes contrasta com o mais esperado:

> Tudo é teu, que enuncias. Toda forma
> nasce uma segunda vez e torna
> infinitamente a nascer.

O óbice que se posta ante qualquer resposta ao que se indaga esquece limites e dá voz, no poema seguinte, "Memória", aos nomes das propriedades perdidas pelo agora "fazendeiro do ar":

> Serro Verde Serro Azul
> As duas fazendas de meu pai
> aonde nunca fui
> Miragens tão próximas
> pronunciar os nomes
> Era tocá-las.

O legado da família se transmuda no interior da meta-física. O mais particularizado não corre risco de estraçalhar a memória porque a palavra aqui se reduzia a seu estrito significado. Daí a peculiaridade da última peça de "Memória": o significado de cada palavra bloqueia o assédio do significante:

> O frango degolado
> e sua queixa rouca,
> a rosa no ladrilho
> hidráulico, formando-se,
> o gosto ruim na boca
> e uma trova mineira
> abafando o escarlate
> esvoaçar de penugem

saudosa de ser branca.
Pinga sangue na xícara:
a morte cozinheira.

("Vermelho")

Participa das contradições, que já sabemos insolúveis, mas não lamentadas, que a presença extrema da meta-física seja seguida pelo longo "Ato", no qual o poeta se permite lidar com sua propensão para o enredo romanesco (caberá ao leitor aceitar ou recusar sua coexistência). Embora *Lição de coisas* contenha outros grandes poemas, como "O retrato malsim", não será possível aqui examiná-lo.

A velhice em Drummond acentua a dimensão contrastante. Os três volumes de *Boitempo* (1968, 1973, 1979) o concretizam, frente a *As impurezas do branco* (1973). A distinção feita pelo próprio autor entre o memorialismo patente de *Boitempo* e o não menos poemático de *As impurezas*, editado no mesmo ano que *Boitempo II*, parece assinalar o propósito de Drummond de diferençar as duas formulações. É, no entanto, explicável que a crítica não o tenha destacado, porquanto, ao longo da obra, as vertentes se emaranham. Que base então teríamos para distinguir a memória de família e a estrita pretensão poemática? Nos ultrairônicos "Diamundo" e "Ao deus Kom Unik Assão" (em *As impurezas*), em que Drummond desenvolve sua verve contra a linguagem publicitária, é não menos evidente que o destaque da memória é proporcional ao realce do curso constantemente igual dos ponteiros de relógio. Ou seja, o tempo do relógio converte o particular em designações iguais e separadas:

Vida encarece em Betim
com a notícia da fábrica da Fiat
[...] Na data de hoje nenhum santo
é comemorado pela Igreja.
(*As impurezas...*)

Ora, o privilégio da memória-relógio está no livro dos poemas, e não em algum dos volumes de *Boitempo*. Em contraste,

"Cemitério do Cruzeiro" (em *Boitempo I*) condensa o particular além do mecânico:

> O sol incandesce
> mármores rachados.
> Entre letras a luz penetra
> nossa misturada essência corporal,
> atravessando-a.
> O ser banha o não ser; a terra é.
> Ouvimos o galo do cruzeiro
> Nitidamente
> cantar a ressurreição.
> Não atendemos à chamada.

O que diferencia o particular referenciado do poematizável depende do desdobramento da memória uniforme do relógio em dimensão meta-física. Por esta, "O ser banha o não ser [...]". Exemplo flagrante da distinção entre os rumos memorialista e poemático mostra-se em "Liquidação":

> A casa foi vendida com todas as lembranças
> todos os móveis todos os pesadelos
> todos os pecados cometidos ou em vias de cometer
> a casa foi vendida com seu bater de porta
> com seu vento encanado sua vista do mundo
> por vinte, vinte contos.
> (*Boitempo I*)

Nenhuma meta-física. Em seu lugar, o mais absoluto particular referenciado. Sem nos afastarmos do *Boitempo I*, assinala-se a motivação doméstica para a temática da guerra (cf. "Gesto e palavra"). Os dois *Boitempo* seguintes reiteram a diferença dos veios. A independência do memorialismo não poderia ser negada ante o final de "Império mineiro":

> vem "de baixo" vem do Rio
> toda a civilização
> destinada especialmente
> a nossa vila e parentes

e nossa mor importância.
Bem que o Rio é nosso escravo.
Somos senhores do mundo
por via de importação.

(*Boitempo II*)

Em suma, o destaque do veio memorialista frente ao poemático convive com a eventual presença de um ou de outro, dentro da dominância do oposto. Nenhuma das duas decisões é passível de ser negada. Sua copresença é a prova terminal da contradição que subjaz à obra do poeta mineiro.

Destacam-se, em síntese, três grandes focos que atravessam a obra poética de Drummond: a memória de família, com assento em Itabira; a contradição que se consolida na cisão entre a vontade da memória e a afirmação do poemático; e as espécies de corrosão – escavação e opacidade. Ao enunciarmos o princípio-corrosão, dissemos que seu desenvolvimento teórico se daria adiante. Ele cabe aqui. A corrosão é o reverso ativo do "sentimento do mundo", mesmo quando o mundo é de cimento armado (cf. "Privilégio do mar", em *Sentimento do mundo*). O mundo é sua matéria. Corrosão, a maneira como se consolida na memória do poeta. Ser do mundo, nele e só nele estar significa que a corrosão não poupa sequer o insignificante

tudo acontece, menina,
e não é importante, menina,
e nada fica nos teus olhos.
("Canção do berço", em *Sentimento do mundo*)

A corrosão atua sob a forma de incomunicável:

Em meio a palavras melancólicas,
ouve-se o surdo rumor de combates longínquos
(cada vez mais perto, mais, daqui a pouco dentro de nós).
("Ode no cinquentenário do poeta brasileiro", em *Sentimento do mundo*)

A contradição que a envolve – seu constante trabalho surdo e o resto que permanece visível – não impede que o tempo seja sua morada – "Não serei o poeta de um mundo caduco./ Também não cantarei o mundo futuro/ Estou preso à vida e olho meus companheiros" ("Mãos dadas", em *Sentimento do mundo*). A corrosão não poupa o que se apresenta como idêntico à destruição, a epidemia da guerra, e converte os suspiros em contraste positivo – "... Os suspiros/ acusam a presença negra/ que paralisa os guerreiros" ("A Noite dissolve os homens", em *Sentimento do mundo*). Pois, em Drummond, a corrosão e suas modalidades, a opacidade e a escavação, estão de mãos dadas com o lugar que o homem ocupa no mundo. Não parece possível tratar da poética do autor sem simultaneamente, se não antes, haver convertido o princípio em conceito operacionalizável.

III

Dois poemas de João Cabral de Melo Neto

Assim como uma bala
enterrada no corpo,
fazendo mais espesso
um dos lados do morto;

assim como uma bala
do chumbo mais pesado,
no músculo de um homem
pesando-o mais de um lado;

qual bala que tivesse
um vivo mecanismo,
bala que possuísse
um coração ativo

igual ao de um relógio
submerso em algum corpo,
a de um relógio vivo
e também revoltoso,

relógio que tivesse
o gume de uma faca
e toda a impiedade
de lâmina azulada;

assim como uma faca
que sem bolso ou bainha
se transformasse em parte
de vossa anatomia;

qual uma faca íntima
ou faca de uso interno,
habitando num corpo
como o próprio esqueleto

de um homem que o tivesse,
e sempre doloroso,
de homem que se ferisse
contra seus próprios ossos.

A

Seja bala, relógio,
ou a lâmina colérica,
é contudo uma ausência
o que esse homem leva.

Mas o que não está
nele está como bala:
tem o ferro do chumbo,
mesma fibra compacta.

Isso que não está
nele é como um relógio
pulsando em sua gaiola,
sem fadiga, sem ócios.

Isso que não está
nele está como a ciosa
presença de uma faca,
de qualquer faca nova.

Por isso é que o melhor
dos símbolos usados
é a lâmina cruel
(melhor se de Pasmado):

Porque nenhuma indica
essa ausência tão ávida
como a imagem da faca
que só tivesse lâmina,

nenhum melhor indica
aquela ausência sôfrega
que a imagem de uma faca
reduzida à sua boca,

que a imagem de uma faca
entregue inteiramente
à fome pelas coisas
que nas facas se sente.

B

Das mais surpreendentes
é a vida de tal faca:
faca ou qualquer metáfora,
pode ser cultivada.

E mais surpreendente
ainda é sua cultura:
medra não do que come
porém do que jejua.

Podes abandoná-la,
essa faca intestina:
jamais a encontrarás
com a boca vazia.

Do nada ela destila
a azia e o vinagre
e mais estratagemas
privativos dos sabres.

E como faca que é,
fervorosa e enérgica,
sem ajuda dispara
sua máquina perversa:

a lâmina despida
que cresce ao se gastar,
que quanto menos dorme
quanto menos sono há,

cujo muito cortar
lhe aumenta mais o corte
e vive a se parir
em outras, como fonte.

(Que a vida dessa faca
se mede pelo avesso:
seja relógio ou bala,
ou seja a faca mesmo).

C

Cuidado com o objeto
com o objeto cuidado,
mesmo sendo uma bala
desse chumbo ferrado,

porque seus dentes já
a bala os traz rombudos
e com facilidade
se embotam mais no músculo.

Mais cuidado porém
quando for um relógio
com o seu coração
aceso e espasmódico.

É preciso cuidado
por que não se acompasse
o pulso do relógio
com o pulso do sangue,

e seu cobre tão nítido
não confunda a passada
com o sangue que bate
já sem morder mais nada.

Então se for a faca,
maior seja o cuidado:
a bainha do corpo
pode absorver o aço.

Também seu corte às vezes
tende a tornar-se rouco
e há casos em que ferros
degeneram em couro.

O importante é que a faca
o seu ardor não perca
e tampouco a corrompa
o cabo de madeira.

D

Pois essa faca às vezes
por si mesma se apaga.
É a isso que se chama
maré-baixa da faca.

Talvez que não se apague
e somente adormeça.
Se a imagem é relógio,
a sua abelha cessa.

Mas quer durma ou se apague:
ao calar tal motor,
a alma inteira se torna
de um alcalino teor

bem semelhante à neutra
substância, quase feltro,
que é a das almas que não
têm facas-esqueleto.

E a espada dessa lâmina,
sua chama antes acesa,
e o relógio nervoso
e a tal bala indigesta,

tudo segue o processo
da lâmina que cega:
faz-se faca, relógio
ou bala de madeira.

Bala de couro ou pano,
ou relógio de breu,
faz-se faca sem vértebras,
faca de argila ou mel.

(Porém quando a maré
já nem se espera mais,
eis que a faca ressurge
com todos seus cristais).

E

Forçoso é conservar
a faca bem oculta
pois na umidade pouco
seu relâmpago dura

(na umidade que criam
salivas de conversas,
tanto mais pegajosas
quanto mais confidências).

Forçoso é esse cuidado
mesmo se não é faca
a brasa que te habita
e sim relógio ou bala.

Não suportam também
todas as atmosferas:
sua carne selvagem
quer câmaras severas.

Mas se deves sacá-los
para melhor sofrê-los,
que seja em algum páramo
ou agreste de ar aberto.

Mas nunca seja ao ar
que pássaros habitem.
Deve ser a um ar duro,
sem sombra e sem vertigem.

E nunca seja à noite,
que estas têm as mãos férteis.
Aos ácidos do sol
seja, ao sol do Nordeste,

à febre desse sol
que faz de arame as ervas,
que faz de esponja o vento
e faz de sede a terra.

F

Quer seja aquela bala
ou outra qualquer imagem,
seja esmo um relógio
a ferida que guarde,

ou ainda uma faca
que só tivesse lâmina,
de todas as imagens
a mais voraz e gráfica,

ninguém do próprio corpo
poderá retirá-la,
não importa se é bala
nem se é relógio ou faca,

nem importa qual seja
a raça dessa lâmina:
faca mansa de mesa,
feroz pernambucana.

E se não a retira
quem sofre sua rapina,
menos pode arrancá-la
nenhuma mão vizinha.

Não pode contra ela
a inteira medicina
de facas numerais
e aritméticas pinças.

Nem ainda a polícia
com seus cirurgiões
e até nem mesmo o tempo
como os seus algodões.

E nem a mão de quem
sem o saber plantou
bala, relógio ou faca,
imagens de furor.

G

Essa bala que um homem
leva às vezes na carne
faz menos rarefeito
todo aquele que a guarde.

O que um relógio implica
por indócil e inseto,
encerrado no corpo
faz este mais desperto.

E se é faca a metáfora
do que leva no músculo,
facas dentro de um homem
dão-lhe maior impulso.

O fio de uma faca
mordendo o corpo humano,
de outro corpo ou punhal
tal corpo vai armando,

pois lhe mantendo vivas
todas as molas da alma
dá-lhes ímpeto de lâmina
e cio de arma branca,

além de ter o corpo
que a guarda crispado,
insolúvel no sono
e em tudo quanto é vago,

como naquela história
por alguém referida
de um homem que se fez
memória tão ativa

que pôde conservar
treze anos na palma
o peso de uma mão,
feminina, apertada.

H

Quando aquele que os sofre
trabalha com palavras,
são úteis o relógio,
a bala e, mais, a faca.

Os homens que em geral
lidam nessa oficina
têm no almoxarifado
só palavras extintas:

umas que se asfixiam
por debaixo do pó
outras despercebidas
em meio a grandes nós;

palavras que perderam
no uso todo o metal
e a areia que detém
a atenção que lê mal.

Pois somente essa faca
dará a tal operário
olhos mais frescos para
o seu vocabulário

e somente essa faca
e o exemplo de seu dente
lhe ensinará a obter
de um material doente

o que em todas as facas
é a melhor qualidade:
a agudeza feroz,
certa eletricidade,

mais a violência limpa
que elas têm, tão exatas,
o gosto do deserto,
o estilo das facas.

I

Essa lâmina adversa,
como o relógio ou a bala,
se torna mais alerta
todo aquele que a guarda,

sabe acordar também
os objetos em torno
e até os próprios líquidos
podem adquirir ossos.

E tudo o que era vago,
toda frouxa matéria,
para quem sofre a faca
ganha nervos, arestas.

Em volta tudo ganha
a vida mais intensa,
com nitidez de agulha
e presença de vespa.

Em cada coisa o lado
que corta se revela,
e elas que pareciam
redondas como a cera

despem-se agora do
caloso da rotina,
pondo-se a funcionar
com todas suas quinas.

Pois entre tantas coisas
que também já não dormem,
o homem a quem a faca
corta e empresta seu corte,

sofrendo aquela lâmina
e seu jato tão frio,
passa, lúcido e insone,
vai fio contra fios.

*

De volta dessa faca,
amiga ou inimiga,
que mais condensa o homem
quanto mais o mastiga;

de volta dessa faca
de porte tão secreto
que deve ser levada
como o oculto esqueleto;

da imagem em que mais
me detive, a da lâmina,
porque é de todas elas
certamente a mais ávida;

pois de volta da faca
se sobe à outra imagem,
àquela de um relógio
picando sob a carne,

e dela àquela outra,
a primeira, a da bala,
que tem o dente grosso
porém forte a dentada

e daí à lembrança
que vestiu tais imagens
e é muito mais intensa
do que pôde a linguagem,

e afinal à presença
da realidade, prima,
que gerou a lembrança
e ainda a gera, ainda,

por fim à realidade,
prima e tão violenta
que ao tentar apreendê-la
toda imagem rebenta.

De um avião

I
Se vem por círculos na viagem
Pernambuco – Todos-os-Foras.
Se vem numa espiral
da coisa à sua memória.

O primeiro círculo é quando
o avião no campo do Ibura.
Quando tenso na pista
o salto ele calcula.

Está o Ibura onde coqueiros,
onde cajueiros, Guararapes.
Contudo já parece
Em vitrine a paisagem.

O aeroporto onde o mar e mangues,
Onde o mareiro e a maresia.
Mas o ar-condicionado,
Mas enlatada brisa.

De Pernambuco, no aeroporto,
a vista já pouco recolhe.
É o mesmo, recoberto,
porém, de celuloide.

Nos aeroportos sempre as coisas
se distanciam ou celofane.
No do Ibura até mesmo
A água doída, o mangue.

Agora o avião (um saltador)
caminha sobre o trampolim.
Vai saltar-me de fora
para mais fora daqui.

No primeiro círculo, em terra
de Pernambuco já me estranho.
Já estou fora, aqui dentro
deste pássaro manso.

2
No segundo círculo, o avião
vai de gavião por sobre o campo.
A vista tenta dar
um último balanço.

A paisagem que bem conheço
por tê-la vestido por dentro,
mostra, a pequena altura
coisas que ainda entendo.

Que reconheço na distância
de vidros lúcidos, ainda:
eis o incêndio de ocre
que à tarde queima Olinda;

eis todos os verdes do verde,
submarinos, sobremarinos:
dos dois lados da praia
estendem-se indistintos;

eis os arrabaldes, dispostos
numa constelação casual;
eis o mar debruado
pela renda de sal;

e eis o Recife, sol de todo
o sistema solar da planície:
daqui é uma estrela
ou uma aranha, o Recife,

se estrela, que estende seus dedos,
se aranha, que estende sua teia:
que estende sua cidade
por entre a lama negra.

(Já a distância sobre seus vidros
passou outra mão de verniz:
ainda enxergo o homem,
não mais sua cicatriz).

3
O avião agora mais alto
se eleva ao círculo terceiro,
folha de papel de seda
velando agora o texto.

Uma paisagem mais serena,
mais estruturada, se avista:
todas, de um avião,
são de mapa ou cubistas.

A paisagem, ainda a mesma,
parece agora noutra língua:
numa língua mais culta,
sem vozes de cozinha.

Para língua mais diplomática
a paisagem foi traduzida:
onde as casas são brancas
e o branco, fresca tinta;

onde as estradas são geométricas
e a terra não precisa limpa
e é maternal o vulto
obeso das usinas;

onde a água morta do alagado
passa a chamar-se de marema
e nada tem da gosma,
morna e carnal, de lesma.

Se daqui se visse seu homem,
homem mesmo pareceria:
mas ele é o primeiro
que a distância eneblina

para não corromper, decerto,
o texto sempre mais idílico
que o avião dá a ler
de um a outro círculo.

4
Num círculo ainda mais alto
o avião aponta pelo mar.
Cresce a distância com
seguidas capas de ar.

Primeiro, a distância se põe
a fazer mais simples as linhas;
os recifes e a praia
com régua pura risca.

A cidade toda é quadrada
em paginação de jornal,
os rios, em corretos
meandros de metal.

Depois, a distância suprime
por completo todas as linhas;
restam somente cores
justapostas sem fímbria:

o amarelo da cana verde,
o vermelho do ocre amarelo,
verde do mar azul,
roxo do chão vermelho.

Até que num círculo mais alto
Essas mesmas cores reduz:
à sua chama interna,
comum, à sua luz,

que nas cores de Pernambuco
é uma chama lavada e alegre,
tão viva que de longe
sua ponta ainda fere,

até que enfim todas as cores
das coisas que são Pernambuco
fundem-se todas nessa
luz de diamante puro.

5
Penetra por fim o avião
Pelos círculos derradeiros.
A ponta do diamante
perdeu-se por inteiro.

Até mesmo a luz do diamante
findou cegando-se no longe.
Sua ponta já rombuda
tanto chumbo não rompe.

Tanto chumbo como o que cobre
todas as coisas aqui fora.
Já agora Pernambuco
é o que coube a memória.

Já para encontrar Pernambuco
o melhor é fechar os olhos
e buscar na lembrança
o diamante ilusório.

É buscar aquele diamante
em que o vi se cristalizar,
que rompeu a distância
com dureza solar;

refazer aquele diamante
que vi apurar-se cá de cima,
que de lama e de sol
compôs luz incisiva;

desfazer aquele diamante
a partir do que o fez por último,
de fora para dentro,
da casca para o fundo,

até aquilo que, por primeiro
se apagar, ficou mais oculto:
o homem, que é o núcleo
do núcleo do seu núcleo.

Em 1968, publiquei todo um livro sobre poesia brasileira contemporânea. Antes mesmo de descobrir discordâncias, presumia-o produto da imaturidade. Ao de agora já não se pode dar a mesma explicação; é puro fruto do acaso: o convite para participar de uma coletânea de ensaios sobre Carlos Drummond levou-me a encontrar em meus arquivos um texto esquecido sobre a poesia de Sebastião Uchoa Leite, que problemas editoriais impediram há anos de circular. De sua reunião, surgiu a ideia de lhes acrescentar os capítulos que versassem sobre nossa poesia recente. Depois de a ideia haver amadurecido, dei-me conta do absurdo de que algum deles não estivesse dedicado a João Cabral de Melo Neto. Já seria excessivo voltar-me para toda sua obra. Contentei-me por isso em destacar dois de seus poemas. Desse modo, tive espaço para reservar uma seção inicial ao fenômeno da modernidade na poesia.

Na introdução a *The Use of Poetry and the Use of Criticism*, T. S. Eliot assinalou a distinção que separa a tradição poética para Sidney (1554-1586) da mudança operada no fim do século XVIII:

> Sidney parte do suposto de que a poesia oferece de imediato deleite e instrução, e que é um adorno da vida social e honra da nação. [...] Meu ponto aqui é que houve uma grande mudança na atitude face à poesia, nas expectativas e demandas feitas a ela, digamos por conveniência, por volta do fim do século XVIII. Wordsworth e Coleridge não estão simplesmente demolindo uma tradição degradada, mas se revoltando contra toda uma ordem social. (Eliot, 1945, p.25)[1]

Sem que deixe de ser correta, essa ainda era uma afirmação genérica, quando a urgência é de algo mais particularizado. Avancei por isso à passagem de Eliot.

É bastante conhecida a intensidade da preocupação pela linguagem no poético. Ainda permanece no genérico, conquanto já permita uma melhor aproximação à distinção que Paul Valéry estabelecia: a linguagem do dia a dia vive da rapidez com que passamos sobre as palavras – "[...] não compreendemos os outros e a nós mesmos senão pela *rapidez de nossa passagem pelas palavras*" –, ao passo que "[...] o valor de um poema reside na indissolubilidade do som com o sentido" (Valéry, 1957, p.1318, 1333).

Depois da Segunda Guerra, já em sua residência americana, Paul de Man dirá de maneira mais rigorosa:

> Ao nomear um objeto poeticamente (como oposto à fala ordinária, apenas um meio de troca e comunicação), esse objeto torna-se parte de uma estrutura formal. [...] O objeto adquire uma

---

[1] Anos depois, João Cabral dirá: "[Hoje] a realidade exterior tornou-se mais complexa e exige, para ser captada, um instrumento mais maleável e de reflexos imediatos. E a realidade interior, daí decorrente, tornou-se também mais complexa [...] e passou a exigir um uso do instrumento da linguagem altamente diverso do lúcido e direto dos autores clássicos (Melo Neto, 1994a, p.767).

ambiguidade ontológica; perdeu sua opacidade primária enquanto ela é posta para nós, mas a preserva enquanto não é um puro instrumento. [...] Esse ganho em consciência é acompanhado por uma inevitável dissolução do objeto, que, por assim dizer, explode na infinidade de suas possibilidades formais. (De Man, 1989, p.21)

A generalização de que se partira progressivamente se transformou em peculiaridade. O poético se construiu como uma modalidade discursiva dentro do oceano da linguagem. Mas os últimos protagonistas mencionados ainda hão de nos servir na indagação de a que serve esse discurso e de como o fazer. A voz poética, apartada da que funciona na linguagem usual, oferece, diz Valéry, no final da conferência citada, "uma ideia de algum *eu* maravilhosamente superior ao Eu" (Valéry, 1957, p.1339).

A frase mantém o tom vago. O conforto torna-se equívoco para o leitor que entender a necessidade de abandonar sua própria falta de esforço para que ele próprio chegue a algo palpável. É o que tentamos ao precisar qual seria a destinação da voz poética quanto ao *"merveilleusement supérieur à Moi"*.

Recorre-se mais substancialmente a De Man. Assim o farei em duas etapas. Na primeira, como concreção do que seria superior ao eu, particularizado e individual, tomo a conclusão da análise de soneto de Mallarmé, em que me deterei a seguir:[2] "A experiência do nada poético (é) o correlato inevitável da própria consciência" (De Man, 1989, p.28). O discurso poético dirige-se ao eu do leitor que o completa, mas o texto do poema é

---

2 Une dentelle s'abolit/ Dans le doute du Jeu suprême/ À n'entr'ouvrir comme um blasfème/ Qu'absence éternelle de lit. // Cet unanime blanc conflit/ D'une guirlande avec la même,/ Enfui contre la vitre blême/ Flotte plus qu'il n'ensevelit. // Mais, chez qui du rêve se dore/ Tristement dort une mandore/ Au creux néant musicien// Telle que vers quelque fenêtre que le sien,/ Filial on aurait pu naître [Uma renda é por si desfeita/ Em dúvida, Jogo supremo/ A não entreabrir qual blasfémia/ Mais que a eterna ausência de leito.// Esta unânime e branca luta/ De uma guirlanda com a mesma,/ Que contra o fosco vidro investe/ Flutua mais do que sepulta.// Mas, em quem, do sonho se doura/ Tristemente dorme a mandora/ No vácuo nada musical// Tal como para qualquer janela/ De nenhum ventre como o seu/ Nascer-se se podia] (tradução de José Augusto Seabra).

superior a seu entendimento porque a sua compreensão é o "correlato da consciência em si mesma", isto é, para ser admissível, a leitura precisa estar submetida aos parâmetros cognoscitivos que o poema armou. Como não cabe detalhar a questão, basta acrescentar que estar sujeita aos parâmetros cognoscitivos não significa que a leitura admissível coincida com a que lhe dera o próprio poeta – se é possível assim dizer, a "consciência em si mesma" se oferece pelo texto e não pelo que pretendera o autor, tampouco o intérprete, pois a consciência não coincide com o eu ou é submetida uma migração de eus; ou seja, sem que ela seja invariável, não é variável de acordo com seu sujeito.

Para que o que se disse não corra o risco de parecer impenetrável, teremos de recorrer à parte analítica do soneto escolhido pelo crítico belga. Não devendo detalhar a análise, destaco seu começo, acentuando que uma cortina (*dentelle*) se retrai da janela do quarto movida pelo vento – cf. a segunda estrofe – da madrugada e revela, no cômodo que resguarda a "ausência eterna de leito", a mandora. A mera menção à troca é suficiente para o entendimento de que o poema não conta com "enredo" algum. O "*Jeu suprême*", o próprio poema, se constitui no que revela o vento auroral, ao encolher a cortina rendada. A essa anotação geral, acrescento o mínimo comentário ao terceiro verso do primeiro terceto: "*Au creux néant musicien*" [No vácuo nada musical]: "O *creux* então descreve o instrumento que produz música a partir de seu centro vazio, como a poesia emitida da consciência de negação" (De Man, 1989, p.26).

Por corresponder à "consciência da negação", o verso conforma o próprio coração do soneto. Por isso mesmo, o original termina com *naître*, cabendo acentuar com o admirável analista: "A palavra *naître* é posta em oposição à *absence éternelle de lit* a que transcende" (ibid., p.27).

O leitor que tenha acompanhado o que foi dito sobre o "Poetic Nothingness" deverá dar-se por satisfeito. Mesmo que eu próprio não seja propenso a inclinações sádicas, preciso declarar que o resultado da leitura proposta não será de imediato positivo: nada mais oposto à poética de João Cabral que a de Mallarmé.

Para entendermos então a fecundidade do relacionamento, precisamos de outra volta.

Uma dupla razão nos levou a destacar a poética mallarmeana. Por um lado, ela é, por excelência, a poética da modernidade; por outro, pessoalmente, desconheço uma análise particular tão demonstrativa de sua inserção na modernidade quanto a de Paul de Man. E, no entanto, nada mais distinto do caminho cabralino.

A razão da distinção é imediata. Uns poucos exemplos mostram que o motor mallarmeano são as condensações inéditas e extremas, à beira do sibilino. Lembremos o verso de abertura de "Le Tombeau d'Edgar Poe": "Tel qu'en Lui-même enfin l'éternité le change", o princípio do soneto sem título "Ses purs ongles três haut dédiant leur onyx,/ L'Angoisse ce minuit, soutient [...]"; a abertura deste outro também sem título: "Le vierge, le vivace et le bel aujourd'hui/ Va-t-il nous déchirer avec um coup d'aile ivre". Mesmo para quem tenha um contato apenas superficial com a obra de João Cabral, é patente que a sintaxe fechada de Mallarmé era objeto de censura da passagem:

> O poema moderno, por não ser funcional, exige do leitor um esforço sobre-humano para se colocar acima das contingências de sua vida. [...] Escrever deixou de ser para tal poeta atividade transitiva de dizer determinadas coisas a determinadas classes de pessoas; escrever é agora atividade intransitiva [...]; é dizer uma coisa a quem puder entendê-la ou interessar-se por ela. (Melo Neto, 1994a, p.768)

Como agora esse pesado metaforismo faria parte de uma mesma modernidade? Não será possível respondê-lo sem nos entregarmos a outra análise. Para tanto, recorremos a outro crítico de qualidade. Em *The Idea of Spatial Form*, Joseph Frank teve a argúcia de perceber que, na modernidade, o constante realce do tempo foi abandonado em favor da espacialidade:

> O relacionamento de significações só é completado pela percepção simultânea no espaço de grupos de palavras que não têm relação compreensível entre si quando lidos consecutivamente no tempo.

Em vez da referência instintiva e imediata de palavras e grupos de palavras com os objetos ou eventos que simbolizam e da construção de significação a partir da sequência dessas referências, a poesia moderna demanda de seus leitores que suspendam temporalmente o processo de referência individual até que todo o molde de referências internas possa ser apreendido como uma unidade. (Frank, 1991, p.15)

A continuação da passagem tem a qualidade de assinalar a relação que Mallarmé estabelece de modo radical com Pound e Eliot: "Não seria difícil traçar essa concepção da forma poética de volta à ambição de Mallarmé de criar uma linguagem da 'ausência', em vez de da presença – uma linguagem em que as palavras negassem seus objetos em vez de designá-los (ibid.)".

Frank desenvolve sua posição ao considerar Pound e Eliot, Flaubert e Joyce fundamentais. É particularmente feliz ao citar passagem de Proust: "[...] Temos apenas de selecionar, em nossa memória, duas imagens tomadas em momentos diversos, bastante próximas, mas sem se alterarem em si mesmas – ou seja, perceptivelmente –, e a diferença entre as duas é uma medida do deslocamento que sofreram em relação a nós (Proust apud Frank, 1991, p.25)".

A ênfase conectora de imagens temporalmente distintas é explorada não só na literatura, mas também na pintura, sobretudo a não figurativa. É essa associação possível do que destacamos em De Man com o que agora se realça. Sem que pretendamos nos deter nisto, é sabida a admiração de João Cabral por pintores não figurativos, com Mondrian. Não preciso recorrer à obra do pintor para perceber que a poética de Cabral dela se aproxima na mesma medida em que se afasta da mallarmeana. Passagem de Mondrian evita a necessidade de maior desenvolvimento: "Se a substância é a força resistente, então uma *representação direta do universal* (ou a expressão plástica direta da substância) não é meramente justificada, mas requerida" (Mondrian, 1993, p.49).

A ênfase na substância, como a entendo, supõe a subtração da variedade figurativa de uma paisagem, que permite o alcance de sua expressão plástica sem o rendilhado de uma trama ou sem o realce no qual se empenha o sibilino mallarmeano. Não seria, pois, por influência de alguma modalidade de realismo – já se chegou a falar no caráter regional da poesia de Cabral – que o poeta opta por uma linguagem simples e por uma imagética pobre, da qual, contudo, extrai a dimensão de profundidade que vemos nos poemas selecionados. Noutras palavras, a modernidade cabralina encontrou a via de acesso à sua linguagem própria pelo traçado do abstracionismo, como maneira de evitar tanto o entrançado figurativo, subjacente ao poema explorador da vivencialidade, quanto o destaque do negativo.[3] O sibilino mallarmeano é recusado pelo antagonismo ao metafórico, ao passo que o entrançado figurativo o é pela abordagem das experiências vivenciais sofridas pelo eu. Os poemas enraizados na experiência espanhola, mais precisamente sobre o *tacón* da bailadora andaluza, mostram como o vivido pode se desligar poematicamente do vivencial. Teremos a seguir oportunidade de desenvolvê-lo a propósito das peças destacadas.

Três termos comuns se relacionam para disparar em um poema sem paralelo. Nos termos de Mondrian, bala, relógio, faca remetem a substâncias quaisquer, despidas de vivência individualizada, meros instrumentos de ação textual. As três imagens são reunidas em versos de seis sílabas e estrofes de quatro versos, dois dos quais podem ou não receber rima, normalmente pobre, exata ou aproximada.

A bala tem por propriedades estar enterrada no corpo, ser pesada e dotada de "coração ativo"; o relógio, estar submerso no corpo, ser afiado como faca e dotado de sua impiedade; a faca, ter sua lâmina transformada na anatomia de quem a recebe e converter-se em seu esqueleto. A oitava estrofe, última da série de

---

[3] A admissão da ênfase de Mondrian na substância se efetua como recurso de método, isto é, como instrumento de trabalho. A importância de assim o considerar é no sentido de evitar ideia de que os dois poemas considerados quintessenciariam a proposta de uma poética... abstrata.

abertura, expõe o homem que as recebeu. É ele "doloroso", a ferir-se "contra seus próprios ossos".

O roteiro segue igual, sem melopeias ou recursos encantatórios, como se expusesse uma construção civil e seus disparadores fossem seus operários. Traço comum entre tais operários: seu caráter não orgânico, isto é, eles serem instrumentos que agridem o ambiente em que agem. Não será preciso acrescentar sobre a não catarse de sua atuação. Em toda a poética de Cabral, há o reconhcimento de que a catarse tornou-se uma emoção rarefeita, quase sempre reservada aos membros de uma agremiação ociosa, sobretudo com fumos intelectuais.

Do que já foi dito decorre a dominância da faca, de preferência a daquela advinda da localidade de Igarassu, município da mata pernambucana: "melhor se de Pasmado", assim como é explicado na última estrofe da série A, pela "fome pelas coisas/ que nas facas se sente". Por isso mesmo, em B, as imagens são condensadas na mais agressiva das facas. De sua vida então se trata. Coerente com a ausência que cria, conforme dela se dizia na primeira estrofe de A (A 1), agora se acrescenta, em B 2, que "medra não do que come/ porém do que jejua". Sua vida se confunde com o oposto do que se costuma entender por vida: destilar "a azia e o vinagre" (B 4). O final da série B retoma a identificação com as outras imagens e reitera a relação de todas com o avesso (B 8).

C tem por tema os cuidados a tomar: tais operários não podem se confundir com o corpo em que habitam. Se é bala, não há de se embotar com o músculo, se relógio, que não se acompasse com o pulso do sangue, se faca, que seu cabo não absorva o aço da lâmina. Como já antes sucedera, o desvelo maior consiste em que a faca não perca a agudeza de seu corte.

D considera que, na previsão da vida de seus agentes, não se há de pensar que sua atividade agressiva seja constante e contínua, como se o poema supusesse um trajeto semelhante aos heroicos ou idílicos, com a mudança apenas de seu modo de atuação. Em lugar de um trajeto assim glorioso ou sublime, há de se considerar a ocorrência da "maré baixa da faca". Ela sucede quando a lâmina faz-se cega, o relógio deixa de ser nervoso, e a bala, de ser indigesta. A necessidade de prevê-lo é decisiva para entender a meta da construção, ou seja, a visada do poema.

Havê-lo considerado ajuda o leitor a entender a série E. Ela tem por propósito os cuidados não líricos a tomar com os agentes, desde logo com o principal, a faca. Ela há de ser mantida "bem oculta", porque sua agressividade se deteriora com a umidade, em que "pouco/ seu relâmpago dura" (E 1). As precauções provocam a antilira extrema das últimas estrofes da série. O "sol do Nordeste" deixa de ser mencionado como algo negativo porquanto é ele que provoca o efeito desejado: "à febre desse sol/ que faz de arame as ervas, que faz de esponja o vento/ e faz de sede a terra" (E 8). Antes era acrescentado o desvelo extra de manter a faca fora de confidências. A "carne selvagem" das imagens, conquanto mecânicas, quer "câmaras selvagens" (E 4). A construção do poema se torna mais concreta quando o leitor percebe que o texto contém um programa de vida. F vai mais adiante: mais do que um programa de vida, a identificação com tais imagens obreiras é um destino, contra o qual não tem poder "a inteira medicina", "a polícia/ com seus cirurgiões", "a mão de quem plantou", as "imagens de furor (F 6 a 8). (Se considerarmos que a feitura de um poema, com exceção do *epos* homérico, supõe uma ação privada, o poema analisado se rebela contra a natureza do poema por supor a preparação para um clima coletivo, concebido, contudo, em termos privados.)

G atina para as propriedades do alcançado pela ação de tais imagens. Seu detentor torna-se "menos rarefeito", "mais desperto", dotado de "maior impulso", "mantendo vivas/ todas as molas da alma", que adquirem "ímpeto de lâmina/ e cio de arma branca". Converte-se, em suma, em um ser ativo, prestes à ação, revoltoso. A antilira prepara quem a recebe para o combate – nada poderá ser mais oposto à malemolência da poesia entre nós dominante.

H particulariza tal homem. Em vez de tratar de uma biografia em abstrato, cogita concretamente em um poeta. Aquele em que operam tais imagens ganha "olhos mais frescos" (H 5) para seu vocabulário e, em lugar de um vocabulário enfermo, revestido de "palavras extintas" (H 2), assume "a agudeza feroz", "a violência limpa/ [...]/ o gosto do deserto/ o estilo das facas" (H 7-8).

Note-se a extrema proximidade dos qualificativos trazidos à prática de tal poeta com os termos da crítica contida no pequeno texto "Da função moderna da poesia", já aqui citado. O poema ressalta a maneira como Cabral concebe a própria obra sem que se possa dele falar como semelhante a uma autobiografia, embora tenha algo disso.

I desenvolve as consequências da hipotética incorporação do autobiográfico. O poeta que assim despertaria ativa todo o seu entorno: "E tudo o que era vago,/ toda frouxa matéria,/ para quem sofre a faca/ ganha nervos, arestas" (I 3).

Chega-se ao fim do poema. A última série, *, destaca a precisão de manter em segredo tal "oculto esqueleto". Isso especifica o ato poético da peça. Não é cogitada nenhuma espécie de propagação heroica, mas, sim, uma reflexão aguda sobre a própria linguagem, bastante sabedora dos próprios limites, pois a operação de tais obreiros se extrema na consciência "do que pode a linguagem", cujo limite é dado pela realidade que a gerou, "tão violenta/ que ao tentar apreendê-la/ toda imagem rebenta" (* 8). Lição de humildade e, ao mesmo tempo, de consciência do pequeno poder de quem as faz e, no entanto, a ser considerado por todo aquele que se volte para o trabalho sobre a linguagem.

Em poucas palavras, o excelente poema é uma autobiografia pelo avesso, isto é, que exclui de sua operação o que diga respeito à sua existência pessoal, a situações vivenciais pelas quais tenha passado, para concentrar-se exclusivamente nas instruções para o cumprimento do próprio ofício. (A única exceção, caricatural e quase irônica, está na vírgula a separar "realidade,/ prima" (* 8). O próprio poeta me esclarecia que era uma referência à prima que o impressionara na adolescência.)

Outras leituras serão por certo possíveis, destacando ângulos que não terei visto, mas o eixo antivivencial não poderá ser desmontado. Isso não significa negar a marca subjetiva, sem a qual poema algum é possível, mas afastá-la da inscrição pessoalizada.

"De um avião". A mesma ótica que se fez presente no poema de 1955 se reapresenta na peça incluída em *Quaderna* (1956-59). A ótica antivivencial estende-se agora a seu lugar de origem, exibido por uma ótica arquitetônica. Por ela, Cabral se diferencia não só da linhagem mallarmeana, mas do eu performático que domina entre nossos contemporâneos. Expliquemos um pouco mais extensamente.

O caráter não mallarmeano foi esmiuçado na análise precedente pelo exame da linguagem fundada em imagens correntes, que não permitem condensações preciosas. O que chamamos de construção arquitetônica tem por propriedade que à recusa de uma exploração fundamentada na experiência pessoalmente vivida, antissubjetiva, portanto, corresponde a concentração nas linhas substanciais, não particularizadas, do objeto tematizado. Daí a correspondência com a passagem traduzida de Mondrian. Pernambuco é o subsistente, e o que dele será conservado em primeiro lugar se refere a seu aspecto geográfico. Por isso, dos círculos que serão descritos à medida que o avião ascende, o primeiro a desaparecer será o dos mangues – deve ser sabido que o Recife é construído sobre superfície ganha dos manguezais. Quando o avião estiver mais alto, Olinda receberá subtração semelhante, então perdendo seu tom de "incêndio de ocre" (2, III).

A relevância do processo acentua sua oposição ao euísmo agora frequente ~~não frequentemente~~ encontrado nos poetas que destacaremos na segunda parte deste livro, sem que por isso se omita que a poética de Drummond ressalta tal vivência, e sem que por isso seja por ela prejudicada. (A importância da última observação está em que uma poética não é censurada pelo realce que dê à experiência pessoalizada, mas por concentrar o mundo na adoração de si mesmo. Por questão de delicadeza, não daremos nomes. O exemplo máximo é de uma poeta, extremamente louvada, que se refere extasiada à contemplação do bico de seus próprios seios.)

Passemos então ao trajeto em círculos.

No primeiro círculo, já não se vê "a água doída" (1 VI) do mangue. E o viajante declara: "Já estou fora,/ aqui dentro/ deste pássaro manso" (1 VIII). Em vez de descrever traços geográficos, nosso poeta fala do que vê como em "celuloide" (1 V). É evidente não haver traço algum de ironia. O traçado em celuloide refere o que subsiste do que fora a materialidade do objeto. Ela, entretanto, não desaparece. "A paisagem que bem conheço/ por tê-la vestido por dentro" (2 II) desaparece tão só da percepção daquele que se acha em tal altura. Mais do que detalhes dos nomes ou a mera indicação do que a vista percebe, importa-lhe a substância que neles se concentra; no caso, "os verdes do verde,/ submarinos, sobremarinos" (2 IV).

"O Recife, sol de todo/ o sistema solar da planície" "é uma estrela/ou uma aranha" (2 VI), próxima de "a lama negra" sobre a qual se construiu. Na abstração progressiva a que o voo o obriga, "ainda enxergo o homem,/ não mais sua cicatriz" (2 VIII). (Ressaltemos que a observação aguça que a substância não se confunde com o percebido.)

Mais um círculo e a maior altura tornam mais serena a paisagem; toda ela é agora "de mapa ou cubista" (3 II). Em quase indistinta ironia, é eliminado da paisagem o que ela trazia de tenso ou desconforme; traduzindo em "língua mais diplomática, "as casas são brancas/ e o branco, fresca tinta" (3 IV), e, mais veementemente, "é maternal o vulto/ obeso das usinas" (3, V).

Ao leitor menos atento aos círculos internos da própria linguagem, parecerão idílicas as voltas dadas pelo avião porque desaparece a lama negra, que então pareceria acidental. Isso equivale a dizer que a leitura linear que fazemos com o avião não poderá se confundir com o todo da peça, pois o que geograficamente são acidentes deixará de sê-lo do ponto de vista que será o do próprio poema, ou seja, de um ponto de vista fenomenológico, e não só abstratizante.

Outra volta e desaparecem as casas brancas. A arquitetura fixa-se na figura extensa do mar e "A cidade toda é quadrada/ em paginação de jornal, e os rios, em corretos/ meandros de metal" (4 III). A redução da paisagem em linhas cada vez mais abstratas é um exercício que, se levado ao pé da letra, provocará um bruto engano. Há de se considerar que o abstrato traz um travo de ironia, e o desenrolar da parte final do poema joga com temáticas contrapostas. Não por acaso, a seção 3 continha a estrofe VII: "Se daqui se visse seu homem,/ homem mesmo pareceria:/ mas ele é o primeiro/ que a distância eneblina". O que aí se diz há de ser relacionado com o que será afirmado no final. O que vale afirmar que a aproximação com Mondrian é um recurso de método, que não se confunde com a poética cabralina. Enquanto recurso, ele é válido como meio de evitar a recorrência ao vivencial, ao qual, no entanto, recorrerá quando alcançar a profundidade do vivido, isto é, a paisagem que tem "vestido por dentro".

A redução propiciada pelo voo destaca apenas as cores, "o amarelo da cana verde,/ o vermelho do ocre amarelo,/ verde do mar azul,/ roxo do chão vermelho" (4, V). Já agora se introduz a retificação do que até aqui se mantivera unânime: um círculo mais alto, "essas mesmas cores reduz:/ à sua chama interna,/ comum à sua luz" (4, VI), que conduz ao que não poderia ser apreendida pela fenomenologia do olhar: "a luz do diamante puro" (4, VIII), como, na mesma estrofe, define "todas as cores/ das coisas que são Pernambuco".

Não estranhemos que a afirmação será desmentida pelo que declaram os "círculos derradeiros": "A ponta do diamante/ perdeu-se por inteiro" (5, I). A anotação precisa ser enfatizada. O que foi dito pode dar a entender a presença de uma hierarquia, que seria falsa. Ou seja, que a fenomenologia do olhar teria de estar subordinada ao mantido pela lembrança. Em vez de hierarquia, há de se pensar em uma dialética sem terceiro termo. Nela, uma afirmação corrige a outra. A lembrança plena, que pairasse sobre o que indica o olhar, provocaria o poema fundado no vivencial, previamente descartado. Seu oposto, declara "De um avião", conteria conclusão não menos parcial. Mais do que afirmava o próprio Cabral, em "Da função moderna da poesia", é difícil desvelar que função teria uma poesia restrita à performance, vassala contemporânea da quantificação da audiência televisiva. No meu entender, não passa de um ato compensatório.

Desenvolver a via anunciada implicaria nos afastarmos do poema. Segui-lo implica, sim, a prática de certo estoicismo: de aceitarmos que nos encontramos em um momento de "maré baixa da faca", sem que seja aventada a possibilidade de dela sair. Estamos sempre subordinados ao social, e o nosso social não parece inclinado a mudar sua grosseira direção de momento. Solução, que solução?

Poeta e não filósofo, Cabral não se deparou com o dever de propor alguma solução. A sua é empírica e privada: a de "refazer aquele diamante", que, em sua dialética sem *Aufhebung*, supõe *desfazê-lo*, "a partir do que o fez por último,/ de fora para dentro, da casca para o fundo" (5, VI).

> Até aquilo que, por primeiro
> se apagar, ficou mais oculto:
> o homem, que é o núcleo
> do núcleo de seu núcleo.
> (5, VIII)

Em mínimas palavras, a proximidade que estabelecemos com Mondrian foi um recurso, provisório que é todo ele, como o foi para o próprio pintor holandês, passível, no entanto, de oferecer uma ponta de argumentação em tempos difíceis para a atividade intelectual, como este em que estamos. O realce da *substância*, propiciado pelos círculos desenvolvidos com o voo, implicou o realce do olhar e a dissipação da figura do homem, que, estando desfeito, precisa ser refeito "da casca para o fundo", isto é, das cores e dos traços da paisagem correlatos a eles.

Rio de Janeiro, outubro de 2020

IV

Sebastião Uchoa Leite: resposta ao agora[1]

*A Orlando da Costa Ferreira e
José Laurênio de Melo, frequentadores da aurora*

1. ADVERTÊNCIA

Duas observações devem anteceder a leitura deste capítulo. A primeira, sobretudo, será capital para o rumo do que será dito.

Em "Condenados à tradição: O que fizeram com a poesia brasileira", Iumna Maria Simon considera que, em lugar dos ciclos imediatamente anteriores, o vanguardismo e manifestações de "irreverência e espontaneísmo", dominantes, respectivamente, nas décadas de 1950-60 e em 1979, passou-se "a fazer um uso relutantemente crítico, ou acrítico, da tradição" (Simon, 2011, p.2). Tal prática resultaria do "esgotamento do moderno e superação das vanguardas" (ibid.), que teria dado lugar – em

---

[1] A primeira versão deste ensaio foi escrita em 2012. Problemas editoriais impediram que ela então circulasse. Algumas anotações então contidas perderam sua razão de ser e foram eliminadas.

formulação semelhante a como se costumou definir a pós-modernidade — a uma "espécie de apoteose pluralista" (ibid.). (Contentemo-nos em expor a posição da autora, sem destacar a indistinção arbitrária "que parece igualar moderno e modernismo" [Dolhnikoff, 2011, p.1), tampouco a identificação de uma hipotética pós-modernidade.) Como respaldo para o que afirma e desenvolverá, a autora se fundava em declarações dos poetas Eucanaã Ferraz e Carlito Azevedo. Para o primeiro, é ponto pacífico (para a poesia hoje escrita no país) que "estamos diante de uma extraordinária heterogeneidade. Na convivência de linhagens está em cena, sobretudo, uma contemporaneidade de 'formas'" (Ferraz apud Simon, 2011, p.3). Carlito Azevedo, de sua parte, é mais enfático em atestar o caráter de sua produção: "Eu sou absolutamente tradicional. Até os anos 1950, com as vanguardas, com a ideia de poesia concreta, existia a ideia de que era legal romper com a tradição. Este é o lado do modernismo e das vanguardas com que menos me identifico" (Azevedo apud Simon, 2011, p.4).

De posse desses testemunhos, a autora se posiciona a propósito do primeiro traço entrevisto, mas suas palavras também valem para o segundo, "que não há sinal de interesse por seu próprio tempo" (Simon, 2011, p.4). Este é ocupado por uma "retradicionalização frívola", ativa "e negociável no mercado dos bens culturais (mídia, universidade, congressos, fundações culturais, internet e indústria cultural" (ibid., p.12).

Razão de tudo isso? Iumna Simon já não se contenta com as falências que decretou do moderno e das vanguardas, apontando para um culpado-mor: Haroldo de Campos, com sua declaração do fim do ciclo vanguardista e das utopias (cf. Campos, 1997). Ao passo que Haroldo propunha o diálogo com a tradição, a tradução como transcriação e a escolha de uma poética do passado como privilegiada, para sua acusadora, estes não seriam mais do que "formas fraquinhas de negatividade" (!) (Simon, 2011, p.7), e que a retradicionalização oportunista não passaria de uma variante: "A retradicionalização decorrente é inespecífica e pró-globalização, uma espécie de abertura geral do mercado, no que se distingue das precauções judiciosas e paternais que Haroldo ainda tomava contra a inversão da poesia convencional" (ibid., p.8).

Não vamos acompanhar o desmonte parcial, mas arrazoador, efetuado por Luis Dolhnikoff no ensaio já referido. Parcial porque não lhe interessa aprofundar os argumentos em que fundamenta a retradicionalização senão na razão última que lhe oferece a antagonista: "a panaceia pós-utópica de Haroldo de Campos" (Simon, 2011, p.8). Para Dolhnikoff, a abordagem a que se opõe é dirigida por um raso reducionismo político: contra a poesia de olhos voltados para a cena presente de uma nação periférica, a autora conta com o que Mário de Andrade chamara de "atualização da inteligência artística brasileira", de que ele, por suposto, seria o modelo. Em termos mais precisos, enquanto o recente conservadorismo oportunista não percebe que a grande tradição não poderia ser bastante para a poesia de agora porque "o fim das certezas clássicas pelas revoluções científica (físicas relativística e quântica) e filosófica (Nietzsche e Wittgenstein)", combinado ao "grande arco da catástrofe entre a Primeira Guerra Mundial e o Holocausto, passa a exigir da arte o que as formas clássicas não podiam oferecer" (Dolhnikoff, 2011, p.4), para a vertente marxista em que se integra a autora não fora a opção socialista, ensaiada pela União Soviética, que naufragara, mas, sim, o legado moderno que se esgotara.

A retrospectiva acima deve evidenciar que concordamos com a indignação que Dolhnikoff manifesta ante a ideologização de sua opositora, assim como que se lamente semelhante modulação marxista mostrar-se incapaz de se repensar – desde logo em não considerar que a decepção com a opção socialista não se dera com a queda do muro de Berlim, mas, sim, décadas atrás, com a divulgação da ditadura stalinista.

No estudo a seguir sobre Sebastião Uchoa Leite, verificaremos que sua radicalização da antilira antes deriva de João Cabral. Não esqueçamos, porém, que a própria palavra "antilira" fora usada por Cabral em sua dedicatória de *A educação pela pedra* (1966) a Manuel Bandeira. Poder-se-ia pensar que

Cabral escolhera para homenagear o amigo e conterrâneo um termo que se opusesse à obra que revenciava? Por certo, o tom lírico, e mesmo sentimental, era dominante no autor de *Cinza das horas*. Contudo, em excelente ensaio sobre Sebastião Uchoa, Davi Arrigucci Jr. já assinalou que, do ponto de vista de "visão da realidade" e "muitos outros", "Bandeira é realmente aqui o poeta tutelar, com quem [Sebastião] dialoga o tempo todo" (Arrigucci Jr., 2010, p.82), conquanto dele não menos se distinga. Dentro da heterogeneidade por certo vigente, são frequentes a orientação para o fácil e a concordância com a expectativa mediana do leitor. Nessa direção, continua a dominar nas décadas recentes o que já era evidente na "literatura de mão única cujo trajeto obrigatório [é o] próprio ego", como Flora Süssekind bem descrevia a prática da geração de 1970 (Süssekind, 1985, p.42).

Passemos a uma última observação.

Mesmo que seja correto notar a subserviência dos poetas (sobretudo dos pintores) ao que lhes exigem nossas ditas fundações culturais, sem se preocuparem em denunciar o baixo nível de suas promoções, é grosseiro entender que não estarem poetas e pintores atentos à cena política contemporânea é um traço espúrio. É certo que estamos impregnados de um comodismo conformista, que facilita a ação de larápios investidos no cume dos poderes constitucionais, mas esse mal não se confunde com escapismo. Fosse assim, quase nada se salvaria da obra de um Guimarães Rosa. É verdade, como alega Iumna Simon, que o apelo para a cena nacional então presente caracterizara, direta e/ou indiretamente, tanto o nosso romantismo quanto o modernismo. Mas quem nos disse que um e outro representam, do ponto de vista de produção cultural, ou mesmo exclusivamente literária, paradigmas de qualidade?! Não é por acaso que o Machado de rara qualidade já superara sua fase romântica e que o legado poético do modernismo só atingira inegável qualidade com Bandeira e Drummond, já debastados o essencialismo nacionalista de Mário de Andrade e a intuição inequívoca, mas selvagem, de Oswald de Andrade. É certo que "em literaturas recém-constituídas, de países novos como os da América Latina, o desejo de construir uma tradição sempre envolveu um timbre político de insatisfação com o passado imediato e de protesto contra o atraso" (Simon, 2011, p.10). É bom que assim tenha sucedido. Mas a positividade do fato pertence ao campo do ideológico, cujos padrões só são tomados como equivalentes aos do estético se mantivermos os estreitos enlaces de um rígido marxismo.

2. PRIMEIRA AMBIÊNCIA E FASE INICIAL

Foi no Recife que Sebastião e eu nos conhecemos; mais precisamente, nos corredores da Biblioteca da Faculdade de Direito da então intitulada Universidade do Recife.

Nosso encontro foi um tanto bizarro. Sebastião costumava frequentar a biblioteca da faculdade cerca de um mês antes das provas finais – como foi comum na minha geração, estudávamos direito apenas para, em caso de necessidade, dispor de um diploma de curso superior, que nos permitisse exercer uma profissão. Por isso, com maior senso prático, Sebastião tomava conhecimento das matérias de afogadilho, sem outro cuidado senão o de passar de ano, se possível sem a necessidade de fazer prova oral.

O que relato terá havido entre 1957 e 1958. Estava mergulhado em um tratado qualquer quando vi aproximar-se de mim um vulto alto, magro, todo vestido de preto, com a voz cava que sempre foi a sua. O trajo, logo vim a saber, se explicava pelo luto de seu pai. Era Sebastião. Um repetente, alguém me disse. Para meu espanto, queria saber qual era a matéria da prova do dia seguinte. Respondi-lhe, escondendo minha surpresa; devo ter pensado: não deve passar de um louco; como irá se preparar em tão curto tempo?

Não sei como o imprevisto encontro foi a primeira aproximação com quem viria a se tornar um de meus raros e constantes amigos. Talvez porque ele já conhecesse João Alexandre Barbosa, meu colega de turma, e que cursava direito pelas mesmas razões tortas que Sebastião e eu próprio. Ou terá sido Jorge Wanderley quem nos apresentou? Por influência de seu pai, um cirurgião famoso na cidade, Jorge estudava medicina, e nós três, Jorge, João e eu, nos conhecêramos no CPOR, onde, pelo serviço militar obrigatório, nos preparávamos para ser oficiais da reserva.

Sebastião, Jorge e João se conheciam por frequentar a oficina de artes gráficas, sediada na rua da Aurora. Quando conheci seus fundadores, Aloísio Magalhães já se transferira para o Rio e, porque morreu muito cedo, não cheguei a conhecê-lo. O Gráfico Amador, de sua parte, deixara de funcionar na rua Amélia, bairro do Espinheiro. O livro de estreia de Sebastião, *Dez sonetos sem matéria* (1960), deve ter sido a última ou uma das últimas publicações, de O Gráfico. A verdade é que, ao aproximar-me de Gastão, Orlando e José Laurênio, o que havia sido O Gráfico já se tornara apenas um grupo de amigos que se reunia esporadicamente, em um velho sobradão, quase vazio, situado na rua da Aurora, à margem esquerda do rio Capibaribe, um pouco antes das pontes que levam ao centro da cidade. Devo ter sido o último a ingressar no pequeno círculo.

Embora nunca tenhamos falado a respeito – e de quantas conversas não efetivadas hoje me ressinto –, estou certo de que o grupo de O Gráfico terá sido, ao lado de sua família, o primeiro meio de estabilizar Sebastião no Recife. Mas a crise política nacional, que começara a se precipitar com a renúncia de Jânio Quadros, em agosto de 1961, cujo desfecho ainda não estava claro com a eleição de Miguel Arraes para governador do estado em 1962, emprestava às reuniões de O Gráfico Amador uma tonalidade que não deve ter tido no princípio: uma nítida coloração política. A postura de seus membros, os mais velhos e os mais novos, era inequivocamente de esquerda. Creio mesmo que a opção política era a condição prévia para alguém nele se integrar. A divisão ideológica logo se acentuou com a tentativa de renovação dos quadros esclerosados da universidade, empreendida pelo reitor, João Alfredo Gonçalves, que, em 1962, instituiu o Serviço de Extensão Cultural, sob a direção do professor Paulo Freire. O SEC, que ainda compreendia uma rádio universitária, dirigida por José Laurênio de Melo, que havia servido na BBC londrina, e uma revista, tornou-se o centro de preparação dos professores que iriam ensinar no projeto de alfabetização, concebido por Paulo. A importância da instituição cresceria mais ainda quando o programa de alfabetização, por decisão do governo federal, passou a ser de abrangência nacional.

Se a agitação política, sob João Goulart, se estendia a todo o país, Pernambuco, fosse pelas medidas tomadas por Arraes – como a exigência de pagamento do salário mínimo rural aos trabalhadores do campo –, fosse pelo entusiasmo despertado pelo programa de alfabetização, fosse pela miséria da região, passava a ser considerado o foco da agitação comunista no país. (Poucos dias depois de desfechado o golpe militar, um parente próximo me pedia que lhe mostrasse a "cartilha" que difundiríamos. Ora, o método de alfabetização que Paulo ideara se baseava na aprendizagem de leitura pela fixação de imagens dos objetos – expostas por um projetor de luz, como Francisco Brennand concebera – a que correspondiam as palavras escritas abaixo, separadas por sílabas. A aprendizagem se fazia pela recombinação das sílabas em novas palavras. Nossos adversários supunham que a "cartilha" era uma forma de multiplicar eleitores para os candidatos que o Partido Comunista apoiasse, muito embora o próprio partido não mostrasse simpatia pela iniciativa de Freire.)

Durante 1962-63, o SEC, que funcionava nos fundos da reitoria, próximo, por sua vez, do quartel-general do IV Exército, passou a ser, para Sebastião, o centro que antes havia estado apenas na rua da Aurora. Mas sua presença no SEC não supunha apenas conversas. Ela agora tinha também um caráter de compromisso, pois, além de colaborar na revista *Estudos Universitários*, em que, pela primeira vez, foi publicada sua "Teoria do ócio", era o responsável por programas musicais e literários da Rádio Universitária. (Creio que todo o material que então preparara foi destruído com a invasão da rádio, poucos dias depois de desfechado do golpe.)

Foi durante esse período, encerrado com o golpe, iniciado entre 31 de março e 10 de abril, que a nossa convivência foi mais intensa. A culminância desse convívio se deu na noite de 10 de abril, quando, completada a derrocada da legalidade, nos encontramos, Sebastião, Jorge, João e Laurênio, no apartamento de Orlando da Costa Ferreira, onde sua mulher, Lise, teve de nos alojar, porque era arriscado voltarmos para nossas casas. Acabava o que restara do grupo de O Gráfico e o que terá sido o segundo meio estabilizador de Sebastião no Recife.

Ao acordarmos no dia seguinte, não podíamos saber o que seria do país e de cada um de nós. Simplesmente, acabava a companhia que havíamos constituído. Alguns, depois do período na prisão, foram recompor suas vidas noutras cidades; outros, desempregados, como Sebastião, procuraram sobreviver, sobretudo no Rio. Como, entre todos, Sebastião era o que tinha menos jeito para o exercício de uma profissão, deve ter sido o que mais dificuldades encontrou. Como sempre fomos muito discretos no que concernia a nossas vidas privadas, apenas sei que um amigo advogado foi seu apoio para conseguir um meio de sobrevivência. Não sendo casado, nem tendo a quem sustentar, qualquer coisa deve ter-lhe servido. A melhor prova, contudo, de que o período entre as vésperas do golpe até o início da década de 1970 não lhe tenha sido tranquilo é comprovado pelo número de poemas que formam o que seria seu terceiro livro, *Signos/Gnosis e outros*: entre 1963 e 1970, compôs praticamente um único poema por ano. Considerando suas próprias palavras – "sou, bandeirianamente, 'poeta quando Deus é servido'" –, é legítimo supor que Deus tivesse então outras ocupações.

Já sabemos que seu primeiro livro saiu em 1960 por O Gráfico Amador. Composto de dez sonetos, cada um ocupando uma página, e, sendo o autor bastante magro, seus amigos o tratavam carinhosamente como "o poeta tabica". Sua magrém estava de acordo com sua dieta: as mulheres de seus amigos ficavam horrorizadas quando sabiam que o teriam durante uma refeição – ele só se alimentava de certo prato, em que a carne devia estar bem seca e sem molho.

Compostas entre 1958 e 1959, suas peças, como seus analistas têm reiterado, mantêm um andamento clássico, pelo qual é inconfundível a influência de Valéry. Vejamos tão só o primeiro:

Tempo configurado, essência nobre
de tanta glória mal apercebida.
Ou tempo justo, a veste que me cobre,
esse aceno fiel de despedida.

És o tempo sutil da manhã calma?
O tempo do meu sono e dos meus passos.
Estás presente em vínculos escassos,
o cerne desse tudo e dessa palma.

Clássico tempo, pausa entre dois atos,
sem remorso ou escolha, hálito puro,
leve e sábia pressão, toques exatos.

Honra-me assim com teu sorriso duro
e jorra em mim com pressa de gargalo,
tempo de meu silêncio enquanto falo.

Em rigorosos decassílabos, os quartetos e tercetos seguem um esquema de rimas que variam a cada estrofe/ (abab/cddc/efe/fgg).

Ao hieratismo formal corresponde, como nos *Four Quartets* de Eliot – a comparação é meramente temática –, um único e mesmo sujeito: o tempo. O primeiro qualificativo, "configurado", pertence à dicção elevada que envolve o todo e que, de imediato, convoca "essência nobre" e "glória"; qualificativos, na verdade, neutralizados de tão gastos.

Se os dois primeiros versos se dirigem a um tempo abstrato, os dois seguintes teriam o efeito contrastivo de se reportar à pessoalidade de quem provisoriamente os habita. Nada mais elevado, extremamente bem-feito e epigônico. O Eliot, que a respeito se costuma lembrar, perde a pungência dos *Four Quartets*.

Será melhor a resolução do segundo quarteto. O localização do tempo é feita sob interrogação, ao passo que a pessoalização dos versos 3 e 4 do primeiro quarteto se expande pelos três versos seguintes do segundo quarteto. Entre o continente, o tempo e o conteúdo, o eu que fala, os vínculos são escassos. Com efeito, mais escassos, tal o epigonismo presente, do que o soneto poderia pretender.

A relação entre continente e conteúdo é enfatizada no primeiro terceto: a medida do tempo é bem mais larga que os passos da criatura. Mas o terceto não se contenta com a redundância: o tempo referido assume, talvez involuntariamente, o caráter de tempo teatral – "pausa entre dois atos"; com o que a pessoalização deixa de remeter àquele que escreve para que o faça à "pausa", como o leio, à vida que se interpõe entre os atos. Não se trata, porém, de perscrutar a concreção do que corre entre os atos, mas de declarar o que o poeta aspiraria ao estar nesse intervalo: ter o hálito não contaminado pelo que mastigasse, exercer toques exatos. A veste que o cobre não importa o que tenha coberto, senão que ela esteja onde os toques sejam exatos.

Teatralizado, o tempo é um mítico personagem, enquanto o eu que antes parecera estar nele contido é nomeado pelo que cala. O que equivale a dizer: o tempo, porque mítico, é destemporalizado, o eu, presente pelo que cala, despersonalizado.

Tamanha será a diferença quando o poeta dispuser de sua voz própria que a reflexão sobre seu primeiro livro pode ser aqui extremamente reduzida. O que não estranha que pudesse se encontrar para ele uma função na atualidade: funcionar, para os candidatos a poeta, como o livro de exercícios de Czerny, usado pelos aprendizes de pianista.

Suspeito encontrar uma breve brecha na esquiva montagem mítica nos versos 3 e 4 da primeira estrofe do soneto V (para seu entendimento, preciso de todo o quarteto):

> Força apenas de ser. É a conjetura
> da alma frente às vagas agressivas
> ao vê-las se espalhar em receptivas
> areias, onde o ato se estrutura

Entendo o movimento a lavar as receptivas areias insinuar uma rima que, na verdade, não se revela: receptivas *sereias*. Admiti-lo equivaleria a romper a intemporalidade da cena em que se deleitam os *Dez sonetos*. Neles, a sonorização manifesta das palavras escolhidas é combinada de modo a mal deixar ver o que poderia se passar sob o tempo concreto. Mas a brecha, ainda que admitida, não vai adiante. Ao contrário, passagens do soneto X reiteram o mítico. Assim, os versos 3 e 4 do primeiro quarteto contêm a insinuação mais aguda da expressão contrária à sonoridade que se contenta em ser mítico-epigônico:

> Os olhos é que pensam mais profunda
> A natureza vasta em movimento

Como se houvessem ousado além dos limites que o autor se impunha, os dois tercetos, que explicitamente tematizam a personalização do eu, retornam à neutralidade do que, gasto, se torna inexpressivo. Em vez de prosseguir a eventual ousadia, o espectro de Czerny voltava a comandar o teclado, no derradeiro soneto, do qual se transcrevem os tercetos:

> Manhã das evidências, luminosa!
> Sóbria e ardente paixão do meu olhar:
> assim sorvendo a luz é que te feres.
>
> Tarde dos olhos meus, lume estelar
> Do meu humor, azar de malmequeres,
> Verso que desfolhei de minha prosa.

Em vez de ressaltar a abissal diferença do que será próprio do ainda estreante, é oportuno atentar para a porfia entre a pessoalização e a expressão do tempo mitificado. É possível supor que esta supera aquela mesmo pela imensa influência valeriana. Sem dizer que a explicação é improcedente, atento para a dificuldade que Sebastião Uchoa encontrará em uma expressão personalizada, que, sem ser confessional, fosse de seu agrado. Ainda estamos distantes de poder testar a hipótese. Nem por isso é precipitado já aqui a enunciar.

A primeira fase do poeta, que também poderíamos chamar de preparatória, ainda compreende dois outros livros: o *Dez exercícios numa mesa sobre' o tempo e' o espaço*, com poemas de 1958 a 1962, e *Signos/gnosis e' outros* (1963-1970). Ambos se mantiveram inéditos até sua inclusão em *Obra em dobras*, que continha os poemas feitos entre 1960 e 1988. À semelhança do que acabamos de fazer com os *Dez sonetos*, longe estaremos de ser exaustivos a propósito de ambos.

Em "Tombeau 1958", embora seja quebrado o rigor métrico – os versos apenas giram em torno de quatro a seis sílabas –, permanece a preferência pelas formas antitéticas. A vida que cabe no vocábulo de nobre ressonância, "ceia", é rara e escassa, tendo por par antitético "túmulo". A antítese se prolonga no segundo quarteto e se duplica no seguinte, cobrindo-o por inteiro:

> Já um vinho abstrato
> bebo em pensamento,
> e, nesse ato,
> permaneço sedento.

Continua a procura de formas agudas e, conquanto o título realce tempo e espaço, a expressão poética não os concretiza.

Se o poema não era realizado, analiticamente não se há de desconsiderar a relação entre a insistência na morte e algo de que declara carecer. Considerando que ao poeta sempre foi estranha qualquer orientação religiosa, o poema "Sol final" poderá soar enigmático. Por que a quarta estrofe isenta o sol da natureza da falta que sente?

> Sol. Não esse
> agressivo aos olhos:
> é o mal menor.
>
> Sol que me define,
> sol último,
> sol final.

A resposta parece ser dada à primeira estrofe:

> Sol, plenitude
> Do ócio estéril.
> Fiz o que pude
> Para mudar de pele:

O que o afasta da expressão desejada não é a palavra que, separando-se do confessional, no entanto o dissesse?

A sensação de algo interno que o distancia de si e, por conseguinte, do poema procurado ganha força e grandeza no quinto e último quarteto de "Respirar". Tendo por sujeito "esse ar mortal", enunciado na abertura do poema, o quarteto declara:

> Tudo envolve, hálito ruim,
> em sono e visgo,
> e enrouquece a voz do sim
> ao pleno dia.

A "voz do sim" perde-se em "sono e visgo", "nessa inércia que te invade". Mas a falta não é sempre atribuída à mesma causa. Em "Ainda um dia", ela encontra outra explicação, que não desaparecerá com o fim da primeira fase. Menos pelo poema do que pela persistência da "explicação", vale reproduzi-lo:

> Moeda nova, intacta.
> Na mão, uma riqueza
> sem data,
> refletindo-se
> à luz do sol, perplexa.
>
> Ainda um dia, gastá-lo
> ao acaso, ao sabor,
> breve e ralo,
> da brisa,
> ou de um gesto obediente?
>
> Que ofício é viver
> em passos ociosos
> e ter que escolher?
> Bom é apenas andar
> *au hasard*.

> Joga ao ar a moeda:
> ela pertence aos avaros.
> Na queda
> ela mostrará
> uma crua lucidez.

Em *Dez sonetos*, a pessoalização da experiência escapava pela abstração do tempo. Em *Dez exercícios*, a esta se acrescenta a desespacialização. (Em "Sol final", tal abstração do espaço, numa ironia por certo não intencional, é cortada pela referência na qual o sol se tornava para o poeta uma ideia fixa – São José da Coroa Grande, referido como o local da escrita do poema, é uma das praias das proximidades do Recife.)

As aludidas abstrações aumentam a correspondência estabelecida entre o poema e sua expressão mítica. A trilha que agora se abre é precisada pelos versos "bom é apenas andar/ *au hasard*". "Moeda nova, intacta", que se lhe mostra apenas a perspectiva do viver sem forçosas escolhas? Mas ela há de ser entendida com cautela. A sintaxe simples parece enganosa. Jogar ao ar a moeda é o que *não fariam os avaros, pois que' não se' arriscariam a perdê-la*. A escolha da não escolha pertence antes, portanto, aos pródigos. O "homem sem profissão" é menos uma escolha do que um adiamento, alimentado pela esperança de que o acaso consagrará a melhor opção.

Não nos perguntemos se o poeta alguma vez acreditou no acaso afortunado. É mais provável conceber que só na aparência a confiança na decisão do acaso fosse de fato tranquila. Assim como "Sol final" simula uma atmosfera religiosa, absolutamente falsa, a suposição de um acaso afortunado não é menos ilusória. Em "Alma, corpo, ideias", que considero o texto de realização plena neste segundo livro, é clara a luta interna implicada na confiança na queda da "moeda nova" – transcrevo as três primeiras estrofes:

> Colchão paciente,
> em ti deponho
> o que aspirei.

Não o que sei,
nem o que disponho:
claridade presente.

E o que aspirei? Nada.
Atravessar a rua,
dobrar a esquina,
palpar uma felina
pele, material nua
e alucinada.

A alma se dispensa
em leito macio,
e o corpo cansado
entrega-se ao passado.
alma: é como um fio,
mas o corpo é que pensa.

O adiamento da decisão, que faria parte da pessoalização da experiência, é deposto, como um pedido de trégua, no "colchão paciente". A aspiração de que precisará, diz o verso inicial da segunda estrofe, equivale a nada. Não há lamento nem declaração de fracasso. A rua, a caça à fêmea, enquanto "matéria nua/ e alucinada", não só retornarão no livro seguinte como encontrarão novos aportes. No entanto, o cansaço do corpo não decorre da extensão das ruas percorridas ou do nu felino que lhe escape, e sim de algo mais imediato: de ser o próprio corpo que pensa. Os passos *au hasard* já não se dizem simplesmente bons, mas cansativos.

Não teria sido preferível que o poema aí terminasse? Não o pensou o poeta. Mais três sextetos o completam. Chamando de mito o sonho finito que o envolve, o poeta talvez enuncie mais do que supunha dizer. As perguntas que alimentam o penúltimo sexteto denunciam sua descrença na solução anunciada do mito. Ele não passa de alimento da alma, que não satisfaz a parte decisiva de si, a perdurar em "uma demora lenta".

A declaração de que os versos dizem mais do que supunha o autor torna-se mais provável pelos dois últimos versos da estrofe final: "Simples ser de prosa,/ calmo, coisa final". Aquele que escreve se vê "nem eufórico, nem triste", na indiferença de quem se percebe "simples ser de prosa". Será por interpretação excessiva (*over-interpretation*) que entendo a alusão ao "ser de prosa" como declaração da consciência de não haver alcançado o procurado no poema? O viver ao acaso, o contentar-se com deambular pelas ruas, o esperar que, ao cair, a moeda lançada lhe mostre uma "crua lucidez" desvelam a insatisfação que se oculta. Não há por certo uma decisão tomada. O mito ainda teria de alimentar a alma, sem que se apossasse de sua inteireza?

O poema seguinte, "Transparências", favorece a linha desespacializante. A claridade conquistada está apenas nas telas já produzidas. Elas absorveram a cena ou a cidade que estivera à frente de seus pintores. Por isso, em troca, aos "sóis da indolência", corresponde "le paysage [comme] un état d'âme" – algo reservado a quem se põe de lado do que outros fizeram. Que poderá ser mais claro que o que declara a terceira estrofe: "Teu olho, *blasé*, ignora/ o rio folclórico-metafísico./ Teu olho quer apenas ver/ com a sensação de ser"? "Olho, *blasé*", "andar *au hazard*" pertencem ao mesmo campo a que se integrarão o *voyeur* e as encarnações vampirescas.

Em vez de nos adiantarmos, atentemos para os versos que completam a estrofe. *Blasé*, o olho ignora "o rio folclórico-metafísico". O verso contém uma referência direta, embora não nomeada, ao rio presente no campo imediato de visão/ lembrança do poeta: o Capibaribe. Chamá-lo de "folclórico-metafísico" continha uma nota depreciativa, que, simultaneamente, ia além desse propósito: "metafísico", mais do que sinônimo de arbitrário, especulativo, declarava mais imediatamente o que um leitor atento já deve ter notado – que o poeta que dele fala estava, mesmo sem ser sua inclinação, impregnado de preocupação filosófica. A reflexividade crítica do autor ainda se prepara. Mas ali, em seu campo de visão atravessado pelo rio, estava sua raiz. Sua presença, embora menos evidente, já se dava em *Dez sonetos*, porém não acompanhada da luta interna que aqui se acusa. O tempo miticamente tematizado era, ao menos na aparência, pacificado pelas antíteses com que se formulava. Agora, a porfia interna já não se contenta com soluções pertencentes a uma retórica de perfil clássico. Ela, na verdade, se trava entre o satisfazer-se com o viver pacificado, sem maiores aspirações, não transcendente, e o cansaço do corpo paradoxalmente tensionado pelo pensar. Os poemas oscilam entre esta e aquela solução. Se, em "Corpo, alma, ideias", o desenvolvimento textual se dirige à insatisfação com o alcançado até agora, no poema que com ele concorre, sem alcançar sua altura, "Teoria do ócio", o acaso e seus comparsas preponderam. Na primeira estrofe, que já não segue a regularidade métrica do livro de estreia, mas mantém a solenidade de sua linguagem, a angústia pelo que não faz recebe uma nomeação que, de algum modo, a neutraliza. Vejamos seus primeiros versos:

> Entre os rios desta praça
> fincada no centro do mundo como uma árvore,
> entre o tempo e a qualidade
> passa o meu ócio figurativo.

Mas como aceitar que tal ócio fosse tranquilizador se a praça que o encerra é "dispersa, alienada e sem raízes"? Daí a interrogação feita ao ocioso, como se se tratasse de alguém mais:

> Para que serves, liberto de tuas prisões,
> roendo a corda do nada
> nessa incidência fluvial,
> ócio prodigioso e sem mistério?

Era como se as coisas em torno protestassem contra a inércia de quem as mirava, sem as reconfigurar. Assim entendida, a primeira estrofe assume a mesma direção de "Alma, corpo, ideias". Já a segunda parte da primeira estrofe forma seu reverso. Sua abertura efetua o elogio da irresponsabilidade e lança mão do recurso que será cada vez mais recorrente, a ironia de seu próprio gosto:

> Liberdade de estirar uma perna
> por cima das coisas calvas, dos afetos e das razões vitais.
> Liberdade de sorrir sem razão
> deliciado das coisas finitas
> entre as ficções do intelecto.
> Saindo para alguma coisa ou saindo para nada
> pisando as sempiternas folhas secas
> de nosso outono fingido.
> Abril e maio são teus ensaios prediletos
> entre a paixão dialética e a razão pura.

A recorrência à ironia converte-se em coragem, na continuação imediata da segunda parte, em declarar a repulsa que sente por ser atraído pelo que é: "Para que serves senão indagar/ a essência da poesia ou a essência da pulha/ se são a mesma coisa?". O poema que o fascina dele escapa, e cansa a ele aprofundar a indagação filosófica que sempre o acompanhou. Ao se perguntar se poesia e pulha não têm a mesma natureza, Sebastião se enreda ainda mais na trama filosófica que o persegue. Contra esta, estará menos bem armado porque nunca pretendeu ser filósofo. Mas a equivalência agora estabelecida da poesia com a calhordice não expande sua vista além, a ponto de imediato se indagar: "Como distinguir no tempo as ficções do ser?".

Os 33 versos que formam a primeira parte da "Teoria do ócio", de que só consideramos uns poucos, traçam o perfil do combate em que entrava o indeciso autor. Se a maior parte do reverso da primeira parte procurara justificar a resistência à poesia, seu final retoma a mesma inquietação que dominara os últimos versos da primeira parte. Depois de repetirem: "Para que serves senão finalidade inútil", os versos finais condensam seu dilaceramento:

> Enquanto risco as carteiras,
> escrevo nas pedras com matéria porosa,
> divulgo aos quatro ventos a minha estultícia
> e analiso a minha inércia,
> o meu pensamento se recorda e recomeça.

A ansiedade não era menor por se exprimir por frases afirmativas. Elas são o final de um relato de que coube aos versos apenas revelar o choque.

Dos dois poemas confrontados, não só se afirma a tensão entre o ócio, que se entrevê tornar a vida menos difícil, e a crítica feroz do que mais o atraía. Mostra-se que o embate se aprofundara a tal ponto que o mundo em torno, antes abstratizado pelo mítico, ganha nome. Quando assim sucede, é o tempo mítico que se esvai. Este, ao conter a experiência pessoalizada, recalca ou ao menos adia o conflito que cada vez mais reponta. Na "Teoria do ócio", a nomeação, na aparência gratuita, não vai, pois, além de nomes, se verifica no começo da segunda parte:

> Quantas figurações colho em meu dia?
> Atravessando a ponte e desembocando na foz
> de outro rio mais gorduroso,
> ali vou eu: vista aérea a voo de pássaro,
> ponto erradio em cinza e creme
> de Boa Vista até Santo Antônio.

O poema logo se desencaminha de uma trilha que seria perigosa para quem, até agora, fizera questão de não se personalizar, e dá vez a uma formulação menos arriscada, que se encerra na recordação de efeito ambíguo de Piero di Cosimo:

> Um salto na memória
> cria outro tempo interno e me recria.
> Liberdade funda reflexão:
> uma linha rígida demarca o perfil
> e o enovela
> como a serpente de Piero de Cosimo.

Recordação ambígua porque, de um lado, assinala um pintor reconhecido, que não fora sugado pelo ʻvivreʼ *au hasard*, de outro, contudo, por já não cogitar de um "simples ser de prosa". Não só isso importaria considerar. A tensão entre as duas atitudes perante a vida apenas parece amainar. Mas a aparência é negada pela abertura da terceira e última parte:

> Deveria pensar nas coisas efêmeras.
> incorporo o poste e incorporo a luz
> mas a vida permanece opaca.

Incorporar o efêmero do poste e a luz que dele irradia tanto poderia indicar contentar-se com o que, sem esforço, se lhe oferece quanto violentar o tempo mítico que impedia a incorporação do efêmero. A dupla possibilidade condensa a indecisão. Mas sua fragilidade não se encerra em si mesma, senão que acena para outro elemento, até agora não tocado, a alusão expressa à morte:

> Assobiamos uma fuga de Bach
> e sorrimos ante a lembrança do futuro
> porque sorrimos ante a ideia da morte.

O contentar-se com o gratuito – o assobiar uma fuga de Bach – parece comprometido com a suposição de que sorri ante o futuro, porque não lhe é grave a ideia de morte. Como não o seria se é lembrada ante o ato simples de um assobiar?

Em suma, os *Dez exercícios* se empenham em simular uma tranquilidade que apenas flutua sobre as palavras. Sem que deixe de pertencer à fase inicial do poeta, o livro apresentava em germe a constelação de elementos que se contrapunha à experiência do tempo mítico, que fora absoluto em *Dez sonetos*.

A fase inicial é encerrada com o curtíssimo *Signos/Gnosis e outros*. Constando de poemas escritos entre 1963 e 1970, também só será divulgado em 1988, na *Obra em dobras*. Apenas nove poemas em oito anos parecem indicar a renúncia da luta por produzir. Sem negar essa possibilidade, no entanto, hão de ser considerados dois outros fatores para a extrema carência. O primeiro tem sido pouco lembrado: com a dissolução do grupo de amigos e a perda do cargo de redator na rádio da universidade, decorrentes do golpe de abril de 1964, Sebastião passara a contar tão somente com o respaldo da família. Dos amigos, alguns, como Gastão de Holanda e José Laurênio, emigraram para o Rio de Janeiro, outros abandonaram a cidade por conta própria imediatamente, a exemplo de João Alexandre, ou em prazo mais longo, como Jorge Wanderley. Para todos, Recife se tornara uma *waste land*. A esperança, abortada pelo golpe, de uma mudança na estrutura das relações socioeconômicas, por menor que fosse, agora se convertera no ódio e no espírito de vingança investidos no que João Cabral, em *O cão sem plumas*, chamara de "as grandes famílias espirituais da cidade".

O segundo motivo não é menos forte. Ao mudar-se para o Rio, como dirá o próprio poeta, estará muito mais próximo da influência dos poetas concretos. Os raros poemas de *Signos/Gnosis* – a partir da própria inversão das palavras do título, em que "gnosis" não tem nenhuma relação com gnose – o testemunham. É possível, na verdade, alegar que a influência se manteve em um nível superficial. Considerando o título do poema intitulado "Trívio", cabe pensar que ele aludia não só à acepção de caminho que se triparte, como também ao estudo medieval de disciplinas preparatórias para o *quadrivium*. O fato é que "Trívio" é uma aproximação elementar das soluções dos concretos: duas palavras, "grafo" e "grafada", geradoras dos dois primeiros versos, provocam a solução da estrofe: "O grafo da letra/ A letra grafada/ O grifo da letra". O fantasma de Czerny era convocado para ser abandonado pela aprendizagem de outra modulação. Por isso, o livro não desperta em mim o entusiasmo que suscitava em João Alexandre, que comparava "Teoria do ócio" com a composição de abertura do *Signos/gnosis*:

> Se perguntas e respostas mais ou menos retóricas se sucedem no primeiro, movidas por aquele ócio figurativo da primeira estrofe, misturando transcendências e observações casuais, em que o lirismo ainda é um veículo confiável, em "Solinércia" não há mais respostas porque não há perguntas e tudo não é senão afirmações imperativas criando [...] o espaço ácido de uma sátira mordaz a tudo que é, ou era, confiável [...]. (Barbosa, 2000, p.13)

A comparação é válida. O "explosivo" "Solinércia" se livra aos tapas do resto de lirismo do poema anterior. Mas João Alexandre não parecia dar importância ao fato de que "espaço ácido da sátira mordaz" agora converte em "afirmações imperativas" o que antes dava lugar à expressão de uma luta interna. Em Sebastião Uchoa, o otimismo vanguardista de Haroldo de Campos convertia-se em uma rua de mão única, constitutiva, como dirá o final de "Solinércia" em uma "metatísica/ Perfeita e contrafeita".

A formulação mordaz não difere da equivalência anterior entre as essências da pulha e da poesia. Daí, embora sempre se mantendo nas proximidades dos concretos e os defendendo contra a bestice do "violão de rua" (cf. Leite, 1986, p.179-204) e tendo em conta outras bestices mais – como a repressão oficializada que estimula a emergência do autoritarismo grosseiro também de seus adversários –, é legítimo dizer que, sobretudo em Haroldo, Sebastião Uchoa percebeu a força satírica que ainda aprenderá a explorar.

3. ANTILOGIA

Publicado em 1979, quando o autor já residia havia anos no Rio, o livro compreende a produção dos anos de 1972 a 1979. Tendo em conta que sua estreia se dera em 1960 e não passara de 250 exemplares, não havendo desde então publicado em livro senão o ensaio "Participação da palavra poética" (1966) e várias traduções (C. Morgenstern, Stendhal, Octavio Paz, K. Pomorska, A. Ripellino, Max Horkheimer, Lewis Carroll), é bastante provável que, fora seus conhecidos, poucos soubessem que era poeta. Razão maior para que se reconheça o que devemos à iniciativa de uma amiga comum, Priscila Kuperman, que se dispôs a recolher entre os amigos a contribuição cuja soma permitiria o aparecimento da *Antilogia*. Este, na verdade, é o primeiro grande livro de Sebastião Uchoa.

Preliminarmente à sua abordagem, é válido lembrar a que se opunha a direção tomada pelo poeta. No item anterior, chamamos a atenção para o fato de, sem se converter em um membro do grupo dos concretos, Sebastião travar constante diálogo com eles, sobretudo com o mais expansivo, Haroldo de Campos. Isso equivale a dizer que se mantinha em aberta divergência com os rumos que a poesia brasileira tomara na década de 1970. Fosse por reação à repressão policial em que vivíamos, fosse por divergência geracional, os inúmeros poetas que então surgiam antes se aproximavam do poema-piada dos primeiros modernistas do que do rigor construtivista pregado por João Cabral e radicalizado pelos concretos; não que os admirados poemas-piada tivessem um cunho político certo, o que seria impensável. Mas fáceis e comunicáveis seriam talvez considerados por seus aficionados contrários à rigidez oficializada. A melhor explicação da voga encontro no que é o melhor texto sobre o macabro período. Diz Flora Süssekind: "[Nos] retratos falados do país e da própria subjetividade [...] fala-se de medos individuais ou coletivos, mas não se deixa que eles invadam o próprio texto. A literatura-verdade, com suas certezas, pode falar de abismos, mas jamais se debruça demasiadamente sobre eles" (Süssekind, 1985, p.66-7).

A "literatura-verdade" – a exemplo dos romances sobre a loucura (*Armadilha para Lamartine*, de Carlos Süssekind, e *Quatro-olhos*, de Renato Pompeu) – não só não incomodava os agentes da ditadura como, para o intelectual conservador, tinha a qualidade de retomar a tradição documentalista de nossa prosa. Além do mais, e isto por excelência na lírica, revalorizando o confessionalismo, propunha-se a reativar a aproximação entre arte e vida, que o "formalismo" dos construtivistas teria destruído. A passagem que se destaca lamentavelmente continuaria, no século seguinte, a ser válida: "Entre arte e vida: aí se equilibra a poesia brasileira dos últimos anos. [...] Patente é o privilégio do *ego* que se balança, via poesia, nesta corda. São as vivências cotidianas do poeta os fatos mais corriqueiros que constituirão a material da poesia (ibid., p.67).

É curioso que os jovens autores de então, inequivocamente contrários ao poder fardado, pudessem supor que manifestavam sua oposição por seu louvor à vida, ao comunicativo, ao entendimento banal. Ao contrário, os que privilegiavam a configuração textual, a indagação da linguagem e seus abismos eram genericamente considerados "formalistas", de algum modo comprometidos com a tecnocracia do poder. Referindo-se a "Metassombro", integrante de *Antilogia*, Flora Süssekind notava o contraste com o que mais se praticava: "No texto de Sebastião, a reflexão em torno do sujeito poético não é para realçá-lo, é um meio de tirar-lhe o poder, de avisar: 'perdi todo o discurso'" (ibid., p.81).

"Formalismo" seria considerado um modo de não crer na força da vida e... no poder das massas?! O ocaso dos generais-ditadores, em toda a América Latina e não só no Brasil, resultou muito menos do movimento das massas ou dos focos guerrilheiros do que da conjuntura internacional, na qual já não interessava à política norte-americana estar cercado de regimes impopulares. Aqui o detalhe importa por explicar que o espírito vivo-comunicativo da geração de 1970 encontrava uma confortável tranquilidade na "tradicionalidade frívola" dos que surgem após o esfacelamento da ditadura, bem como nesta a acusação de "formalismo" continuava vigente, embora com justificativa distinta: seus adeptos, diziam, escrevem "complicado", ao passo que o verso há de ser fluente e, o quanto possível, próximo dos refrãos entoados ritualisticamente nos festivais pop. Deixemos de lado, porém, o irremediável e nos concentremos no que tem qualidade.

Acompanhemos em *Antilogia* os poemas mais significativos. O primeiro está em sua abertura, "Encore":

>por trás dos vidros como o peixe de miss moore
>que me importa
>a paisagem e a glória ou a linha do horizonte?
>o que vejo são objetos não identificados
>metáforas em língua d'oc
>em que li – não sei onde –
>que o mundo é uma metáfora
>o ventre do universo está cheio de metáforas
>que poetas escreverão sobre o kohoutec?
>toneladas de versos
>ainda serão despejados
>no wc da (vaga) literatura
>ploft!
>é preciso apertar o botão da descarga

que tal essas metáforas?
"sua poesia é um fenômeno existencial"
olha aqui
o fenômeno existencial

Já vimos o menosprezo do fazer poético desde "Teoria do ócio", passando por "Solinércia", em ambos os casos relacionado ao lamento, não manifestado, pela própria escolha. O lamento-menosprezo torna-se agora mais intenso por receber o fogo cruzado contra o corpo da metáfora. Dele já está cheio o ventre do universo; imagine-se o que não será quando se acrescente o que dirão sobre o cometa Kohoutec visto pelo astrônomo, em março de 1978? Em vez de nomes de nobre extração – paisagem, glória, linha do horizonte –, o poeta, nas metáforas, só enxerga óvnis, objetos não identificados, inscritos na *langue' d'oc*, isto é, presentes na prática dos poetas provençais, em que Dante reconhecia seu mestre Cavalcanti. A desqualificação das metáforas se processa por dois atos: no primeiro, ao dizer que elas enchem o ventre do universo, torna-as equivalentes a incômodas flatulências, que, logo em seguida, serão despejadas na inutilidade da literatura.

Apontando a metáfora, o poeta radicaliza o gesto de recusa pelo que o atraía. "O que faço é isso? Em que me distingo de um zero à esquerda?" Mas ainda não era o fim da escala. Pois há metáforas e metáforas. As mandadas para o esgoto ainda se diferenciam da exemplificada: "sua poesia é" etc. A reação perante esta não será entendida se não compreendermos no "olha aqui" uma expressão popular que, acompanhada de um gesto com o braço, tem uma significação obscena. Se as metáforas-óvnis, misteriosas e enigmáticas, se destinam à privada, que então dizer das que enunciam uma falsidade de salão? Entendo que, embora as distinga nitidamente, o poeta as desqualifica: umas porque, misteriosas, não participam dos objetos identificados, outras por abrigarem uma polidez de salão.

Ao estender seu questionamento da poesia à função banalizada da metáfora, Sebastião Uchoa se incorporava a uns poucos poetas e escritores do século XX que notavam o desajuste da metáfora costumeira com a orientação assumida pela modernidade. Em ensaio a que aqui apenas remeto – incluído em *A ficção e poema* (2012) –, procuro mostrar que a questão se explicita, no começo do século, por *Ein Brief* [Uma carta] (1902), do austríaco Hofmansthal, e reaparece, de forma independente uma das outras, nos diários de Kafka, em Gottfried Benn, em Paul Celan, e no final de "Uma faca só lamina", do nosso João Cabral. Ainda que um germanista do porte de David Wellbery negue que a *Carta de Lord Chandos*, como é mais conhecida a missiva ficcional de Hofmansthal, se confunda com a declaração de uma "crise da linguagem", o próprio Wellbery refere que intérpretes da cultura na modernidade percebiam, desde o começo do século, o descompasso que aí se instalava entre a sociedade e as condições de produção da cultura: "Já em torno de 1900, Georg Simmel resumiu sua análise da cultura moderna, fundada na economia do dinheiro, na fórmula da relatividade constante dos valores, e Hermann Broch fala em seu estudo sobre Hofmansthal retrospectivamente de um 'vácuo de valores' como o traço principal da época" (apud Nuñez e Monteiro, 2009, p.132).

Acrescente-se que, contemporaneamente à carta ficticiamente endereçada por Lord Chandos a Francis Bacon, Hofmansthal deixa de escrever poemas e que Kafka, em passagem de 6 de dezembro de 1921, anotara: "As metáforas são uma das muitas coisas que me fazem desesperar de escrever" (Kafka, 1990, p.875).

A reiteração, manifestada de maneiras diversas, mas sempre tematizando a impossibilidade de conciliar o metafórico com a cena da realidade, indica o que uma pessoa atenta aos aspectos da sociedade contemporânea já deverá ter intuído. Considerando o analógico, de que a metáfora é a principal concretização, como um dispositivo da linguagem pouco afeito à tecnologia cada vez mais atuante no cotidiano ocidental, desde as últimas décadas do XIX, não custa compreender que sua importância decisiva para a poesia torna tanto a metáfora quanto a poesia suspeitosas para o homem contemporâneo. Daí a agressividade passar a ser mais contundente no trato do poeta com o tema. Daí essa agressividade assumir duas direções: uma bastante direta, cobrindo a expressão poética como tal e não isentando seu próprio agente, o poeta, ao se referir ao próprio fazer. (No caso brasileiro, Sebastião é o exemplo mais lancinante.) A outra, ao contrário, se disfarça o quanto pode, assume ares de diplomacia e mostra a falsidade que indignava Sebastião, no final de "Encore".

Em Sebastião Uchoa, a agressividade, desdobrada em duas camadas, converte-se na agressividade que se exprime por dupla leitura — a das alusões a figuras de fábulas e a clara e puramente obscena de "O pobre BB outra vez". Como seus exemplos não têm a mesma força de "Biografia de uma ideia", será nessa que nos concentraremos:

> ao fascínio do poeta pela palavra
> só iguala o da víbora pela sua presa
> as ideias são/não são o forte dos poetas
> ideias-dentes que mordem e se remordem:
> os poemas são o remorso dos códigos e/ou
> a poesia é o perfeito vazio absoluto
> os poemas são ecos de uma cisterna sem fundo ou
> erupções sem larva e ejaculações sem esperma
> ou canhões que detonam em silêncio:
> as palavras são denotações do nada ou
> serpentes que mordem a sua própria cauda.

Como no caso de "Encore", não há salvo-conduto para a poesia chicoteada. Mas surge uma diferença importante: em vez de caberem à poesia as qualificações negativas de pulha, metatísica, matéria para o esgoto ou material para o falso refinamento de pseudoeruditos, ela assume uma direção ativa, e cada vez mais ativa. Já a abertura aproxima a ação do poeta da de animal dotado de peçonha, contrapondo-se à moda heideggeriana de ver a poesia como o equivalente a uma filosofia ainda não trabalhada. (Vejam-se suas análises de Hölderlin, convertido em um heideggeriano que não possuía seu vocabulário conceitual.) Semelhantes a víboras ou a dentes que se remordem, os poemas são inimigos da tão louvada comunicação; se os códigos têm a função de transmitir mensagens e são tão mais aptos quanto mais capazes de formular mensagens "limpas", isto é, sem dificuldade de compreensão, os poemas, de sua parte, "são o remorso dos códigos" – aquilo de que os códigos se lembram sem os poder absorver, anexar, tampouco esquecer. Ou, em profanação mais crua, "ecos de uma cisterna sem fundo". Se a segunda designação é mais chocante, assim sucede porque é mais palpável sem recorrer a uma face hostil – se uma cisterna sem fundo produz ecos, estes, por não ressoarem, não cabem em um significado.

As designações seguintes seguirão uma mesma linha: são projéteis cada vez mais explosivos e, do ponto de vista do que julgamos lógico, excrecências: "erupções sem larva e ejaculações sem esperma/ ou canhões que detonam em silêncio". Mas, sem que deixem de ser, desde a comparação primeira, semelhantes a pulhas ou à metatísica, declarar sua capacidade destrutiva seria uma decisão somente retórica. Por isso, os dois versos finais vedam o que seria um falso entendimento: os que temam que ali se anuncie uma máquina capaz de estragar seu conforto comunicativo e codificado podem estar tranquilos: "as palavras são denotações do nada ou/ serpentes que mordem a sua própria cauda".

Há algo, no entanto, que deixa dúvidas sobre a univocidade do que o poema declara. Poucos anos depois, Flora Süssekind escreveria: "A literatura-verdade, com suas certezas, pode falar de abismos, mas jamais se debruça demasiadamente sobre eles" (Süssekind, 1985, p.67). Aqui sucede o contrário. Não há sequer possibilidade de conceber-se uma literatura-verdade, e, inversamente, há um verdadeiro lançar-se ao abismo. Como então o resultado da viagem pelos subterrâneos tranquilizaria os que vivem na superfície senão porque estes não se arriscam à viagem? Paradoxalmente, para que a verdade, em forma de literatura, seja confortadora é preciso que seu praticante não se exponha à proximidade dos abismos.

Há, no entanto, outro modo, nada especulativo, de repropor a questão. O entrave que raros poetas e escritores veem entre a metáfora, a poesia e a sociedade tem relação direta, como já foi dito, com a direção assumida pela modernidade, desde fins do século XIX. A questão até agora irrespondível consiste em saber se aquela direção, que supõe a supremacia incontestável das relações fundadas no capital e deprecia o analógico, se confunde, a partir de então, com a história humana ou se estará sujeita a alguma mudança profunda, que, no momento, não conseguimos sequer visualizar.

Ora, dentro desse quadro, que por certo afeta a arte em geral, alguns pintores tentaram uma resposta que pusesse em xeque sua marginalidade, consistente em considerá-los entes cujo êxito depende de terem suas obras compradas pelos museus e serem aceitas pelo mercado. A solução intentada pelas vanguardas até meados do século XX, consistente em romper com o figurativismo, em explorar modalidades de abstração e absorver tradições de outras culturas, como a africana, por certo funcionara. Seu resultado, porém, já não podia ser repetido, pois tanto os museus quanto os *marchands de tableaux* passaram a dar preferência ao que fora insubmisso. Daí a opção mais recente de tentar outra modalidade de rebeldia ao *status quo*. É o que veio a se chamar de *instalações*, obras propositalmente contrárias à sua disposição no interior dos museus. Levanto, pois, a hipótese de que o poema-víbora ou anticódigo fosse, sob uma feição intelectualizada, algo semelhante ao que tentaram as *instalações*. A equivalência do gesto, contudo, logo se perdeu. Ao passo que as *instalações* optaram por se aproximar do cotidiano da vida dos frequentadores, sendo então cada vez mais aceitos pelos museus e galerias, perdendo seu caráter de protesto e rebeldia e assumindo sua feição mercadológica, a antipoesia – mesmo porque seu meio expressivo tornava mais difícil sua cooptação – manteve o caráter de bomba de efeito (no melhor dos casos) retardado.

Seja ou não procedente a comparação com uma bomba de efeito retardado, a poética aqui estudada é uma incontestável antilira. No "Poemontagem para Augusto dos Anjos", a antilira se mostra como um programa poético:

sombra magra de esqueleto esquálido
ossos destroços se carcomem o homem
úmeros números negros de homem húmus
um grande verme passeia essa epiderme

agregado abstrato abstrações abstrusas
criptógama cápsula e ventres podres
dentre as tênebras de obscuro orbe
qual minha origem? Pergunto na vertigem

sonda hedionda assombra a minha sombra
essa futura ossatura e agras vísceras
incógnitas criptas do ovo primitivo
plasma do cosmos treva do nirvana

homem engrenagem da língua paralítica
no orbe oval de gosmas amarelas
eu perdido no cosmos corpo inerme
de mim diverso um coveiro do verso

Com um vocabulário e uma modulação próximos ao do paraibano, excluídos os laivos cientificistas, o poema é formado por um campo de vísceras e um corpo de úmeros, a que se associam as aliterações expressivas de um cosmo próprio ao romance gótico – "sonda hedionda assombra a minha sombra" –, em que o espectro da morte acena de longe para o que, de perto, é coberto pela presença de estranha espécie, o habitante do "orbe oval de gosmas amarelas", "coveiro do verso". A homenagem a Augusto dos Anjos tem como cenário a figuração da morte que, a distância, aguarda o transeunte, o horror das cercanias, a aparência de cerca farpada a que se arriscasse quem dela se aproximasse. A marca registrada da montagem está no quarto verso da primeira estrofe:

Um grande verme passeia essa epiderme

O verso, que já poderia haver pertencido ao *Eu*, reapresenta-se no outro corpo a mostrar sua fraternidade. Ela se caracteriza pelo repúdio de toda doce lírica, embalagem preferida pela comunidade que cercava ambos os poetas.

O cientificismo escabroso do vocabulário de Augusto dos Anjos e o desconhecimento dos continuadores imediatos de Baudelaire, Tristan Corbière e Jules Laforgue talvez tenham sido suficientes para que já não se tenha chamado a atenção para a antilira presente no poeta do *Eu*. Até há pouco, também faltou o crítico que, assinalando o caráter antilírico da dicção de ambos, observasse a peculiaridade do tratamento do espaço por Sebastião Uchoa. É certo que o crítico que temos em mente faz a anotação a propósito de livro posterior, *A espreita*. Mas a antecedência que verificamos apenas reitera seu acerto: "[...] Para Sebastião, diferentemente de Cabral (e, em certa medida, também de Bandeira), o poema não se constrói como espaço em que a poesia se dá a ver. Ao contrário, é onde ela tende a se ocultar. [...] Quando muito, ele é o espaço onde a poesia pode ser espiada" (Arrigucci Jr., 2010, p.82).

Poucas observações têm a mesma destreza desta. Já notáramos, a propósito da primeira fase do poeta, que o que então chamávamos de experiência mítica do tempo e a consequente despersonalização tinham por pressuposto a desespacialização da matéria poematizada. No transcurso da análise, temos atentado para os sinais esparsos de quebra do tempo mítico e o surgimento da personalização. Ela era dificultada porque, como também temos visto, o cultivo da "poesia-retrato" (Flora Süssekind) pela geração da década de 1970 implicava um confessionalismo a que sempre Sebastião foi avesso. Nosso poeta tinha, pois, de aprender o verso espacial e temporalmente situado, que não se confundisse com o clichê confessional; noutras palavras, em aproximar o antilírico, nele cada vez mais compacto, do verso situado. É nessa acepção que a observação de Arrigucci Jr. nos é preciosa. O "Poemontagem" ressalta em Augusto dos Anjos seu traço de proximidade antilírica e de tratamento do espaço. É pelo segundo, no entanto, que melhor se revela o salto dado na *Antilogia*. A "sombra magra de esqueleto esquálido" não se encontra em algum lugar preciso. Vejamos com alguma rapidez as mudanças que sofre o tratamento do espaço não só em Augusto dos Anjos e Sebastião, mas no antilírico por excelência, João Cabral, a partir de um objeto comum: uma ponte sobre o Capibaribe.

Nos três primeiros quartetos de "As cismas do destino", a realização poemática supõe que a ponte e o passante preenchem todo o espaço:

> Recife. Ponte Buarque de Macedo.
> Eu, indo em direção à casa do Agra,
> Assombrado com minha sombra magra,
> Pensava no Destino e tinha medo!
>
> Na austera abóboda alta o fósforo alvo
> Das estrelas luzia... O calçamento
> Sáxeo, de asfalto rijo, atro e vidrento,
> Copiava a polidez de um crânio calvo.
>
> Lembro-me bem. A ponte era comprida,
> E a minha sombra enorme enchia a ponte,
> Como uma pele de rinoceronte
> Estendida por toda a minha vida!
> (Anjos, 1976, p.74)

Passemos a João Cabral. Na segunda parte de "História das pontes", a estranheza de si próprio converte-se em história de assombração. A força antilírica se abranda pelo cunho de relato que o poema assume, mas a espacialização material continua a dominar (transcrevemos as partes 2 e 4):

> Na Ponte Maurício de Nassau,
> deserta, do deserto cão
>
> das pontes (quem não o conhece
> é melhor que não sofra o teste),
>
> pois N., vê que um outro vinha
> na mesma calçada em que ele ia.

Vendo alguém, sente-se aliviado:
Eis onde acender-se um cigarro.

[...]

Nisso o homem que se aproximava
Frente a N. a boca escancara,

Boca de assombração, vazia,
Onde um único dente havia,

Um dente de frente, o incisivo,
Único, mas capaz do riso

Bestial, que não é o da morte
Mas o de quem vem de sua posse
(Melo Neto, 1994b, p.605)

 O "Poemontagem", por sua vez, acentua e mantém a antilira de "As cismas" e transforma a natureza do espaço: ele deixa de ser referido, portanto de ser material, para que se torne o que irradia do interior das palavras. Esse autoespaço, de sua parte, contém o que impedia a desespacialização da fase inicial, a presença do autor, que se cumpre sem confessionalismos. Estes ainda poderiam se insinuar pela pergunta: "Qual minha origem? Pergunto na vertigem". Mas a resposta, generalizante, não o permite: "Sonda hedionda assombra a minha sombra".

 O poema em que nos detivemos tem a singularidade de antecipar a afirmação do autoespaço, que devemos a Davi Arrigucci Jr., articulando-a com a forte presença da antilira. Como esse é o traço saliente na *Antilogia*, é nele que devemos nos deter.

 Conforme se viu, pela crítica à metafísica – o que não impede que a poesia de Sebastião esteja impregnada de preocupação filosófica –, a antilira procurava se afastar da doce tradição sonora, reiniciada, bem antes dos tempos modernos, pelos provençais. Lembremos ainda que o questionamento da lírica remete à tomada de consciência de seu desajuste com a modernidade. Por isso, nem a antilira será assumida com a tranquilidade de quem troca de camisa, nem se manifestará em linha reta. Ela antes contém uma constelação de efeitos, que, como veremos, incluirá seu irônico questionamento. De imediato, contudo, importa atentar para a expressão coprológica, provocada pela aproximação de Gregório de Matos, "[...] poeta/ mais ou menos fodedor/ (tropeço de amores/ ou de puros fedores)". Muito embora outros exemplos de mesmo jaez se apresentem, mais importa a feição política assumida pelo programa. Essa feição fará que com a antilira, para não perder sua coerência, tenha de contrariar a linhagem expressiva de poetas que o autor admirava. É o que sucede com Ricardo Reis, heterônimo de Pessoa, em poema do qual reproduzo a primeira estrofe:

> Prefiro rosas, meu amor, à pátria,
> E antes magnólias amo
> Que a glória e a virtude
> (Pessoa, 1986, p.203)

Conquanto a primeira estrofe já declare preferir a beleza natural das rosas e magnólias à patria, à glória e à virtude, e seu descaso pela retórica cívica se fizesse em nome de uma atitude que poderia parecer equivalente ao *vivre au hasard* de Sebastião – "Que importa àquele a quem já nada importa/ Que um perca e outro vença", como pergunta na mesma ode –, na verdade, Reis e o próprio Pessoa se mantêm em um clima lírico-nostálgico, inadequado ao propósito da antilira. Por isso, as rosas são despedidas sem piedade pelo "never more" de Poe, e o contentamento com "o desejo de indiferença/ [...]/ Na hora fugitiva" substituído pelo desagrado de saber que "ainda se ouvem as gralhas/ deste solo pútrido".

Quando o poema foi publicado, os defensores da ditadura escreviam nos aeroportos: "Ame-o ou deixe-o". A resposta bem-humorada era: "O último a sair que apague as luzes". A ironia do poeta era menos polida. E o mesmo sucedia em "As Time Goes by". Sob o título da canção popular norte-americana, ingressava a paródia de conhecida passagem do "Inferno". O narrador de Dante ainda se acostumava aos suplícios que testemunhava, quando, no canto III, os "*sospiri, pianti e' alti guai*" (Alighieri, 1983, p.22), faz com que o viajante, com a testa caída, pergunte a seu guia que é isso que escuta – "*che' è' quel ch'I' odo?*". Sebastião reproduz o fim da resposta de Virgílio: "*Non ragioniam di lor, ma guarda e' passa*" (ibid., p.51).

No mundo teologicamente interpretado, o inferno estava além dos céus; Virgílio é autorizado a provisoriamente sair do limbo, para conduzir o fiel cristão pelas veredas do além.

Na recordação irônica da cena, o mundo sai dos eixos, e o episódio se transtorna. No começo do poema, as palavras, mesmo as próximas do episódio do inferno, já não são as de Virgílio:

> Não penses enquanto passa
> não olhes para trás com raiva
> mas guarda e passa

O tempo se confunde com o espaço enquanto mera ambiência terrena. Nela, muitos duvidarão da clareza do "plagiário", isto é, do poeta de agora. Em vez da docilidade do florentino, a continuação do curto "As Time Goes by" traz pelo menos uma palavra, "metalíngua", que nem Virgílio, nem muitos dos leitores de agora conhecerão:

> Se duvidarem do teu espírito críptico
> Põe pra fora a tua metalíngua

Na cena original, os suplícios infernais não têm nada de herméticos, nem teria sentido que o poeta olhasse para trás com raiva ou que cometesse o desaforo de estirar a língua para os condenados. No inferno do terreno, é provável, sim, que acusem o poeta de críptico e que ele sofra a tentação de olhar com raiva para o que passou; portanto, é compreensível que usasse o insulto de estirar sua (meta)língua. Como no caso anterior de Fernando Pessoa, a tradição lírica supunha uma outra linguagem.

A constelação com que se arma a agressividade da antilira ainda assume outra deriva. Refiro-me ao motivo do vampiresco, de imediato presente no "Drácula":

> esvoaço janela adentro
> estou aqui ao lado
> do teu pescoço longo e branco
> com meus dentes pontiagudos
> para esse coito tão vermelho
> você desperta em transe
> esvoaço outra vez
> à meia-luz dos lampiões
> de volta à minha máscara
> quando entro na sala
> com a cara distinta e lívida
> de olheiras esverdeadas
> a minha imagem em negativo
> não se reflete no espelho
> você solta um grito de horror
> esvoaço janela afora

A cena vampiresca foi bastante explorada como uma das variantes do *cinéma noir*. O Drácula aqui presente abandona a exploração do horror pelo tom gaiato. Mas o gaiato em Sebastião vai além de manifestação de travessura. Arrisco-me a pensar que suas raízes são mais longas. Lembre-se do já aludido tempo mítico, em que tempo e espaço eram postos entre parênteses, acompanhados da dificuldade de pessoalizar o vivido. No momento, satisfizemo-nos em explicar essa dificuldade por um motivo de ordem estética: a antipatia ante o confessionalismo dominante na geração dos então jovens poetas nacionais. Desconfio, porém, de que há mais do que isso. E o tema do vampiro permite explorá-lo.

Antes de o vampiro ser identificado pela vítima que desejava porque sua aparência física não é reproduzida pelo espelho e então provocar o grito de pavor que o obriga a fugir, ele ainda consegue aproximar-se da vítima e está prestes a violentá-la. Na versão usual da lenda do vampiro, sua voracidade se resume a sugar o sangue da vítima para que, desde que evitassse a luz do sol, continuasse a prorrogar sua vida. O vampiro, pois, era identificado como um ente que se encontrava em um estágio intermédio, ainda em vida, mas ameaçado de morte próxima.

Ao separar-se da versão rotineira, o assédio do Drácula presente é manifestamente erótico. Sua sede de sangue se confunde com o desejo de posse sexual. Pergunto-me se os dois dados enunciados – um ser que paira entre a vida e a morte e que associa o coito com a violência – não seriam igualmente relevantes e combináveis.

Quanto ao primeiro dado, o identificar-se com um ente entre lá e cá, tanto mais possível pelo tratamento burlesco, facilitava que se mantivesse a distância de uma proximidade excessiva de si. Noutros termos, a figuração vampiresca era um modo de afastar-se da despersonalização, apropriada apenas ao tratamento mítico já abandonado; de afastar-se sem o risco contrário de facilitar a personalização.

Em relação ao segundo dado, a violentação fracassada daquela da qual se destaca o "pescoço longo e branco" lembra a fantasia do poema de *Dez exercícios numa mesa*, "Alma, corpo, ideias"; ao declarar que não aspirara a nada, explicita entre suas poucas vontades a travessia da rua, o dobrar da esquina, o apalpar "uma felina/ pele, matéria nua/ e alucinada". (Não se trata de confundir análise de texto com psicanálise.)

A afirmação acima seria demasiado arriscada não fossem "Metassombro", "Gênero vitríolo" e "O corpo no ar" da mesma *Antilogia*. Nenhum dos três poemas trata explicitamente de vampiros. Mas "O corpo no ar" não é paralelo ao final do "Drácula"? Neste, o gracejo termina com a fuga do temeroso violentador. Em "O corpo no ar", o entrelugar entre a vida e a morte manifesta-se de modo oposto à conduta do Drácula. Se este escapa do "flagrante", em "O corpo no ar" há a suposição de que o agente da ação prefere excluir a aventura: ao soltar-se no ar, elimina o adiamento da morte. A ideia não é que uma versão contradiga a outra; contraditórias são as figurações imaginadas:

> enquanto se pensa
> a respiração suspensa
> é preciso decidir
> aquele momento em que
> solta
> as mãos
>   salto
>   para o

Pela maneira evasiva como a personalização se expõe, "Metassombro" é da mesma linhagem:

> eu não sou eu
> nem o meu reflexo
> especulo-me na meia-sombra
> que é meta de claridade
> distorço-me de intermédio
> estou fora de foco
> atrás de minha voz
> perdi todo o discurso
> minha língua é ofídica
> minha figura é a elipse

Por superficial que seja a leitura, o texto impede de ser confundido com o confessionalismo. Todos os modos de expressar-se são evasivos – a especulação se dá "na meia-sombra", distorce-se pela metade, diz-se "fora de foco, em suma "minha figura é a elipse". As predicações ora mais, ora menos se aproximam do modo vampiresco – "eu não sou eu/ nem o meu reflexo".

Parece ocioso mostrar que "Gênero vitríolo" se integra à mesma figuração vampiresca, sem para isso recorrer a um tratamento gaiato. Esse tom jocoso esteve sempre a um passo da expressão preferida do poeta. Era a sua maneira de evitar o tom excessivamente sério. Ou melhor, conforme suas palavras, de ser identificado com a família dos sérios, à qual, entretanto, pertencia. Daí, em suma, o "Drácula" converter-se em paradigma. Isso não impede que a necessidade de combinar seriedade com formulações jocosas, além de tender a desaparecer nos livros finais, sempre desse bons resultados. O "Decalque de Stéphane", por exemplo, não faria nenhuma falta.

Por sorte, Sebastião sentiu que era impróprio evitar a seriedade em "A tua fala se turva de vermelho", na alusão à tradução de *Antígona* por Hölderlin:

> foi o que escreveu
> o poeta ins-
> pirado
> até hoje se ouve
> a gargalhada do mestre[2]

3. ISSO NÃO É AQUILO

Publicado em 1982, e contendo poemas escritos entre 1979 e 1982, o livro era menos uma obra nova do que o aprofundamento de veios presentes em *Antilogia*. Isso não impede que a primeira questão seja suscitada por seu próprio título: seria ele uma menção a "Palavra: isso é aquilo" de *Lição de coisas* (1965), de Carlos Drummond, ou à passagem de *Los hijos del limo* (1974), de Octavio Paz? Ambas as hipóteses são possíveis, embora as intenções sejam bastante diversas.

Transcrevo de Drummond a primeira das dez estrofes, cada uma contendo dez versos, aos quais se acrescenta "F", que remete a "Forma", como uma segunda parte revestida de dupla carga, isto é, com vinte versos:

> O fácil o fóssil
> o míssil o físsil
> a arte o infarte

---

2 A passagem da tradução de Sófocles se encontra em Hölderlin (1969, p.738) – "Was ists, du scheinst ein rotes Wort zu färben?" [Que sucede? Pareces tingir de vermelho a palavra?]. A alusão de Sebastião se baseia na anedota transcrita por Haroldo de Campos: jantando com Goethe e Schiller, o tradutor para o alemão da *Ilíada* e da *Odisseia* lera a passagem da tradução de Hölderlin, provocando o riso sacástico de Schiller (Campos, H. de, 1969, p.93).

o ocre o canopo
a urna o farniente
a foice o fascículo
a lex o judex
o maiô o avô
o só o sambaqui
(Drummond de Andrade, 1967, p.357)

Parecerá ingênuo perguntar que relação existe entre os componentes de cada verso? Tanto se poderia pensar numa associação pelo final rimado ou por absoluta discordância – "o ocre o canopo". A explicação corriqueira consistiria em dizer que, por si, em sua concretude vocal, as palavras admitem as mais arbitrárias combinações. Duda Machado, de sua parte, concentra-se em passagem de *Los hijos del limo*. Nele, o poeta e ensaísta mexicano escreve: "A analogia é a ciência das correspondências. Só que é uma ciência que só vive graças às diferenças: precisamente porque isso *não é* aquilo, é possível estender uma ponte entre isso e aquilo. A ponte é a palavra *como* ou a palavra *é*: isso é *como* aquilo, isso *é* aquilo" (Paz, 1994, p.396).

Ora, sabedor que Sebastião Uchoa não só traduzira *Signos en rotación* (1964), como, no posfácio, "Octavio Paz: o mundo como texto", manifestava sua discordância com sua concepção do poético, por vinculá-la ao romantismo (cf. Leite, S. U.: 1972, 291), Duda Machado se vê no direito de acrescentar: "[...] O título *Isso não é aquilo* reiterado em *disjecta membra* pelo livro não se limita a contrariar a fórmula elaborada por Octavio Paz, mas toda uma vertente de concepção de poesia como domínio privilegiado da analogia e da metáfora (Machado, 2012, p.4).

Antecipando a análise que aqui desenvolvemos, Duda Machado já observara a recusa do uso habitual do metafórico por Sebastião: "Depois da irrisão da metáfora em 'Encore', o anúncio de liquidação da metáfora irrompe em 'A morte dos símbolos: vamos destruir a máquina das metáforas'" (ibid., p.3).

Pelo que o poeta e ensaísta citado observa, pela concordância com o que aqui já foi dito e ainda será acrescentado, não há dúvida de que Sebastião considerava a analogia, especialmente a formulada pela metáfora, como sinônimo de concepção romântica, se não como uma praga. Se dela não conseguimos nos libertar, como sabiamente percebia Kafka, tanto mais forte se tornava, para Sebastião, a necessidade da agressividade da antilira.

Parece, portanto, que a exclusão de pensar-se em "Palavra", de Drummond, se dava não só por polidez, mas porque são claras as provas de que a Sebastião ocorria contestar o poeta mexicano. Mas a questão aí não se encerra. Nem Sebastião, nem seu intérprete notam que, pouco antes da passagem que citam, Paz escrevera: "No centro da analogia há um vazio (*un hueco*) [...]. Por ele, precipitam-se e desaparecem, simultaneamente, a realidade do mundo e o sentido da linguagem" (Paz, 1994, p.395-6). Faltaria dizer que sobre tal vazio se efetua o transporte da metáfora? Tal mediação efetuada pelo vazio será fundamental para a própria revisão do conceito de metáfora. Embora este não seja o local adequado para nos estendermos a respeito, enunciemos o básico: desde a filosofia clássica grega, estabeleceu-se uma hierarquia das formulações cabíveis na linguagem. Ainda que Aristóteles declarasse na *Poética* que a mais importante das formas de expressão "é saber fazer as metáforas" (*Poética*, cap.7), desconhece-se que a utilizasse nos livros de sua obra mais ambiciosa, a *Metafísica*. Não há aí nenhum paradoxo: a ciência dos primeiros princípios não poderia se bastar com designações transpostas, as metáforas, pois lhe é imprescindível manter-se ao menos próximo do conceito.

Com o advento do cristianismo, a excelência concedida ao conceito transferiu-se para a teologia, e quando os poetas renascentistas tentaram considerar Dante autor de uma poesia teológica, foram rapidamente calados. Ser a ciência do divino tratada com metáforas parecia mais do que desrespeito. Posteriormente, com a descrença estimulada pela razão iluminista e a substituição da teologia pela ciência, não só o conceito manteve sua prioridade como, a partir de princípios do século XX, o rápido desenvolvimento da tecnologia, aliado à absoluta supremacia do valor monetário, criou o mal-estar da atividade poética, porque, fundada no uso metafórico, tem mínima utilidade. Ora, recentemente, a obra do filósofo Hans Blumenberg começa a sistematizar o questionamento dessa hierarquização. Seu primeiro livro publicado depois de sua morte, *Theorie der Unbegrifflichkeit* [Teoria da não conceitualidade] (2007), é incisivo em mostrar que o conceito não é inevitável *desideratum* da razão, mas que muitos dos fenômenos do mundo não cabem na área da conceituação e, para que sejam compreendidos, exigem uma reconsideração da metáfora.

Conquanto lamente, só é possível introduzir essa rápida notícia. Será a reconsideração da metáfora um dos elementos pelos quais podemos esperar que estejamos não numa *baixa modernidade*, como ironicamente se ouve, mas no limiar de uma nova era? Não cabe mais do que formular a pergunta. É possível apenas acrescentar que o vazio constitutivo da analogia é exatamente o lugar a ser focalizado pelo que Blumenberg chamava de "metáfora absoluta".[3]

Tendo morrido antes da publicação das notas reunidas na obra póstuma do filósofo, essa informação não podia haver chegado a Sebastião. A breve notícia acima tem apenas a função de alertar que a antilira com que o nosso poeta procurava evitar a metáfora muitas vezes frouxa de Octavio Paz já não há de ser tomada como a meta indispensável de uma poesia antitradicional. Não iremos sequer sublinhar o risco de que assim pensar seja emprestar uma concepção teleológica à poesia contemporânea. Importa-nos, na verdade, considerar que a prática da antilira por Sebastião Uchoa não o impedia de manter uma certa reserva à sua adesão indiscriminada. Mas ainda não é o momento de destacá-lo.

Terminado o parênteses sobre a mudança pela qual passa a teoria da metáfora, voltemos ao passo que temos seguido, pelo exame das peças mais salientes de *Isso é aquilo*. A primeira, em sua própria abertura, chama-se "O verme invisível".

---

3 Posteriormente à primeira versão deste texto, fizemos uma primeira concentração sobre a metaforologia de Blumenberg em *Os eixos da linguagem: Blumenberg e a questão da metáfora* (Costa Lima, 2015).

> ler no microscópio
> micróbios semióticos
> o código sem mensagens
> a mensagem sem receptores
> multiplicada pelos códigos
> a escrita dos idiotas
> contra a linguagem

É tamanha a contundência da antilira que seu ataque se torna difuso e genérico. Isso equivale a afirmar: o rancor contra o estabelecido converte o poema em uma blasfêmia que envenena. Que seriam os micróbios semióticos senão aqueles que tornariam ineficazes os códigos, agora incapazes de transmitir mensagens aos receptores? Os micróbios semióticos funcionariam como os *hackers* temidos pelos computadores. Não seria possível pensar que tais micróbios participem de uma geração tão mais avançada dos hackers já reconhecidos que sua ação se confundiria com a escrita dos idiotas?

A indagação pode ser formulada de outra maneira. A questão consiste em que tempo se localiza a "escrita dos idiotas", aquela que se escreve "contra a linguagem"? O poema dá por indiscutível que os "micróbios semióticos" atacam os códigos, os tornam sem mensagens, "a mensagem sem receptores" se multiplica pelos códigos. É indiscutível que se trata de uma catástrofe. Mas em que tempo isso se dá? Se ele for, por suposto, o de agora, tais micróbios prescindem de *hackers* mais sofisticados. O código destituído de mensagens contra a linguagem é aquele com que convivemos diariamente.

Sem que seja preciso saltar de faixa de tempo, é possível também pensar que tais micróbios, que já contaminaram os códigos, criam "a escrita dos idiotas", que adquire uma acepção específica: ela se afirma contra a linguagem aceita pela sociedade. Nesse caso, a escrita contaminada, que contém uma "mensagem sem receptores", é a dos poetas. São eles os idiotas.

Sem mudança da faixa temporal, duas interpretações antagônicas se superpõem. Mas são efetivamente antagônicas? Não, não o são. A "escrita dos idiotas" está sempre no presente. Sua identificação apenas se pode dar de dois modos, estes sim, antagônicos. Ser a sociedade considerada idiota é coerente com toda a agressividade que temos visto expressa desde o livro anterior. Ser, ao contrário, a poesia exercício de idiotas, de pulhas, ou seja, de calhordas, ou de praticantes de metatísicas, também já o fora afirmado. Na segunda direção, o título poderia tornar mais visível "o verme invisível"; bastaria ao primeiro termo ser lido com menos pressa: "o ver-me invisível".

Não creio que entre as duas leituras uma se imponha sobre a outra: o texto contém as duas, não havendo sequer o risco de a sociedade considerar-se ofendida, pois o critério que ela usa para definir o idiota não passa, de imediato, pelo uso da linguagem: idiota é simplesmente o que perde na competição social. Razão a mais para que o poeta proponha a destruição da máquina das metáforas. É evidente que o convite se cumpre a partir de outro ângulo daquele com que havia pouco recordava seu ataque à poética de Paz. No caso do poeta mexicano, era criticado seu uso de um recurso de que, não se reconhecendo oposto ao julgamento da sociedade, contra ela não reagia. No caso do poema "A morte dos símbolos", a destruição proposta convoca todos aqueles que, ao menos na fantasia, apostariam em se opor à permanência da presente face social:

> demônios tigres punhais
> serpentes enforcados corvos
> espelhos labirintos mandalas
> livros caixas relógios mapas
> chaves números mágicos
> duplos metamorfoses monstros
> vamos destruir a máquina das metáforas?

Mas, entre tais imaginários agentes, não é plausível que estejam incorporados os Drácula e os Nosferatu? Admiti-lo, contudo, significa que a família dos vampiros já não tem a função do Drácula da *Antilogia*, muito menos a desempenhada no "Complainte de Nosferatu". Ela agora se combina no poema "Ácidos venenos pontas", em que a agressividade se volta contra si mesmo:

> tome o seu cálcio F
> sua ampola de gosma D-3
> misture algo de ácido cítrico
> decida-se logo
> pela cápsula de cianureto
> ou use alfinetes
> para aguçar ideias
> quando mesmo nas circunstâncias
> de morrer em crises de ânsias

O cuidado seria de não confundir a autoagressão com alguma forma de confessionalismo. Por isso, à alusão à "cápsula de cianureto", que não teria outra destinação senão a do suicídio, logo se acrescenta, ironicamente, a referência à técnica de alfinetes – que se diz praticada por Dostoiévski – "para aguçar ideias".

Não há nada de extraordinário em que a agressividade generalizada esteja próxima da ideia de morte. (Adiante veremos como ela ainda era aqui inocente.) Isso equivale a dizer que era a custo que se processava a personalização da experiência. Pois como fazê-la sem explicitar a presença do eu? "Pequenas ideias fixas", no entanto, bem o mostrava:

> coisas limpas
> de ar-condicionado sem pesadelos
> escritos rasos
> *le' mot juste'*
> objetos diretos colocados
> precisões
> do *ostinato rigore'*
> lancetas bisturis agulhas
> conceitos vermes
> "la conciencia me sirve de gusano"
> grafitti críticos
> "somos o carnaval das multinacionais"
> observações ao acaso
> "um leão
> é feito de carneiros devorados"
> do poeta da ideia fixa
> coisas secas

escritos de gravetos
greves
inscrições de w.c.
"uma coisa é certa
poeta de privada
vive inspirado na merda"

Naturalmente, *le' mot juste*, *ostinato rigore'* são aspectos que o artista exigente faz a si próprio. E o conceito-verme, que tem por paradigma o verso magnífico de Quevedo, em um soneto religioso ("Reconocimiento propio y ruego piadoso antes de comulgar" [Quevedo y Villegas, 1952, p.507]), teve sua acepção original desfeita para aproximar-se dos "grafitti críticos" e das observações ao acaso.

A mistura de coisas tão diversas não só oferece vários ângulos da personificação efetuada, como se acentua pelo andamento do poema. A figuração principia com coisas limpas – a casa asseada, sem sobressaltos, a sintaxe precisa de seu ocupante, com o que, como se passasse para outro cômodo, surge a rápida referência a instrumentos cirúrgicos e/ou pontiagudos. Já a expressão que prepara a entrada do verso de Quevedo serve de fronteira para outra área. O conceito-verme abre para o agente subterrâneo, isto é, aquele que não se mostra no claro. O rigor, o preciso, o claro e limpo, aos poucos, se metamorfoseiam. Com as observações "do poeta da ideia fixa", desce-se ao seco, ao morto dos gravetos, ao arriscado das greves, até se mergulhar nas inscrições próprias às latrinas públicas. Se o título indica as obsessões de alguém, o verso de um poema religioso é transtornado por um caminho que se arrasta até o podre. A personalização não é de alguém, mas de um tempo. Por isso, a frase anônima "somos o carnaval das multinacionais" introduz uma dimensão de repulsa política no que, de início, parecera tratar de coisas limpas. Lido desse modo, o poema equivale a uma autobiografia que, recusando-se a cogitar de uma vida isolada, opta por insinuar a atmosfera de um lugar, visto a partir de uma morada de aparência mediana e rotineira. Voltamos a lidar com uma autobiografia pelo avesso. E a crítica da metáfora, em seu uso convencional, converte-se, sem que o autor pudesse ter tido consciência disso, em uma manifestação da "metáfora absoluta"; no caso, aquela que diz da posição de recusa do modo dominante na sociedade de agora.

A mesma tática de dizer de si sem falar de si próprio se mostra, com maior perfeição, em "Poética dos mosquitos" – o poema que escapou das mãos de João Cabral:

> as moscas pernambucanas
> nem místicas nem metafóricas
> são indiferentes:
> com certo método espicaçam
> a classe média dos aflitos
> os proletários do alto do pascoal
> nem históricas nem marxistas
> na impertinência estilística
> mas ainda mais fino
> ou mais zombeteiro
> é o método das muriçocas
> seja dos mangues ou casa forte:
> zumbem não apocalípticas
> monótonas e metálicas
> com picadas de agulha
> numa espécie de poética átona

A maneira oblíqua de se dizer apropria-se dos mosquitos e das muriçocas que zumbem e picam desde os bairros de eleição dos Aflitos ou de Casa Forte, até o morro dos pobres, o Alto do Pascoal, ou dos miseráveis da região dos manguezais. A agressividade da dicção assume uma nota de humor, tão precisa quanto a picada das muriçocas. A "Poética" é um dos raros instantes em que o poeta oferece ao leitor a ocasião de um sorriso, sobretudo não enredado pela lembrança dos insetos.

A pausa, de algum modo humorística, é logo suspensa por "Os críticos panópticos". Foucault, o filósofo tão lido naquele momento, é aludido de maneira indireta para dirigir-se à intelectualidade, que, à maneira da engenhoca de Bentham, promovia ou era indiferente à vigilância exercida sobre certa população. Mas o poema não tem a contundência dos de linhagem vampiresca ou de mais nítido recorte político. Entre os primeiros, o "Plaisirs d'amour" poderia ser uma variante do "Drácula". Seu verso final, "esvoaço janela afora", é tão do tipo escapista-brincalhão do assédio sexual como "quando o galo canta/ desapareço em chamas". Do mesmo modo, a "Complainte de Nosferatu" completa a identificação simulada do poeta, expondo-se com uma de suas formas oblíquas de personalização. Em troca, no final do *Isso não é aquilo*, são frequentes os poemas de cunho político, aqui e ali entremeados pelo ideal de descompromisso, que fora abundante na primeira fase. Bom exemplo é "Visão do paraíso":

> não ler nenhum jornal
> fumar desbragado
> dormir a plenos pulmões
> ler o que der
> os mistérios de paris
> comer todos os biscoitos
> meter o nariz e o dedo

A blague escancarada, a tentação de *flânerie*, estão próximas do mandar tudo pros infernos e *vivre au hazard*. Dois elementos, no entanto, impedem que o motivo prossiga. Como bem nota Viviana Bosi, não só a cidade contemporânea tem um ritmo acelerado, incompatível com o ócio almejado, como a heterogeneidade do mundo penetra no eu lírico, "ele mesmo fraturado" (Bosi, 2005, p.72). Tal fratura, implicando a convivência de reações afetivas contraditórias, já é demonstrada pela proximidade que trazem os textos: a "Visão do paraíso" aparece quase de imediato ao "God Bless America", em que o hino norte-americano se compõe da alusão de armas de uso individual e, de sua parte, abre uma série de poemas de temática política. Embora dela não se fale diretamente, não há nenhuma dificuldade para que o leitor a identifique. A atmosfera de bangue-bangue associada ao hino americano não precisa de nenhuma palavra explícita para ser entendida. A mesma tática expressiva aparece em poemas de semelhante índole. A antilira se basta com afirmações jornalísticas ou, mais provavelmente, com descrições de filmes de classe B, que exploram a violência. Sua presença, como em "Os assassinos e as vítimas", é tanto mais detalhada porque Sebastião tinha particular estima por esse tipo de cinema. Os filmes de detetive, a variante vampiresca, os *comics*, são componentes da perspectiva política. A mistura de violência e humor, de obras nada sofisticadas a serviço do divertimento e de um propósito acusatório em um país que vivia sob uma ditadura, ademais efetuada em um tipo de obra de poucos leitores, deve ter ajudado a fazer com que a censura não se preocupasse com os livros do poeta. É certo que a violência não explora apenas a cena política. Mas ela não deixa de se apresentar onde menos se espera – "Baudelaire RJ 79":

> para não sentir
> o peso deste tempo
> embriagai-vos sem cessar
> de vodca
> de poesia
> ou de viol-
> ência

Até mesmo a retomada do tom de blague, em "História e consciência de classe", não se desliga da atmosfera de risco em que o país vivia:

> Prazer em conhecê-lo sr leite
> O senhor
> é da classe dominante?
> Não: sou apenas
> Uma barata sem antenas
> Que ignora
> As taxas de risco
> E o índice dow jones
> Enfim
> Um morcego de botequim
> Sem radar
> Que marcou bobeira
> Na maxidesvalorização cambial

Como para evidenciar a configuração em que tais peças deviam ser lidas, seguiam-se três poemas dedicados à caça policial aos inimigos do regime ("Tem cuidado", "Desaparecidos clandestinos", entre um e outro a menção à sinistra Margaret Thatcher). Todos só podem ser compreendidos hoje por referências ao contexto. Tomo como exemplo o "Faits Divers/1980":

> ler o capital
> ficou cada vez mais difícil
> o mundo está girando ao contrário
> o pensamento enlouqueceu
> ou enlouqueceram o jornal
> não se pode mais
> acreditar nos crimes
> nem nos assassinos

Nada do que é afirmado ainda parecerá gratuito se se recordar o estrangulamento da companheira de Louis Althusser, durante um ataque psicótico do enfermo e então famoso filósofo marxista. Já os primeiros versos não significam que o curso dos acontecimentos tornava mais difícil ler a obra de Marx, senão que aludia ao *Lire le capital*, obra publicada em 1968, composta sob a direção de Althusser e a participação suplementar de filósofos então a ele ligados (É. Balibar, R. Establet, P. Macherey, Jacques Rancière). Sucedem-se, de forma sequencial ou alternada, poemas com o mesmo alvo – "Questões de método", "Kafka em ponta-seca", "(Chave)".

Apesar de passados poucos anos, a memória nacional é bastante curta, e não há dúvida de que muitos já não entendam como a diversidade de modulações do "God Bless America" esteja na mesma faixa da referência de *O processo*.

Em suma, ouso dizer que *Isso não é aquilo* contém uma primeira vertente de peso: a luta contra a metáfora banalizada. Radicalizando o que, de maneira minoritária, já apontava em Bandeira, que estivera presente desde o primeiro Drummond, e recebera outro impulso em João Cabral, a hostilidade a essa metáfora (banalizada) favorecia o que hoje é bem conhecido sob a designação de antilira. Ela supõe um corte com a tradição que retomava uma certa direção lírica da Antiguidade e se avolumara a partir do *dolce' stil nuovo*. A antilira nunca supôs que a poesia harmoniosa, em que a sonoridade não só intensifica como amplia o sentido, houvesse se tornado algo desprezível, mas, sim, que foi convertida em uma prática incapaz de decifrar o mundo que reduziu a escala de valores à exclusividade do ganho financeiro. Numa rapidíssima menção a Simmel: ao passo que "todas as outras coisas têm um conteúdo específico do qual deriva o valor que elas têm, o dinheiro, ao contrário, tem seu conteúdo [...] em ser o valor das coisas sem as próprias coisas" (Simmel, 1989, p.124).

A antilira exprime uma certa poética, por certo, mas nem por isso é menos ligada a um patente caráter político. Ao o dizermos, assumimos a obrigação de acrescentar: quem tem alguma experiência de vida deve reconhecer a metamorfose de que especialmente as direções políticas são passíveis de sofrer. Basta o século XX para nos ensinar que os movimentos, quanto mais reacionários são, mais se isentam de mudanças. Uma vez assim nascidos, cada vez mais se consolidam. O contrário do que sucede com os que se pretendem transtornadores do *status quo*. Destes, os que chegam ao poder costumam guinar para a direção oposta. Assim, enquanto o nazifascismo se tornava mais bárbaro, a Revolução de 1917 rapidamente optou pelo despotismo, corajosamente reconhecido por André Gide, mas que tantos de nós relutam em aceitar.

Esse desvio pela política enquanto tal foi necessário para entendermos por que a transtornadora antilira felizmente não se converteu em estreito dogma. Assim não se deu tanto por nunca ter sido um movimento quanto porque a lucidez de Sebastião o fez notar que a orientação por ele estimulada devia se questionar a si mesma. Adiantando argumento a ser desenvolvido, anotemos com Duda Machado, que escrevia a propósito de poema presente em *Cortes/Toques*: "'Mínima crítica' traz um momento excepcional nas investidas demolidoras do poeta, *pois o alvo desta ofensiva satirizante' é a própria orientação antilira*" (Machado, 2012, p.7, grifos meus).

É essa a anotação mais relevante a extrair no fim de *Isso é aquilo*. Para não desprezarmos as demais, compreendê-las-emos como pertencentes a declinações. Como é sabido, nas línguas declináveis, os casos supõem mínimas modificações na terminação dos artigos, dos adjetivos e dos próprios nomes, a exemplo do alemão, que, assim, melhor assinalam as flexões contidas no enunciado. É nessa acepção que aqui falamos em declinações.

Há, dessa forma, a declinação do fracasso. Tomemos como seu "nominativo" o verso "só fiz o que não fiz", de "Pá! Pá! Pá!" – em que a aresta irônica elimina o sempre ameaçador confessionalismo. À mesma declinação pertencem os poemas da família Drácula. Ao integrá-lo, assinale-se que o fracasso tem aqui um matiz especial: a identificação irônica com o vampiro oferece uma abordagem oblíqua da experiência da personalização. Cabe ainda acrescentar: a fuga dos Drácula pode indicar um aspecto pessoal do poeta, de pouco interesse para a análise de seus textos: a dificuldade de decidir sua parceira.

Ainda pertence à mesma declinação o propósito, importante apenas em sua primeira fase, de entregar-se ao acaso, de não se preocupar em demasia com o que fazer da vida, aceitando a prosa se o verso pretendido lhe escapava.

A segunda declinação, muito mais rica, de ramificações rizomáticas, seria a da agressividade. Diversas vezes, chamamos a atenção para o fato de que a antilira era o efeito consequente de responder com hostilidade ao que lhe importunava na sociedade. Dito de maneira mais concreta: de se contrapor às estruturas sociopolíticas em que lhe foi dado viver. Porém, a manifestação antilírica é tão extensa que preferimos destacar, na segunda declinação, precisamente essa agressividade política. Ela se manifesta, em "Tem cuidado", pela desgraçada combinação do destino da cantora chilena Violeta Parra com o de Guevara, tornando equivalente os que mataram a ambos:

> corre que te agarra
> a mão branca
> a operação cristal

> que vem a solução final o rei peste
> cuidado com a cauda do tigre
> os digitígrados os chacais
> não te vás para a bolívia
> violeta parra
> corre que te agarra a bocarra

Ou, de modo mais geral, pela preferência pelo cinema de crimes e detetives.

É provável que outras declinações fossem desencavadas. Mas as assinaladas bastam para enfatizar que a poesia não era para Sebastião Uchoa um meio ou de atender à demanda mediana do leitor urbano, ou de evadir-se do turvo terror que cruza nossas vidas ou nossos dias.

Por sua intransigência no louvável, Sebastião permanece reduzido a pequenos círculos de leitores.

4. CORTES/ TOQUES

Compreendendo poemas escritos entre 1983 e 1988, o último livro que *Obras em dobras* continha apareceu em 1988. Comecemos a examiná-lo pela continuação de passagem cujo começo já transcrevemos. Um problema extra precisa ser contornado antes: o comentário concerne a um longo poema, "Mínima crítica", de que só transcreveremos as estrofes indispensáveis para o acompanhamento do recorte que escolhemos do exame de Duda Machado: as quatro primeiras de um total de dez:

> 1. O infra-herói
> com sofrimentos
> hiper-hepáticos
> procura
> um fluido supercrítico
> que lave tudo
> até o vago simpático.

2. Ele tem
vários contrapoderes:
tosses elípticas
e ideias anticríticas.
E anda em busca
do pensamento perdido
do planeta Krypticon.

3. Está infectado
com o vírus
da antipercepção.
Com ele a physis
nunca enlouqueceu
pois jamais diz
ser todo corazón.

4. Na verdade ele
é todo coação:
é como um acuado joão cabral
ou um valéry risível.
Isto é: um joão cabral insólito
que digerisse um pastel.

5. O não herói busca
o seu negativo:
o seu dentro jack-the-ripper
que não quisesse
apenas matar
Mas muito mais
Ver de fora as tripas.

Concentro-me nas formulações decisivas de Duda Machado:

> Trata-se antes de estabelecer os limites de uma poética eminentemente crítica. A agressividade caricatural do ataque [...] perfaz uma série de liquidações. O eu lírico e o eu empírico – objetivado na terceira pessoa – são atingidos desde o início, já que a condição hiper-hepática do poeta é vista como o motivo de suas indagações desmitificadoras. [...] Este rebaixamento inicial vale-se da ambiguidade do sintagma "vago simpático" e é seguido pela exposição sarcástica de uma divisão interna do eu, expressa pela tentação de

"ideias anticríticas", em meio à perseguição do "fluido supercrítico" [...]. Perseguição que termina em desastre completo: "está infectado/ com o vírus da antipercepção. Diante dessa perda, o escárnio antissentimental fica até mesmo diminuído"; "Com ele a physis/ nunca enlouqueceu/ pois jamais diz/ ser todo corazón". O rebaixamento do poeta e de sua poética crítica se consuma nos versos: "Na verdade ele/ é todo coação:/ é como um acuado joão cabral ou um valéry risível./ Isto é: um joão cabral insólito/que digerisse um pastel". [...] E é precisamente o emprego de recursos da enunciação antilírica que permite estabelecer essa versão satírica de uma poética crítica levada a seu último limite, a um excesso autodestrutivo. (Machado, 2012, p.7)

Pouco resta a dizer: o questionamento satírico da poesia crítica não supõe algum recuo lírico, mas a suspeita de ser apenas destrutivo o caminho trilhado. (Negar a hipótese implicaria que o poeta e/ou seu intérprete cresse que a antilira fosse por si capaz de corrigir o destempero da própria época.) Insinua-se um impasse? Como ou por que a antilira não terminaria idêntica a uma prosa apenas anarquista, senão pela manutenção arbitrária do corte das linhas?

Não cogito de aprofundar a questão reconhecidamente espinhosa. Limito-me a dizer que a solução antilírica opõe-se a uma prática frequente na poesia contemporânea: o recurso à obscuridade. Por si, o *trobar clus* pode ser compensado por recursos como aliterações e assonâncias, ou por uma estratégia condutora do argumento do poema. O exemplo máximo que me ocorre é o do "Ses pures ongles très haut dédiant leur onyx", de Mallarmé, cuja inegável obscuridade se dobra à extraordinária análise de Octavio Paz (cf. Paz, [s.d.], p.34-51). Mas, se o poema adota uma atitude satírica, a obscuridade é indiscutível, pois sem ela a própria eficácia da sátira não se cumpriria. Como então não confundir a postura de Sebastião como apenas autodestrutiva? Sem que proponha a pergunta, Duda Machado oferece uma pista válida. Refiro-me à sua análise das três "Noten zur Dichtung", em que vê "uma poética ludicamente arquitetada" (Machado, 2012, p.5). Sem que possa me estender, apenas acrescento que, nesse ludismo em que é manifesta a incorporação da prática concreta, não existe pretensão de consolo para o extravio em que se pôs o Ocidente. O questionamento da poesia crítica (ou antilira) visa evitar seu enrijecimento. Ou seja, que ela é uma entre outras possíveis soluções; todas elas teriam em comum serem respostas à *agoridade* (*Jetztzeit*), pois "o presente não conhece senão sínteses provisórias", como formulava o maior poeta-ensaísta que já tivemos (cf. Campos, 1997, p.269).

Ainda que houvesse muitas anotações a explorar sobre *Cortes/Toques*, creio que elas possam ser poupadas, pois o que já notou servirá de guia para o leitor interessado.

Passando para os últimos livros de Sebastião Uchoa Leite, depararemos com a escalada de sua antilira. (Por certo, também os quatro últimos livros mereceriam uma atenção, que aqui antes dará lugar a uma espécie de telegrafia.)

5. OS ÚLTIMOS LIVROS

Eles se sucedem em lapsos de tempo quase sempre bastante curtos: *A uma incógnita* (1991), *A ficção vida* (1993), *A espreita* (2000), *A regra secreta* (2002).

Havendo ele falecido em novembro de 2003, as datas revelam que a possibilidade de viver no ócio, exposta em sua fase inicial, se não se definia como sua primeira manifestação de zombaria, se cumpriu cada vez menos.

Ao reunirmos os últimos livros em um só item, não estamos insinuando que eles tenham menor qualidade. Há apenas uma mudança de estratégia. Os itens anteriores foram dirigidos pela preocupação de demonstrar a mudança operada a partir da *Antilogia*, de levantar a constelação temática então ativada, seu desdobramento e a progressiva tomada de consciência das implicações da antilira pela qual optara. Não é ocasional que essa forma de expressão tenha sido a preferida de uns poucos poetas, a exemplo de Christian Morgenstern (1871-1914), de que Sebastião, junto com o pintor Montez Magno, foi responsável pela forma de tradução dada a uma seleção de poemas (*Canções da forca* [1983]); o catalão Joan Brossa (1919-1998), particularmente admirado por João Cabral; e o chileno Nicanor Parra (1914-2018). Sem que a lista seja exaustiva, em escala mundial, seus componentes são quantitativamente irrelevantes. Na verdade, a discussão que dela aqui fizemos serve apenas de orientação para um exame que seria muito mais complicado. Basta-nos reiterar que é uma modalidade poética contrária ao tempo em que a dominância do discurso pragmático-tecnológico se torna flagrante.

Em lugar da exposição analítica precedente, é adotada agora uma via sintética. Ajuda-nos a não ser arbitrários que a poética de Sebastião, em vez de explorar alguns filões que, com efeito, sempre foram restritos, se concentre então em torno de um só tema. À medida que os médicos o alertam sobre a gravidade de sua doença, mudará seu processo compositivo. Mas a certeza da proximidade da morte não modificará seus procedimentos básicos: não transigirá com o confessionalismo, o cunho oblíquo da personalização assumirá um direcionamento inesperado, a ironia permanecerá e o antilírico abrigará as mudanças.

A primeira alusão direta à morte vem acompanhada da ironia costumeira no "Rilke dixit" de *A uma incógnita*:

> Médicos
> Não veem mais do que nós
> Porque dentro
> É que sentimos o mal
> Mas que importam
> Teorias do centro?
> Queremos os braços
> Em ângulo total
> Discêntricos
> Sem dentros

Por que o poema simula um dizer do poeta austríaco pelo realce do que dele viria, a exaltação da interioridade – "[...] Dentro/ é que sentimos o mal"? As palavras ficticiamente tomadas de empréstimo do poeta lírico por excelência dá lugar à contestação que já seria do próprio Sebastião: "[...] que importam/ Teorias do centro?" etc. Se não me engano, os dois últimos versos antecipam uma problemática de que o próprio poeta ainda desconhecia o quanto dele viria a se apossar. No entanto, o intervalo entre o prenúncio e o início da exploração da inédita temática já se mostra nítido pouco depois – em "Insônia respiratória", dois poemas depois do anterior, e datado do mesmo ano, 1989:

> Antes nunca
> Ouvira o invisível poema
> Do respirar: não
> Ouvia nada
> Só o silêncio dos órgãos
> Mas o segredo da vida
> Era isso
> Quando ninguém
> Se lembra do corpo
> Que de fato
> É feito da mesma matéria
> Do sono

Sem blague, sem ironia, sem tampouco recorrer ao confessionalismo, o poema contém aquilo de que nunca cogitara. Como já deve ter sido dito várias vezes, só nos preocupamos com o nosso corpo quando algo vai mal. O que então fora "o silêncio dos órgãos", a falta de atenção para o que eles não diziam, havia sido, até agora, substituído pela preocupação com os recursos oferecidos pela mente – a agressividade, a ironia, o disfarce, a mofa, o *nonsense* –, e com eles o poeta compusera sua obra. Toda essa parafernália é subvertida. Se o corpo doente agora mostra que existe, fala e grita pelo mal-estar e pela dor, *falar de si já não é problema pois o eu de que se fala refere-se ao que está além de si mesmo*. Daí ser do mesmo ano de 1989 o "Enigmoides":

> Espelho ao avesso
> Sobre o abismo
> Já sou mais isso
> Do que eu mesmo

> Reflexo antevisto
> Do caos amórfico
> Informe e vasto
> Sonho maléfico

Antes, como Flora Süssekind dirá a propósito de *A ficção vida*, os "'quadros citadinos' do poeta eram marcados por uma violência surda [...], oblíqua" (Süssekind, 2004, p.20). Por certo, a violência mantém esses qualificativos, mas já não precisa recorrer aos que estão lá fora, ainda recorda Süssekind, "espécimes de uma 'humanidade de cócoras'".

A interioridade ética o fazia distinguir entre agressores e agredidos – como não lembrar a reflexão de Fernando Pessoa: "Uns governam o mundo, outros são o mundo" (Pessoa, 1999, p.61)? Sem que a doença o tivesse feito amenizar seu juízo, à semelhança do pecador que, nas vascas da agonia, acatasse um confessor, Sebastião percebe que a governantes e governados, agressores e agredidos, pertence um idêntico *estar*, mescla do inferno com que o atemorizavam na infância com o silvo das víboras que, como diz em "Ssss", aprendeu andarem soltas pelo mundo.

> Pensar um silvo
> Ouvir e ver
> A caldeira ferver no caos
> Ou abrir a tampa
> Sobre um nó de víboras

A mudança de angulação, mais justo será dizer o agravamento da perspectiva do que supõe a vida humana, afeta o desenrolar do poema, que começa sem começo e finda sem fim, como se o *mezzo del camin* se confundisse com a inteireza do caminho:

> Figuras que espiam
> Recuam em janelas
> Atrás dos vidros
> Olhos divagam em mesas
> Fixam-se deslizam
> Um paralítico atravessa o tempo

> Beckett inclina a cabeça
> Alguém para pensa
> Numa escada e se vira
> Entre olhares
> ("Olhar/olhares")

O *nonsense* não é alguma transigência com o irracional, mas uma aproximação do que a razão é incapaz de esgotar. O melhor exemplo dessa intuição tão raras vezes alcançada se mostra em *A espreita*. No poema "Spiritus ubi vult spirat", a ironia será inequívoca se destacarmos a mudança de sentido que recebe a expressão "O espírito sopra onde quer". A passagem, devida ao apóstolo João, perde por completo sua conotação religiosa, que se baseia na oposição diametral entre nascer do espírito e nascer da carne (cf. João, 3, 8). Mas, no poema, a inversão é tamanha que a ironia se torna insignificante. Concentrar-se nela equivaleria a contrapor o diálogo religioso a um acidente anedótico:

> Atravessando em câmara rápida
> A Presidente Vargas
> Deparei-me sus
> Com uma sobrevivente
> Da magrém ad hoc
> Dos orbes concentracionários
> Erguia a saia
> Mostrando a câmera escura
> Entre os bólidos
> Batia uma foto
> O espírito sopra onde quer
> Iam todos radiosos
> Indiferentes
> Para as manjedouras
> Depois a moral: Primum vivere
> Deinde philosophari

A "sobrevivente" tanto poderia ser uma favelada miserável quanto uma fotógrafa tão esquálida que lembraria os campos de concentração. Em qualquer dos casos, postas entre transeuntes que, indiferentes, corriam para os restaurantes.

6. O CRÍTICO

Além de poeta, nosso autor foi tradutor e crítico literário. Não trataremos de sua condição de tradutor porque isso exigiria uma análise comparativa minuciosa de *François Villon* (1987, reedição, 2000), das *Chroniques italiennes* (1855) de Stendhal, da *Alice's Adventures in Wonderland* (1865) de Lewis Carroll, de poemas incluídos no *Alle Galgenlieder* de Christian Morgenstern (1871-1914), cuja recriação poemática foi realizada a partir das traduções literais de Leonardo Duch e Rachel Valença.

O início de Sebastião como crítico se deu com *Participação da palavra poética: Do modernismo à poesia contemporânea* (1966), seguido por *Crítica clandestina* (1986), *Jogos e enganos* (1995) e *Crítica de ouvido* (2003), editado postumamente. Embora fossem vários os ensaios de enorme proveito, inclusive para a penetração em sua própria poesia, a exemplo dos dedicados a Lewis Carroll em *Crítica clandestina* e *Crítica de ouvido*, a Carpeaux, a Marianne Moore e a Octavio Paz em *Crítica clandestina*, a "As relações duvidosas: Notas sobre cinema e literatura" e a Leopardi em *Crítica de ouvido*, preferimos remeter o interessado à leitura direta dos textos, restringindo nosso breve comentário a seu livro de estreia e "A mentira e o engano: Notas sobre um personagem de Canetti", de *Jogos e enganos*. É simples a razão de assim fazê-lo: o estudo que nos impusemos destaca sua obra poemática, e estendê-lo ao campo da crítica exigiria um espaço bastante maior. Dentro desses limites, optamos pela obra de estreia por efeito da aproximação que apresenta com o fenômeno poético que acabamos de analisar. A razão da preferência pelo capítulo de *Jogos e enganos* é de maior relevância: ali se mostra a presença de um crítico cuja competência não era restrita às obras que abordava, sendo ele capaz de enfrentar questões teóricas com uma acuidade pouco frequente entre poetas.

A memória curta que costumamos mostrar talvez não nos permita ver a ousadia que significava, em 1966, oferecer um ensaio com aquele título. É verdade que, como já foi bem observado, em seus primeiros anos, o golpe militar de 1964 concentrava sua repressão nas lideranças políticas e sindicais, ao passo que a insubmissão intelectual, por sua pouca repercussão, era tolerada. O simples termo "participação", mesmo que se tratasse "da palavra poética", levantava a suspeita de remeter a um subversivo potencial. Para quem conhecesse seu livro de estreia – os dois seguintes, ainda pertencentes à sua primeira fase, permaneciam inéditos –, a suposição pareceria estranha porque sua atração pelo que chamamos de experiência mítica do tempo não daria lugar às questões localizadas da política nacional. Mas o raciocínio é duplamente falso. Em primeiro lugar, porque havendo sido uma edição de apenas 250 exemplares, era pouco provável que os empenhados na arena política tivessem tomado conhecimento dela. Por outro lado, pesavam as amizades do poeta e o fato de ter ele saído do Recife pouco depois de o golpe haver dispersado seus amigos. A verdade é que tanto a palavra "participação" quanto seu conteúdo terão impressionado negativamente apenas alguns resenhadores, os quais, apesar da moderação de palavras do autor, não deixavam de observar suas escolhas. Tais escolhas se revelavam sintomáticas pelo peso específico de um só termo: "atuações críticas". Para entendermos como os nervos estavam expostos, veja o leitor se encontra razão em sensibilidades serem então feridas. Na "Nota explicativa", escrevia Uchoa Leite: (A)

> "vontade de participação" não se resolve para o autor só numa atuação política do poeta, ou na intenção de atuar politicamente com a finalidade da modificação de um status. Se assim fosse, não haveria razão para a inclusão de muitos nomes. [...] A intenção do autor deste ensaio foi a de traçar de cada poeta ou grupo de poetas um retrato de suas respectivas atuações críticas. (Leite, 1966, p.8)

É provável que o crítico estivesse consciente da tonalidade especial que naqueles anos a expressão continha. Ela, por um lado, não podia servir de base para alguma acusação contra a circulação do livro; por outro, era bastante para excluir leitores que não apreciavam estar incluídos na designação. A suspeita não deixava, contudo, de se concretizar, sobretudo no concernente às direções poéticas contemporâneas. Muito embora, concretizando a afirmação de que "a *poesia pós-45* apresenta um panorama dos mais confusos na literatura brasileira" (ibid., p.83), diferencie os diversos grupos, não esquecendo sequer "os poetas que integram movimentos de educação e cultura popular e exercem uma poesia de ação política direta", só não declinando seu nome, *Violão de rua*, mas deixando claros os exemplos dos poetas preferidos. Vejamos, por exemplo, o que diz de Augusto de Campos. Seus recentes poemas em *Invenção* nº 3 voltam-se também para o conceitual numa atitude menos elíptica do que a de seu irmão, Haroldo. Em "Plusvalia", o desnivelamento do verso já é em si mesmo um fator especial simbólico de um correspondente desnivelamento socioeconômico:

> Monopólio do minús
> PLUS
> culo sobre a maioria
> VALIA
> (ibid., p.94)

(O exemplo já parecia demasiado evidente para que Uchoa Leite ainda acentuasse a acepção visceral de *culo*, oriundo de sua separação das duas primeiras sílabas.)

Os mínimos exemplos não só revelam a repressão em seu momento inicial, como a posição antirreacionária de um poeta ainda quase nada conhecido, que, jamais dado a declarações retumbantes, mostrava onde e como se situava.

Vindo então agora ao único capítulo que selecionamos de *Jogos e enganos*, teremos ocasião de comprovar que Sebastião Uchoa Leite se integra ao pequeno grupo entre nós formado por Machado de Assis, Mário Faustino, João Cabral de Melo Neto, Haroldo de Campos; ou seja, de escritores cuja contribuição ensaística, ainda quando mínima (como Machado e João Cabral), mostram que dispunham de um invejável talento teorizante. Para estarmos certos de que não escapa o que queremos acentuar, reiteramos: em todos os tempos, e não só entre nós, o exercício crítico tanto pode se restringir ao âmbito da análise concreta de peças separadas quanto se ampliar até seu âmbito teórico. (Já o que dissemos a propósito da questão da metáfora, na modernidade, demonstra a rarefação dos que aí se destacam). Sebastião pertence a este segundo pequeno grupo. Concentrar-nos-emos, pois, no que desenvolve no capítulo 2 de *Jogos e enganos*, "A mentira como linguagem", tendo por objeto tão só um personagem do *Auto de fé* (*Die Blendung*, 1935), de Elias Canetti, e ainda recorrendo a ensaios seus e suas memórias.

Para Uchoa Leite, Elias Canetti fora obsedado pelo temor da força do poder; do poder e das armas contra ele, daí as medidas tomadas para escapar de sua sanha. Um e outro se interligam à busca, mesmo que delirante, da unicidade. Interessa-nos menos a afirmação geral do que a particularizada, a esperteza, que, em *Massa e poder*, Canetti reconhecia na conduta do general judeu Flávio Josefo, ante os romanos que tinham acabado de derrotá-lo:

> O esperto se julga o único a ter o direito de almejar algo que não é dele. No caso da apropriação não legitimada pela norma social só há duas formas de se conseguir um objeto cobiçado: a força (ou o poder) em si e esta outra espécie de força que é a astúcia. No último caso, o ambicioso se determina uma teatralização do roubo, isto é, um jogo. O rompedor da norma, nesse caso, se identifica em algo com o artista. (Leite, 1995, p.53)

Para o que temos em mente, importam dois dados: a insistência na unicidade e a aproximação do astuto, encarnado no *Auto de fé*, pelo anão Fischerle, com o que cumpre a "teatralização do roubo", o artista. (À questão mesma do jogo só viremos, e mesmo assim de passagem, no fim do item.) Mas, para que os destaques se mostrem funcionais, precisamos introduzir outras variáveis. Elas concernem à diferença, como Canetti as formula, entre metamorfose, imitação e simulacro. Metamorfose e imitação se contrapõem polarmente – aquela opera de dentro para fora, esta de fora para dentro (cf. ibid., p.57). Para a compreensão da conduta do anão Fischerle, a polaridade importa à medida que permite visualizar a figura intermédia da simulação. Ao passo que metamorfose e imitação afetam o plano da realidade, a simulação, enquanto modalidade do fingimento, afeta o plano da aparência.

Embora válida e fecunda, a distinção traz o deslize de dar a entender que delimitam áreas rigorosamente demarcadas. Que áreas? A da realidade e da aparência. Na condição de comentador e admirador de Canetti, Uchoa Leite observava: "[...] Canetti parece convidar o leitor a encarar o plano da 'realidade objetiva' como algo suscetível de interpretação" (ibid., p.59). Contra a suspeita de que lançamos dúvidas sobre o incontestável – no caso, que a realidade é suscetível de interpretação –, notemos o cuidado de Sebastião com as palavras que usa: as distinções davam a entender que a simulação apenas age sobre o que tão só parece ser, isto é, sobre a não realidade. Contra a rigidez daí decorrente, o curto comentário transcrito acrescentava que a interpretação – e não se poderia negar que a simulação é uma modalidade de interpretação – *parece* capaz de afetar a realidade. O verbo "parecer", com seu manifesto caráter dubitativo, é fundamental para a construção do argumento. Ao escolhê-lo, Sebastião evita uma absolutização bastante em voga – a de que não há fatos, pois tudo seria interpretação. Semelhante absolutização seria, no caso particular que analisamos, totalmente arbitrária, pois, no *Auto de fé*, o desejo de metamorfose de Fischerle não se cumpre. "A realidade bruta", diz Uchoa Leite, "vem esmagar [...] o que é mera ficção" (ibid., p.61). Que função, portanto, tivera a possibilidade de a realidade ser modificada pelo fingimento? Por acaso, o fracasso de Fischerle significa que o plano da realidade objetiva é impermeável ao fingimento? Dizê-lo seria absurdo. A resposta é dada por formulação ligeiramente anterior: "Fischerle [...] é basicamente um fingidor, mas não um poeta e sim um vigarista, um artista da falsidade" (ibid., p.60).

A correção empreendida por Uchoa Leite mostra que as distinções estabelecidas por Canetti ainda não eram suficientes: a categoria "fingidor", a que a simulação se integra, não é una, senão que abrange o artista e o falsário. Abrange-os sem os confundir, porquanto o vigarista é "um artista da falsidade".

Na consideração, portanto, de "A mentira como linguagem", há um duplo e simultâneo movimento: com base em Canetti, Uchoa Leite diferencia as espécies de movimento. Já com base em si mesmo, e como fascinado pelo *nonsense* (o que o leva a traduzir a *Alice* de Lewis Carroll), Sebastião vê no procedimento distintivo, básico em Canetti, o risco da rigidez. Considere-se que a admissão de tal risco não tinha por fundamento a tentativa de "salvar" a ficção e/ou a arte, distinguindo-as dos praticantes da falsidade. Isso posto, podemos entender melhor por que a crítica à rigidez das distinções de Canetti não impede que o próprio Sebastião simpatize com o vilão Fischerle, da mesma maneira que suspeita de o anão contar com a simpatia de Canetti. Como desconfiar da simpatia de Sebastião pelo anão quando o encontramos a escrever: "Há nele um pouco do artista que inventa seu próprio jogo, com as suas próprias regras, podendo quebrá-las a qualquer hora" (ibid., p.61)?

Dentro desse quadro, simpatizar pelo asqueroso vilão tem um significado especial: dentro do respeito pela lógica das coisas, introduz-se uma margem de flexibilidade que impede que os seres sejam definidos apenas por sua lógica interna. Acrescenta-se um arco de afetividade que aproxima a atividade crítica, entendida como uma prática racional, da atividade poética, que, pelo uso da elipse e das chamadas figuras da linguagem, joga com a própria lógica. Noutras palavras, a desconfiança com as distinções tem a função não só de corrigir a insuficiência em que elas se encerraram, como de melhor ajustar a desconfiança às duas práticas que estavam postas em questão: a prática da crítica e a poética. Por isso, havendo distinguido as duas modalidades de fingimento, agora acrescenta: "Na ficção, tudo tende a se confundir, de modo que o que foi criado tende a invadir o espaço de quem cria. [...] Na arte, se dizem coisas que não podem ser ditas de outro modo, idem na mentira, que é uma arte de adequação da linguagem à realidade" (ibid., p.62).

Em consequência, se arte não é mentira, não deixa de conter uma margem comum a ambas. O risco de rigidez que acompanha o processo de diferenciação não supõe a preferência por alguma lógica menos rigorosa. Ao contrário disso, será preciso arriscar-se para que a atividade crítica não fracasse de antemão. Quando isso sucede? Quando a crítica, em vez de assumir sua propriedade de um corpo lógico, contorna o atrito com o objeto poético pela adoção de procedimentos imediatamente mais próximos deste, ou seja, fingindo-se poética.

Chegado a esse ponto, a argumentação de Sebastião Uchoa relativamente se autonomiza. Por certo, Canetti o fascina, e o fascínio o leva a querer chegar mais próximo de sua própria fonte. Que fonte? O fingimento. Pois o fascínio pela literatura de Canetti está subordinado a um fascínio mais amplo. É o fascínio por esse algo maior que impede o nosso poeta de se contentar com a divisão que fora expressa pelo escritor. Essa divisão tornaria a ficção uma mentira que se autodissolve. Ou, em termos mais simples, a ficção é a modalidade positiva de que a mentira seria a negativa. A ficção se tornaria uma mentira "politicamente correta"; uma mentira que, tendo limado seus dentes, não seria prejudicial. Algo, portanto, limpo e próprio, passível de ser levado aos bons cidadãos.

O que significa a superposição da ficção com a mentira é mais bem entendida ao contrastá-la com a posição assumida por Diderot. Em um tempo em que dominava o princípio da *imitatio*, Diderot, ao assumir a obrigação de cobrir para o amigo Grimm o que se apresentava nos *salons* parisienses de pintura, de converter-se, portanto, em um crítico de arte, passava a refletir sistematicamente sobre as relações entre pintura e realidade. "O ar e a luz", "os dois harmônicos universais", concederão à reunião dos objetos "reflexos imperceptíveis", por mais disparatados que parecessem entre si. Em consequência, "os discordantes se enfraquecerão e vosso olho não censurará nada ao conjunto" (Diderot, 1975, p.217).

Poder-se-ia acrescentar que, a partir de então, ao passante, e não só ao habitante do lugar, o que lhe apresente a realidade não sofrerá a objeção de ser estranho. Ora, o pintor não consegue competir com (*les*) *deux harmoniques universels*, porque não tem a capacidade "de ajustar os reflexos imperceptíveis dos objetos uns sobre os outros; para ele, há cores inimigas que jamais se reconciliarão. [...] Daí a necessidade de uma certa escolha de objetos e de cores" (ibid.). Por conseguinte, na impossibilidade de combinar como faz a natureza, o pintor é forçado a selecionar com sua palheta, a interpretar a realidade. Toda essa consideração conduzirá Diderot à conclusão (que soará tão incômoda a Goethe): "[...] O melhor quadro, o mais harmonioso, não é senão um tecido de falsidades que se cobrem entre si" (ibid.).

A usarmos a diferença estabelecida por Canetti e não contestada por Uchoa Leite entre metamorfose e imitação, deveremos dizer que Diderot, conquanto reagisse contra a *imitatio*, permanecia preso a ela – ao que Canetti bem definira como processo de fora para dentro. Por isso, em suma, a pintura, ainda que não obrigada a embelezar o real, permanecia subordinada à *imitatio*, tornando-se, por isso, *un tissu des faussetés*.

Por mais fina e ágil que fosse a mente de Diderot, a pressão do admitido por séculos fora mais forte e mantivera o modo de mostrar-se da natureza como parâmetro incontestável para a pintura. O que faltara ao ensaísta para que se descartasse da tradição? Hoje diríamos: simplesmente refletir sobre o que fosse ficção. Mas o automatismo da resposta não considera o risco de por ela chegarmos a outro falseamento. É o que vemos de maneira clara ao voltarmos à reflexão de Sebastião.

Está fora de cogitação que declarasse a arte equivaler à mentira, sendo o artista uma espécie de falsário. Mas também não esconderá a margem comum que os aproxima. Dizê-lo, no entanto, ainda não é a última palavra. Pois a comunidade então afirmada ainda mantinha uma alta margem de ambiguidade. Para enfrentá-la, a diferenciação lógica precisa ser de novo acionada. Nada há de surpreendente no procedimento. Como já foi dito, o poeta, e aqui analista, não pratica uma lógica sinuosa e frouxa, como quem, à sua maneira, "aplicasse" o dito de Montaigne: não sejamos duros com um assunto "tão espantosamente vão, diverso e ondulante como o homem" (Montaigne, 1988, p.9). Se a diferenciação lógica não basta, seu abandono tampouco seria procedente.

A reativação lógica será realizada por passagem que começa por reiterar a diferença entre as formas de fingimento, explicitando que ambas independem do plano do real. As citações seguintes precisam ser extensas para que não haja dúvida sobre seu entendimento: "Os atos de "fingir" e de "ficcionar" – ou de criar algo fora do plano que se convenciona chamar de real – não são exatamente os mesmos. Ambos têm, é fato, como característica comum a criação de uma determinada situação que se quer *única* (Leite, 1995, p.63).

Logo a seguir, Sebastião enlaça ao argumento a importância do vetor "unicidade", que, introduzido no princípio da exposição das ideias de Canetti, não fora ainda empregado. Seu retardo agora se explica: o termo desempenhará um papel capital para o fecho do argumento:

> A unicidade está na base desses atos porque quem finge quer passar por verdade uma determinada imagem que é apenas uma simulação da verdade, e quem "ficciona" quer passar por única imagem criada – ela não pode ser dividida com nenhuma outra imagem criada, sob pena de ser apenas uma imitação. Com característica dissociadora está o grau de interesse de cada um desses atos. O fingidor é um "interessado", quer tirar proveito de seu ato, o interesse lhe é imanente. Os fingimentos de Fischerle visam a apropriar-se do dinheiro de Kien e, numa instância última, viajar. O artista está interessado, basicamente, na existência da obra. Ela existe por si, é o que importa. (ibid., 63-4)

Embora presumamos perceber de imediato a relevância da passagem, posso também presumir que seja possível replicar: como a distinção agora exposta poderia ser liberada da acusação de rigidez de que antes procurara se livrar? A questão é verossímil, mas creio que sua réplica é correta. Apenas para orientação do leitor, de antemão deveremos entrar por uma vereda sem a companhia de Canetti ou de seu comentador.

O interesse do fingidor enquanto embusteiro é um interesse interessado, isto é, que visa a um resultado no mundo real – apropriar-se do alheio, tripudiar do lesado, usufruir do que se lhe tirou. Já o interesse do artista é um interesse desinteressado – fórmula que já se interpretou como a "finalidade sem fim", com que Kant definira a experiência estética. O interesse interessado do embusteiro remete ao ponto de vista pragmático. Mas o interesse desinteressado do artista seria necessariamente o seu oposto? Ele será necessariamente positivo de acordo com a postura schopenhauriana, pois, segundo ela, desinteressar-se significaria negar o elo restante com a individualidade, pois, com sua liberação, "o sujeito deixa de ser puramente individual e é agora um puro sujeito, sem vontade, do conhecimento; um sujeito não mais dedicado às relações conforme o princípio da razão" (Schopenhauer, 1998, p.244). Além do mais, liberar-se da vontade é ainda liberar-se da dor e do tempo (ibid., p.245); libertar-se, em suma, do mundo como representação. Em poucas palavras, o interesse desinteressado só é *necessariamente* positivo se considerarmos que ele supõe a negação do mundo ou de tudo que tem consequências na realidade.

Se, ao contrário, não endossarmos a posição de Schopenhauer, teremos de admitir que próprio do interesse desinteressado é apenas pôr a realidade entre parênteses; que é tão só uma suspensão do relacionamento com a vida, e a menos para quem dela faça uma profissão (como o asceta), tornando-a constante, não uma atitude de vida. De acordo com o filósofo, a realidade é algo vil, de que precisamos nos subtrair e enobrecer, se não quisermos ser tragados por sua miséria.

Ora, e aqui voltamos a ter a companhia do argumento desenvolvido pelo poeta, se a realidade está longe de ser nobre, isso não a torna sinônimo de torpe e vil. Ao estabelecer essa precisão, Sebastião Uchoa dá dois passos significativos: (a) sem que tenha qualquer novidade para a teoria contemporânea da ficção literária, nenhuma arte pode ser julgada de acordo com os parâmetros da realidade. Mantê-la dependente da realidade, significa preservar sua posição de inferioridade quanto às formas discursivas que pretendem tematizar a "verdade" (como o discurso religioso) ou que ampliam o domínio técnico do mundo (o discurso científico, sobretudo em sua ponta tecnológica); (b) o segundo passo mostra que a diferença a separar a arte da mentira, o artista do simulador, é, como já dissemos, bastante tênue. E aqui nos defrontamos com a razão por que negamos que o *interesse desinteressado* tenha necessariamente de ser positivo. É que pode aproximar-se de diversos modos do ilusionismo. O ilusionismo consiste em estabelecer, sob a máscara do desinteresse, formas de interesse. A catástrofe operada com a destruição do World Trade Center mostrou o efeito perverso do ilusionismo hollywoodiano: as centenas de milhares de espectadores que o acompanharam ao vivo pelas redes de televisão terão ficado, ao menos durante certo tempo, em dúvida se presenciavam uma cena de inédita *science fiction*. O domínio da imagem a que estamos hoje submetidos aponta o imenso domínio do controle do imaginário. Em que esse domínio se funda senão no ilusionismo? Domínio imenso, se não absoluto, desde logo porque a imagem que nos domina são montagens perceptuais eletronicamente trabalhadas. Pelo ilusionismo, que hoje faz parte de nosso cotidiano, o artista suspende sua relação com o mundo, afirma que o realismo é uma manifestação careta, ao mesmo tempo que nele se integra. Por isso, a presença maciça do ilusionismo nega que o que pousa de interesse desinteressado seja algo positivo.

Para completar o desvio realizado, demos, por fim, à condução do argumento uma outra direção. Perguntemo-nos em que o desenvolvimento crítico de Sebastião Uchoa, iniciado com um comentário sobre um personagem do romance de Canetti, ajuda a esclarecer a própria obra do poeta.

O primeiro resultado a que chegamos concerne à relação a estabelecer entre a diferença das formas de interesse e passagem do ensaio sobre a tradução. No encerramento de "O paradoxo da tradução poética", escrevia o autor: "Se a poesia não quer transmitir nada, como quer não só Benjamin mas tantos outros intérpretes da sua especificidade, isso não significa nem que os poetas não queiram dizer alguma coisa, nem que sua obra deixe de dizê-lo, à revelia de seus propósitos" (Leite, 1995, p.41).

A passagem contém um duplo paradoxo, em que está contido um dos pontos mais delicados de uma poética consequente: (a) a poesia não quer transmitir nada, mas o poema tem significado; (b) o poeta tampouco tem de querer dizer alguma coisa, mas, à sua revelia, o poema o diz (os dois paradoxos resultam de haver sido posto em xeque o princípio romântico do poema como expressão do autor, de que decorria o que havia décadas o *new criticism* chamara de "falácia intencional". Mas, se fosse só isso, eles não trariam grande novidade. Esta se mostra melhor ao se conjugarem as falácias mencionadas com uma oposta, de vigência recente: a de que, desreferencializada, a linguagem poética é indecidível, isto é, diz tudo que um bom argumentador seja apto de nela encontrar). Em suma, a afirmação do interesse desinteressado soluciona o duplo paradoxo. O poeta está interessado tão somente em sua obra, enquanto a obra, como jogo, "não tem de retratar algo fora dele mesmo" (Iser, 1989, p.327). Por isso, o poeta, à semelhança do jogador mais rasteiro do jogo mais caseiro, "não quer transmitir nada", mas o que faz assim o estabelece.

A solução apresentada dessa forma ganha em matizes e complexidade se a enlaçarmos com o que expusemos no aqui chamado "Prefácio teórico". Então é possível dizer que a intransitividade da poesia e sua correspondência com o não querer dizer alguma coisa por parte do poeta são correlatos à pendularidade entre som e sentido, tomada como base da experiência estética. Embora, obviamente, a palavra para o poeta não seja apenas som, para ele a semântica flutua, e, muitas vezes, ele torna estranha a interpretação que suas obras recebem.

Embora não possamos nos aprofundar, ainda deve ser dito que se não se declara que a feitura do poema se cumpra sob o signo da experiência estética, senão que o poema é seu homólogo. A homologia consiste em que tanto aquela feitura quanto esta experiência supõem um interesse desinteressado. Mas, assim como a recepção do poema (ou da obra de arte), sobretudo a recepção analítica, não se dá *no mesmo tempo* que a experiência estética, porque a recepção analítica lhe é posterior, também a leitura do poema não mantém a intransitividade sob a qual o poema foi gerado. Como acrescentaria um teórico da qualidade de Wolfgang Iser, o próprio texto é resultado de um ato pelo qual o "autor refere-se a um mundo existente e nele intervém, mas, embora o ato seja intencional, visa a algo que ainda não é acessível à consciência" (ibid.). O que o leitor extrai do texto *suplementa* sua intransitividade (ou indeterminação) originária. Por isso "o 'suplemento' como o significado do texto é gerado através do jogo, e, assim, não há significado prévio ao jogo" (ibid., p.329). O texto vive pela participação do leitor, que não resgata algo que nele estivesse adormecido – o que o autor teria querido dizer –, mas suplementa um vazio que participa da própria estrutura do texto ficcional (literário ou pictórico). Por isso, se nunca estaremos isentos de leituras arbitrárias, em troca, a obra de arte sempre desconheceu *a leitura correta*.

Quanto mais o poeta é um interessado desinteressado, ou seja, quanto menos interfere no que é nuclear ao poético, tanto mais tende a jogar com elipses e alusões que julga não ter a obrigação de esclarecer (ou sequer de ele próprio as entender por completo). Caso tais alusões e elipses participem de jogos de linguagem frequentes em um grupo considerável de falantes, o poema que os emprega facilita a suplementação que será empreendida pelo leitor. Em caso contrário, ela se aproxima, ora mais, ora menos, da linguagem obscura. Longe de ser uma poesia esotérica, como as de Góngora, Mallarmé ou Lezama Lima, a de Sebastião Uchoa Leite não pertence a essa família. Sem ser obscura, ela não facilita a vida do leitor, mesmo pela rudeza, pela ironia agressiva de sua antilira. Daí, dentre os nossos poetas contemporâneos, ser ele o que menos tende a cativar o leitor. Podemos lamentá-lo, mas esse é o próprio modo de seu andar poético. A sua opção é por poetas como Villon, de quem dirá ser aquele cujas imagens "se tornam mais vivas [...] quanto mais ácido e crítico é o poeta" (Leite, 1995, p.25). O que significa a afirmação senão a opção por autores que repelem a idealização cantante, a fluência lírica do *dolce' stil nuovo*?

Assim, finalmente, vemos o círculo completar-se: não é por sua rara capacidade de refletir teoricamente sobre o ato ficcional, como o vimos fazer a partir de Canetti, que Sebastião adota a antilira. Não esqueçamos que seu primeiro grande herói foi Paul Valéry, que, sendo incontestavelmente um grande teórico, não era menos um adepto da lírica, na acepção mais lídima do termo. Não há, portanto, uma relação de causa e efeito entre o caráter antilírico de sua poesia e a capacidade de teorização, que acabamos de ressaltar.

DADOS BIBLIOGRÁFICOS

Sebastião Uchoa Leite nasceu em Timbaúba, cidade próxima do Recife, em 31 de janeiro de 1939. Sua família se mudou para o Recife quando ele não tinha mais de seis meses. Fez os cursos de direito e de filosofia na Universidade do Recife, depois chamada Universidade Federal de Pernambuco. Fez parte daqueles poucos que se agregaram a O Gráfico Amador, pequena editora de arte gráfica, originalmente formada por Aloísio Magalhães, Gastão de Holanda, José Laurênio de Melo e Orlando da Costa Ferreira. Participou da revista *Estudos Universitários*, até a intervenção sucedida pouco antes do golpe de 1964, por interferência de adeptos de Gilberto Freyre, paladino dos grupos mais reacionários da cidade, que se sentira ofendido por matéria que feria sua vaidade, assim como foi redator de programas literários e musicais da Rádio da Universidade. Ambos subordinados ao Serviço de Extensão Universitária, criado pelo então reitor, João Alfredo Gonçalves, dirigido por Paulo Freire, responsável pelo inédito programa de alfabetização do país. Ainda no Recife, ensinou na Escola de Biblioteconomia e codirigiu o suplemento literário do *Jornal do Commercio*, enquanto participava de suplementos de periódicos diversos do Rio e de São Paulo.

Com o golpe militar de 1964 e a dissolução do grupo a que estava ligado profissional e afetivamente, passou a residir, a partir de 1965, no Rio de Janeiro. Foi então redator de enciclopédias em diversas editoras, destacando-se seu trabalho junto a Otto Maria Carpeaux na confecção de temas de literatura e arte na *Enciclopédia Mirador Internacional*, coordenada por Antônio

Houaiss. A partir de 1976, também participou da efêmera revista *José*, por iniciativa do romancista Gastão de Holanda, e foi responsável pelas edições da Fundação Nacional de Artes Cênicas (Fundacen). Em 1991, trabalhou no Arquivo Nacional e, em 1992, retornou ao Instituto Brasileiro de Arte e Cultura (Ibac), que substituíra fundações culturais extintas pelo governo Collor de Mello. Desempenhou então a função de coordenador editorial. Em 1995, foi convidado a assumir a coordenadoria de editoração do Instituto do Patrimônio Histórico e Artístico Nacional (Iphan), onde permaneceu até sua aposentadoria em 2000.

Como poeta, estreou ainda no Recife, com *Dez sonetos sem matéria* (1960), em edição de O Gráfico Amador. Em 1979, publicou, pela Achiamé, a *Antilogia*, que continha poemas escritos entre 1972 e 1979. Em 1982, a Alternativa edita *Isso não é aquilo*. Em 1989, sua produção entre 1968 e 1988 foi reunida em *Obras em dobras* (Duas Cidades). Publicou depois *A uma incógnita* (Iluminuras, 1991), *A ficção vida* (Editora 34, 1993), *A espreita* (Perspectiva, 2000) e *A regra secreta* (Landy, 2002). Sua *Poesia completa*, com apresentação de Frederico Barbosa, saiu em 2015 por Cosac Naify e Cepe. Postumamente, foi agraciado com o Prêmio Telecom de Literatura. Foi tradutor de *Canções da forca*, de Christian Morgenstern, em colaboração com Monte Magno; *Poesia*, de François Villon; *Crônicas italianas*, de Stendhal; *Signos em rotação*, de Octavio Paz; *Eclipse da razão*, de Max Horkheimer. Recebeu duas vezes o Prêmio Jabuti, em 1998, pela tradução de Villon, e em 2001, pelas *Crônicas italianas*, de Stendhal. Como crítico literário, estreou com *Participação da palavra poética* (Vozes, 1966), na qual sua poesia empenhada se contrapunha ao chamado *Violão de rua*. Publicou depois *Crítica clandestina* (Taurus, 1986), *Jogos e enganos* (Editora UFRJ e Editora 34, 1995) e o póstumo *Crítica de ouvido* (Cosac Naify, 2003).

Faleceu em 27 de novembro de 2003.

Rio de Janeiro, 1ª versão: janeiro de 2012
Refeita em setembro de 2020

V

O EXPERIMENTALISMO TEORIZADO DOS CONCRETOS

A decisão de dedicar-me ao estudo da literatura não se cumpriu sem entraves e percalços. Já o declarava o título de meu primeiro livro, *Por que' literatura* (1966). Não menos com os seguintes: a procura de combinar indagação crítica com lampejos teóricos partia do suposto de ser a condição para que fosse provocada uma abordagem analítica suficiente. Isso me expunha à hostilidade da crítica nacional, aferrada à separação drástica entre filosofia e historiografia.

Desde aquele começo, minha leitura de alguns dos artigos que seriam reunidos na *Teoria da poesia concreta: Textos críticos e' manifestos* (1950-1960) fez com que tivesse seus autores como um de meus faróis. Muito pouco então conhecia de Mallarmé, Joyce e Cummings, embora soubesse que a revelância deles se opunha quer ao determinismo, quer ao impressionismo, igualmente vigentes.

Por que não considerava testemunhar por escrito aquela atração? É provável que sentisse não dominar o cenário em que os concretos pousavam. A situação já soava diversa a partir de 1980, quando em mim se fixou a questão da *mímesis* como obsessão. Tinha estabelecido que deles me aproximaria quando a questão se desdobrasse até as artes visuais. Mas o fio desapareceu quando verifiquei que não teria tempo de vida para vir à problemática da pintura. Onde, pois, situar a reflexão acerca dos concretos? Deveria me contentar com a abordagem das *Galáxias* de Haroldo de Campos (em *Aguarrás do tempo*, 1989), se não com as dedicatórias de livros a ele e a Augusto? Isso era demasiado mesquinho.

O que faço agora não cumpre mais do que parcialmente o que me prometera. Ao dizer-me que a abordagem retardada fazia-me correr o risco de ser surpreendido pela "indesejada das gentes", pensei em dedicar-me à obra poética de Augusto de Campos. Ao iniciar seu processo, dei-me conta de que não seria apropriado fazê-lo sem o exame do princípio dos concretos, ou seja, pela sistematização teórica que haviam empreendido no livro de 1965. O propósito era ajustar o exame da *Teoria concreta* com a obra de Augusto. Logo percebi que isso exigiria um tempo bastante largo e um número incalculável de páginas. Ora, como a poesia referida dispõe da obra fundamental de Gonzalo Aguilar, disse-me que o mal menor seria optar pelo papel que os concretos reservaram à teorização. Ainda que descontente, foi essa a escolha afinal feita. Insuficiente, por certo, mas bastante para denunciar o afastamento do que permanece dominante na crítica brasileira – muito cômoda em ter a teorização como algo dependente e descartável. Além do mais, teria assim a oportunidade de levantar pontos com que não havia concordado.

O propósito teorizante manifestado pelos concretos era absolutamente novo entre nós. Mas seria arbitrário não assinalar que o prefaciador da segunda edição da *Teoria concreta* mantinha a toada que fora usual: "A teoria não passa de um tacape de emergência a que o poeta se vê obrigado a recorrer" (Campos, Pignatari e Campos, 1975, p.11). Confundir a teorização com um "tacape de emergência" era manter-se em concordância com a generalidade dos poetas. Mas a relevância da teorização da edição de 1975 contém outro traço: assinalar que os autores concretos não estavam necessariamente sempre de acordo entre si. Apontá-lo nesta abertura será indispensável para não confundir o público leitor.

Em contraposição, em "Comunicação na poesia de vanguarda" (1968), Haroldo de Campos, ao acentuar com Max Bense que "a informação estética trascende a semântica (referencial) no que diz respeito à surpresa, à improbabilidade, à imprevisibilidade da ordenação dos signos, implicitamente ressalta a necessidade de ir além do tacape.

O concretismo surgia como demonstração da insuficiência da ambiência intelectual brasileira. Poucos anos terão se passado para nos encontrarmos em um cenário pior: a falta de continuidade, além da tríade original que o produziu, mostra a razão do prestígio dos que permanecem abrigados em algum determinismo. Não prolongando o argumento, apenas anotemos que a tomada de consciência de que o poético não se confunde com certo uso semântico era um avanço considerável, e que o devemos aos concretos paulistas. Limitemo-nos no momento a destacar o artigo de Haroldo.

Da recorrência a Bense, nosso autor vinha à "técnica combinatória das constelações" de Eugen Gomringer, o boliviano-suíço que, sincronicamente à tríade brasileira, introduziu a poética concreta. Dele, Haroldo traduziria o poema constelar:

> worte sind schatten
> schatten sind worte
>
> worte sind spiele
> spiele werden worte
>
> sind schatten worte
> werden worte spiele
>
> sind spiele worte
> warden worte schatten
>
> sind worte schatten
> werden spielen worte
>
> sind worte spiele
> werden schatten worte

(palavras são sombras
sombras tornam-se palavras

palavras são jogos
jogos tornam-se palavras

sombras são palavras
palavras tornam-se jogos

jogos são palavras
palavras tornam-se sombras

palavras são sombras
jogos tornam-se palavras

palavras são jogos
sombras tornam-se palavras)

Esse é um dos melhores exemplos do que propunha a *Teoria*. Pergunto-me pela razão da qualidade que lhe atribuo. Cada uma das díades explora o mesmo princípio de não linearidade. Nas duas primeiras estrofes, o afirmativo de presença (*sind*) provoca o afirmativo de futuro (*werden*). Nas estrofes seguintes, a transformação operada dá lugar a duas leituras possíveis: (a) de um estrito ponto de vista gramatical, a posição do verbo estabelece que a pergunta acerca da presença dá lugar à pergunta sobre a presença futura, e (b) em vez da formulação interrogativa, pode-se entender uma disposição condicional (em tradução corriqueira: se as sombras são palavras, as palavras participam de jogos de linguagem).

Por si, o princípio mal se distinguiria de uma brincadeira de criança. Como então adquire um perfil estético? Em virtude de '*Worte*', *Schatten*, *Spiele*' conterem aspectos diferenciados que se entrelaçam ao serem aproximados. Basta para tanto que o verbo se temporalize e deixe o presente (*sind*, são) para que indique um futuro que se estende além do presente. A simplicidade do recurso apenas revela que o estético atua além do aspecto semântico, sem por isso deixar de estar nele. Assinala-o a simetria do recurso – a é b/ b é a –, em que muda apenas a temporalidade, em combinação com a posição sintática dos termos.

O leitor pode verificar que a eficácia do recurso depende de um único fator não fonético: o jogo de permuta depende de os elementos nominais serem dissílabos, sem que o fator estritamente fonético baste por si. Digamos que a procura fosse por um resultado semelhante em português com "fatos são atos/ atos tornam-se fatos// fatos são atos/ atos tornam-se fatos" etc. etc. A transposição pareceria justa se os geradores – fatos – atos – tivessem a mesma pregnância semântica de palavras – isto é, fossem sombras. Sem sair do âmbito do signo verbal, vê-se que a significação não decorre apenas da carga semântica porque nela também trabalham o fonético e o sintático. Por certo alguém dirá que isso não se restringe ao uso constelar, tampouco ao linear, do verso. É incompreensível a extensão alcançada como entrave ao propósito concreto, salvo como demonstração de que o próprio verso linear ganhará em compreensão por sua ênfase no verbivocovisual. É certo que a dedução não explica a formulação conjunta do sonoro e visual. É aceitável afirmar que o papel da musicalidade no verso tradicional não precisava do recurso. Mas sua junção no *portmanteau*, o verbivocovisual, necessitava de uma explicitação ainda não corrente. Precisamos, por conseguinte, ir além da questão dos tipos de informação. Volta-se então ao texto da *Teoria da poesia concreta*.

No primeiro texto assinado por Augusto de Campos, o autor, ao falar nos "instrumentos" que os concretos introduziam, assinalava não cogitarem na eliminação da palavra pela visualidade, conquanto o título do artigo, "Poetamenos", pudesse insinuá-lo. Como a falta de reflexão sempre foi entre nós uma carência, aproveitou-se da dica para assim entender o movimento. Em vez de simplesmente contestá-la, a busca aqui é por uma compreensão mais justa. Parte-se para tanto de algo inconteste: a primeira fonte do concretismo foi a leitura extraída por Augusto de Campos, Haroldo de Campos e Décio Pignatari de "Un Coup de dés". Ao poema de Mallarmé, Augusto acrescentava a música de vanguarda:

Un Coup de dés fez de Mallarmé o inventor de um processo de composição poética cuja significação se nos afigura comparável ao valor da "série", introduzida por Schoenberg, purificada por Webern, e, através da filtração deste, legada aos jovens músicos eletrônicos a presidir os universos sonoros de um Boulez ou um Stockhausen. (Campos, A. de, 1956, p.23)

Assim como, logo a seguir, a "utilização dinâmica dos recursos tipográficos" (ibid., p.24), que o conduziria ao destaque da pintura dita abstrata, de que ainda não tratava. A Mallarmé logo se acrescentarão Pound, o Joyce de *Finnegans Wake* e E. E. Cummings (cf. o final do artigo citado, p.31). A organização "poético-gestaltiana" proposta se opunha à disposição silogística do verso linear. (Conquanto não venhamos a explorá-lo, assinalemos que é justa a acusação de que a disposição linear favorecia uma configuração silogística, embora não fosse reduzi-la a isso. Ou seja, a disposição linear conduz a uma conclusão tendencialmente una, excludente da pluralidade própria da experiência estética, que também pode ser ameaçada pela opção dos concretos.)

O concretismo não só se propunha a reagir contra uma poética favorecedora do belo ornamental, como clamava por uma instrumentação crítica que apenas iniciavam. A alternativa proposta supunha a oposição da linearidade propiciadora da concepção do poético da *imitatio* do já antes configurado pela natureza/sociedade; daí a crítica ao ideograma composto por Apollinaire, que o condenava à mera representação figurativa do tema – "se o poema é sobre a chuva ('Il Pleut'), as palavras se dispõem em cinco linhas oblíquas" (Campos, A. de, 1956, p.27) – a que se contrapunha o ideograma como "sintaxe relacional-visual e de uma redução semântica" (Campos, H. de, 1965a, p.128).

A propósito da "redução semântica", contento-me por ora com a análise precedente do poema de Gomringer. Apenas acrescentemos: a oposição só é absoluta quanto à linearidade tendencial do silogismo. Por isso mesmo, ainda sem contarmos com o endosso explícito dos autores, acrescentemos que a problemática então esboçada se aproximava da questão da *mímesis*, só levantada décadas depois. O relacionamento era por certo demasiado indireto: o "[...] método ideogrâmico [...] permite agrupar coerentemente, como um mosaico, fragmentos de realidade díspares" (Campos, A. de, 1965a, p.40). Procuremos justificá-lo.

Ao iniciar a indagação sistemática da *mímesis*, tinha apenas a certeza de que o fenômeno originador das artes não se identificava com a *imitatio*, proposta por Horácio, e incentivada desde a tradução da *Poética* aristotélica, durante o Renascimento. Associar Aristóteles à concepção imitativa não era menos desastroso, pois a permanência do legado platônico nele fora apenas parcial. Mais explicitamente, sem se desligar por completo da concepção platônica, que, a partir da *idea*, via o mundo como reiteração enfraquecida de seu modelo e a arte como reiteração progressivamente mais fraca da *physis*, Aristóteles não menos se rebelava contra o papel condutor que seu mestre concedia à *physis* em relação ao artista. Aqui, não é o momento de esmiuçar a discórdia. (Quem já a tenha compreendido, saberá o estorvo que seria nos estendermos sobre a questão; para quem, ao contrário, permaneça no império da *imitatio*, o que diríamos seria insuficiente.) Adequado, sim, talvez seja recordar que, dentro da abordagem da *mímesis*, procuramos estabelecer a distinção entre as espécies de mímesis da representação e da produção. A diferenciação foi resultado de uma leitura exaustiva, que, embora não se restringisse a Mallarmé, teve poemas seus como principal orientação. Não me cabe agora mais do que remeter ao capítulo II, item 6, "Mallarmé: A linguagem e os deuses", de *Mímesis e modernidade*.

Conquanto o mergulho ali feito surpreenda a mim mesmo, seria de um narcisismo desastroso louvá-lo. Cabe, ao contrário, declarar que a sua elaboração não foi suficiente para que a distinção entre as espécies de *mímesis* fosse bem compreendida. É com o propósito de tentá-lo outra vez que umas mínimas passagens serão retocadas.

O poema mallarmeano, dizem a propósito de "Sainte" [Santa], não supõe uma cena que fosse verbalmente representada. Ele então se torna o puro trabalho de combinação das palavras, que já não fingem reapresentar o visível, mas, sim, visualizar o não visível:

A la fenêtre recelant
Le santal vieux qui se dédore
De as viole étincelant
Jadis avec flûte ou mandore.

Est la Sainte pâle, étalant
Le livre vieux qui se déplie
Du Magnificat ruisselant
Jadis selon vêpre et complie:

A ce vitrage d'ostensoir
Que frôle une harpe par l'Ange
Formée avec son vol du soir
Pour la delicate phalange

Du doigt que, sans le vieux santal
Ni le vieux livre, ele balance
Sur le plumage instrumental,
Musicienne du silence.

[Numa janela vigilante
O sândalo que se descora
De sua viola cintilante
Outrora com flauta ou mandora,

A Santa pálida perante
O velho livro que se escoa
Do Magnificat evolante
Outrora em vésperas e noa:

Na vidraria de ostensório
Que a harpa noturna do Anjo plange
Das suas asas de velório
Para a delicada falange

Com que sem sândalo afinal
E sem velho livro ela vence o,
à plumagem instrumental,
Som, a música do silêncio.][1]

---

1 Tradução de Augusto de Campos.

O afastamento de seu caráter de representação é associado ao distanciamento do poeta, quer do enfoque do religioso, quer da filosofia idealista. Em lugar de ambos, o fazer do poeta. O vazio da transcendência afirma-se no poema pela própria razão que o conduz a negar guarida à *mímesis* fundada na representação de uma evidência anterior, isto é, fundada na ideia de Ser como pleno e previamente constituído, evidência asseguradora da verossimilhança das ficções. Já antes do poema mallarmeano, era evidente que o propósito de *Mímesis e modernidade* consistia em, dissociando a matéria estudada da representação, relacioná-la à diferenciação interna de seu produto, o *mímema*. O desdobramento da tese básica levava a relacionar a forma da *mímesis* com o molde social em que era praticada. Ou seja, tratava-se então, e ainda agora, de extrapolar a dicotomia entre as críticas sociológica e imanentista – a segunda desenvolvida a partir do *new criticism*. Extrapolar não significava abandoná-las, mas, sim, levá-las a um polo adiante. Daí a formulação: se a "imitação" é, classicamente, a duplicação da realidade, em Mallarmé, a *mímesis* supunha a constituição de uma realidade. Por isso, tornava-se impróprio falar em uma *mímesis* da representação. Repito a formulação elaborada em 1980: "Se a "imitação" é, classicamente, o correlato das representações sociais e se estas mostram ao indivíduo o meio a que está ligado, então a *mímesis* supõe algo antes de si a que se amolda, de que é um análogo, algo que não é a realidade, mas uma concepção de realidade".

Os rápidos estratos destacados já permitiam elaborar a diferenciação que se propunha: Toda obra – reproduzo o que escrevia então – que não tem uma relação direta nem a possibilidade de um efeito direto sobre o real só poderá ser recebida como sendo de ordem mimética, seja por representar um Ser previamente configurado – *mímesis* da representação –, seja por produzir uma dimensão do Ser – *mímesis* da produção. Em consequência dessa dissocialização, o poético "elevado" – aquele que dissemos exigente de si e de seus leitores – tende ao hermetismo e/ou ao texto deixado em estado de esboço para a "suplementação" do leitor.

Repito a passagem para discordar da primeira conclusão. Antes de explicitá-la, ainda observo: não é correto descrever-se o estado da poética na modernidade sob o título de crise da representação, conforme eu mesmo supunha ao iniciar este estudo. É o próprio modo de produção capitalista que impede a socialização das representações.

A passagem das décadas me permite verificar o que era impreciso. A retificação torna-se dupla: é mesmo porque o modo de produção capitalista provoca o congelamento das representações que socializa que se constitui a crise da representação. Em seguida, não é só o poético originado da *mímesis* da produção que provoca a "suplementação" do leitor: toda obra de arte só se completa com a intervenção do leitor – a ênfase por séculos exercida sobre a figura do sujeito individual, confundindo-a com a do autor, tem impedido o reconhecimento de que a obra só se completa com a presença do leitor. O que vale dizer: mesmo o texto em que haja menor intervenção na composição verbal não se confunde literalmente com uma *representação da realidade*'. A diferença entre as duas espécies de *mímesis* está no grau menor ou maior da necessidade de interferência do leitor – na *mímesis* da produção, ela é maior pela interferência no léxico comum em que o texto foi composto.

A passagem do tempo tem feito com que o autor compreenda que a própria retificação em que se tem empenhado decorre da desagregação social a que o capitalismo avançado conduz. Já o reconhecimento do leitor como coautor deriva da urgência de aprofundamento da experiência estética. Tais restrições, contudo, não impedem o endosso do que se dizia a seguir: "A esta *mímesis* que evacua a ideia de Ser como *pré-constituído* para afirmá-lo como *constituinte*' chamamos *mímesis* da produção".

Suponho que o resumo acima permite melhor acesso às duas espécies de *mímesis*. O leitor usual de *Mímesis e' modernidade*' entendeu que só a segunda espécie era positiva – isso equivalia a dizer que toda a arte renascentista, na condição de *mímesis* da representação, era negada! Evitar o absurdo implica negar o antagonismo valorativo. Ao falar em *mímesis* da representação, considerei os equívocos reconhecidos no uso do termo "representação". Sua própria formulação o aproximava da *imitatio* condenada. A tentativa feita em alemão de substituir *Vorstellung* por *Darstellung*, "representação" por "apresentação", não funciona porque, na língua corrente, os termos são empregados indistintamente. Em qualquer língua, o êxito dependeria da socialização dos estudos que distinguissem a *mímesis* da reiteração do que já estava constituído a propósito da natureza ou da sociedade. O fracasso resultante converge e prolonga a crise da representação. A isso se acrescenta a marginalização da arte, na etapa contemporânea da modernidade, a dominância, a partir do século XVIII, do sujeito individualizado, a que se agrega a procura de constituir, evidente na tradição greco-romana, um pensamento assegurador de uma visão estável e prolongada de mundo. Assim parece explicável que o próprio termo *mímesis* rareie ou que apareça em variações que mantêm o lastro da *imitatio*.

A função do desvio pelo qual entramos foi assinalar a proximidade da questão discutida com a meta do capítulo. Já o fato de o capítulo referido de *Mímesis e modernidade* ter tido Mallarmé por ponto de partida indica que sua origem se relacionava com a leitura da tríade paulista. A ausência de indagação de "Un Coup de dés" talvez se devesse ao fato de o autor procurar escavar uma trilha que não se confundisse com a dos concretos. Mas o direcionamento dado às duas espécies de *mímesis*, sobretudo depois de desfazer-se seu suposto antagonismo valorativo, permite-nos estabelecer a proximidade da *mímesis* da representação com a arte figurativa, aí incluindo a narrativa — não só o verso linear — preocupada com a verbalidade, e não com a constelação visual e sonora. Assim, no âmbito nacional, Machado, Graciliano, um certo Bandeira, Drummond, embora em "Isso é aquilo" (*Lição de coisas*) já mostre saber dos concretos, Cabral, participam dessa *mímesis* figurativa, ao passo que a segunda espécie estaria reservada aos concretos e a Guimarães Rosa.

O decisivo, no entanto, não é a particularização dos autores, mas, sim, entender que o esforço de repensar a *mímesis* encontrou seu estímulo no empenho dos concretos. Não se cogita de estabelecer uma convergência absoluta senão de destacar que ambos os caminhos buscam focalizar a autonomia discursiva da ficção verbal. Ora, falar em um ponto comum já implica adiantar uma discrepância a ser depois desenvolvida. Ela concerne ao entendimento do próprio termo "discurso". Antes de fazê-lo, empenhamo-nos em assinalar que, sem que falassem em *mímesis*, os concretos indiretamente a ressaltavam. Limito-me a duas comprovações simples: (a) o reconhecimento da proximidade dos caligramas de Apollinaire não era menor do que a razão de seu afastamento; (b) de um ponto de vista positivo, atente-se para a formulação de Décio Pignatari: "Todo poema autêntico é uma aventura. [...] Em cada poema ingressa-se e é-se expulso do paraíso. Um poema é feito de palavras e silêncios" (Pignatari, 1965, p.15).

Tanto mais planificado é o texto ficcional (em prosa ou poesia) quanto menos dotado for de um esquema modelar prévio, fosse ele encontrado na natureza, fosse na sociedade. A ele importa, sobretudo, a fusão que alcance entre palavras e silêncios. Pignatari e os irmãos Campos não falam em *mímesis*, mas trazer o silêncio para a combinação com as palavras estabelece o enlace. Mostremo-lo brevemente.

De tudo que temos escrito sobre a *mímesis* liberta do indevido, a conclusão é de que entre a palavra e seu referente, material ou imaterial se ergue um muro. O silêncio que circunda a palavra dele decorre. Daí a propriedade de Saussure ao caracterizar o signo verbal como arbitrário ou imotivado. A observação tem sido tão repetida que basta nos determos um momento. Ela aparece no póstumo *Cours de linguistique génerale*:

> Le signe linguistique unit non une chose et um nom, mais un concept et une image acoustique. [...] Nous appelons *signe* la combinaison du concept et de l'image acoustique [...]. Le lien unissant le signifiant au signifié est arbitraire, ou encore, puisque nous entendons par signe le total résultant de l'association d'un signifiant à um signifié, nous pouvons dire simplement: *le signe linguistique est arbitraire*. Le mot *arbitraire* appelle aussi une remarque.

Il ne doit pas donner l'idée que le significant dépend du libre choix du sujet parlant [...]; nous voulons dire qu'il est *immotivé*. (Saussure, 1965, p.98-101)

"Arbitrário" ou "imotivado", a designação provocou a contestação de Émile Benveniste: "[...] Le raisonnement est faussé par le recours inconscient et subrepetice à un troisième terme, qui n'était pas compris dans la définition initiale. Ce troisième terme est la chose même, la réalité. [...] Entre le signifiant et le signifié, le lien n'est pas arbitraire; au contraire, il est *nécessaire*" (Benveniste, 1966, p.50).

Saussure tinha razão em explicar por que escrevia pouco e encontrava na escrita "um suplício inimaginável", sobretudo na condição de linguista. Assim sucedia porque "toda teoria clara, quanto mais clara, é inexprimível em linguística" (apud Starobinski, 1971, p.13).

A repreenda de Benveniste é correta se tomarmos a linguística em si e para si mesma. É evidente que, para o falante de uma língua, a relação que faz entre o significado e o significante é necessária, e não arbitrária. A caracterização saussuriana tem a vantagem de explicar a propriedade da palavra não só para os que pensam a língua enquanto linguistas.

Contemporaneamente à realização de seus cursos, o mestre genebrino se dedicava à pesquisa do discurso poético – é provável, diz Starobinski, que tenha começado sua investigação sobre os anagramas latinos em 1906 e prosseguido até os primeiros meses de 1909 (Starobinski, 1971, p.7). Embora sejam muitos os cadernos que dedicou a eles, nunca os publicou, provavelmente por não se convencer de sua positividade. Recordá-los nos interessa porque seguiam no rumo oposto da arbitrariedade que considerava própria do signo linguístico. Assim o dizemos porque o empenho nos anagramas ia na direção de acentuar a diversidade do uso poético. "É preciso", declarava numa das primeiras passagens transcritas por Starobinski, "especialmente em um verso, ou, pelo menos, em uma parte do verso, que a *sequência vocálica* encontrada em um tema como *Hercolei* ou *Cornelius* reapareça ou na mesma ordem, ou com variação [...]" (apud Starobinski, 1971, p.24). Saussure procurava identificar uma motivação fonêmica que poetólogo algum da Antiguidade havia consignado.

"O poeta", dizia outra anotação, "se entregava e tinha como ofício ordinário entregar-se à análise fônica das palavras: é essa ciência da forma vocal das palavras que fazia provavelmente, desde os mais antigos tempos indo-europeus, a superioridade, a qualidade particular, do Kavis dos hindus, do Vates dos latinos etc." (ibid., p.36).

Starobinski via em "[...] Saussure uma sujeição [*contrainte*] fonética que se acrescentava à tradicional métrica do verso" (ibid., p.124).

Conquanto as passagens transcritas por seu comentador apresentem resultados positivos, Saussure precisava de comprovações que só os poetas poderiam lhe oferecer; como o contemporâneo que escrevia em latim nunca respondeu à indagação feita por ele, o questionamento pelos anagramas não saiu de sua gaveta. Embora o próprio Starobinski procure provas semelhantes nos poetas franceses e chegue a encontrá-las "au hasard" (ibid., p.157), não julga oportuno enunciá-las como regra do poético. Por isso, recorremos a *Les Mots sous les mots* com a finalidade bem diversa de assinalar que o termo "discurso" engloba uma diversidade de usos. Nesse ponto, discordamos dos autores da *Teoria da poesia concreta*, para os quais "discurso" vale exclusivamente para o uso não poético da linguagem corrente: "A poesia concreta [...] despe a armadura formal da sintaxe discursiva. Em relação a esta, afirma sua autonomia, eliminando a contradição entre natureza não discursiva e forma discursiva" (Campos, A. de, 1965a, p.124). No mesmo artigo, o autor reforçava seu argumento com apoio em Susanne Langer: "[...] Submetendo-se às leis do discurso, o poema funciona, ao mesmo tempo, em outro nível semântico. Donde não ser lícito confundir, por esse motivo, o poético com o discursivo" (ibid., p.114).

Dez anos depois, Décio Pignatari, ao lado de Luiz Ângelo Pinto, declarava que "a busca do *eidos* belo é coisa de idiotas e alienados [...], o verso ritmo linear lógica aristotélica-discursiva inerente aos sistemas linguísticos não isolantes (as coisas muito bem explicadinhas..." (Pignatari e Pinto, 1966/1967, p.170). Já não se tratava apenas de separar o poético das formas discursivas, mas de afirmar uma aproximação do experimental com o mediático. Reforçar-se-á a impressão de que a convergência entre os três se desmanchava. O antagonismo ao discursivo avançava e ia além do propósito de autonomizar o poético.

Se a divergência com o que tenho apresentado é discutível, a aproximação com o mediático é insustentável. Assim como o poético se integra no discurso do ficcional, o mediático formará outra modalidade discursiva, que, ao menos pelo modo de sociedade em que vivemos, é antagônico ao poético. Dizê-lo nos leva de volta ao *Cours* saussuriano. A análise do signo, linguístico ou semiótico, não prescinde de sua relação com a realidade. A questão não se encerra em identificar um certo discurso ou o que dele se abstrai. O discurso, por si, é plural – o discurso teológico ou religioso não é menos discursivo que o científico, quer o das *hard sciences*, quer o das humanas, que o filosófico ou o ficcional. Cada modalidade discursiva supõe o uso de uma moldura (*frame*) que provoca determinado enfoque da realidade. A poesia concreta se distingue da linearidade do verso mais frequente porque sua ênfase combinatória com o visual e o musical supõe o emprego de duas submolduras passíveis de convivência, como bem assinalaram as obras e traduções de Augusto, feitas nas décadas mais recentes. Por conseguinte, quando Décio Pignatari dizia que "um poema é feito de palavras e silêncios", enunciando um caminho que dava lugar a uma reflexão, a qual, sem se confundir com a sua, não se chocava com a do grupo que integrava. O silêncio é exaltado no poema em decorrência do muro que separa o signo da realidade; daí a variação das formas discursivas. É a tendência humana à homogeneidade que impede o reconhecimento dessa pluralidade. Dela resulta que, temporalmente, uma forma discursiva ocupe a posição de dominante. Esse lugar é hoje dominado pela moldura do científico, que substitui a moldura do subjetivo-psicológico, a qual se impusera sobre o teológico etc. O ficcional, em prosa ou poesia, jamais teve esse privilégio porque não se confunde com uma modalidade do útil.

Insistir na convergência potencial da experimentação concreta com o que temos proposto correria o perigo de dar a entender que pretendemos aplainar divergências. É mais interessante aprofundar o enlace que a *Teoria da poesia concreta* estabelece com a realidade, sem que as afirmações a serem destacadas sejam necessariamente endossadas pela tríade concreta.

Parta-se do destaque do ideograma. Com ele, renuncia-se "à disputa do absoluto. [...] o ideograma regulando-se a si mesmo [...] produz [...] novas emoções e novo conhecimento [...]" (Campos, A. de; Pignatari; Campos, H. de, 1975, p.49); "a poesia concreta, indo além da aplicação do processo tal como foi praticado por Pound, introduz no ideograma o espaço como elemento substantivo da estrutura poética: desse modo, cria-se uma nova realidade rítimica, espaciotemporal. O ritmo tradicional, linear, é destruído" (Ibid., p.66). Constituía-se, desse modo, um "novo procedimento poético": "Longe de procurar evadir-se da realidade ou iludi-la, pretende a poesia concreta, contra a introspecção debilitante e contra o realismo simplista e simplório, situar-se de frente para as coisas, aberta, em posição de realismo absoluto" (Ibid., p.50). Sobretudo em Pignatari, a ênfase ideogramática era entendida como correlata ao destaque do objetivo: "[...] Não é a novidade ou a originalidade por si mesmas que nos interessam, mas a realização de uma poesia construtiva, direta e sem mistério, que 'dispense interpretação' – como diria Mondrian, muito bem lembrado por Haroldo de Campos" (Ibid., p.64).

A qualificação de "direta e sem mistério" tinha um alcance maior do que o suposto. Ainda que a referência a Haroldo dê a entender a sua concordância, logo veremos que ela era eventual. A identificação do que Pignatari, em artigo do mesmo ano, entendia como objetividade, é mais bem precisada:

> A poesia concreta elimina o mágico e devolve a esperança. Desaparece o "poeta maldito", a poesia "estado-místico". O poema passa a ser um objeto útil, consumível, como um objeto plástico. A poesia

concreta responde a um certo tipo de "forma mentis" contemporânea: aquele que impõe os cartazes, os "slogans", as manchetes, as dicções contidas do anedotário popular. Etc. (Ibid., p.58)

A passagem tem o destaque particular de assinalar que, na visão do autor, o que se propunha estabelecia a mesma direção dada pelos cartazes e manchetes. Ou seja, que a objetividade ideogramática se incorporava aos recursos desenvolvidos pelos acessórios do processo industrial. Dessa maneira, a vanguarda proposta na década do liberalismo de Juscelino Kubitschek não corria o risco de se identificar com a reação ao *mobile* desenvolvimentista. Ao contrário, identificava-se com a visão otimista de uma nação que dava um passo avante de seu marasmo. Mais do que ir contra o verso linear, a proposta concreta se propunha aliada aos propósitos mediáticos. A conclusão seria precipitada se não fosse reiterada por Pignatari na "Teoria da guerrilha artística", de 4 de junho de 1967 (cf. Pignatari, 2004, p.167-76). Já estando vencida a euforia desenvolvimentista e sendo ela superada pelas trevas do golpe militar de 1964, a reiteração do que fora escrito em 1957 precisa ser bem entendida. Alguns trechos bastam. Já a abertura do artigo elogiava em Oswald de Andrade o que nele se costuma criticar:

> Quando o guerrilheiro Oswald de Andrade – guerrilheiro da idade industrial – faz um discurso sobre a política cafeeira, [...] faz "pesquisa alta" em antiliteratura e liga a Paulo Mendes de Almeida, para que este lhe "resuma Proust" ao telefone, pois precisa preparar com urgência uma tese universitária, está procedendo como um homem dos novos tempos, antropófago retribalizado devorando a divisão do trabalho e a especialização. (Ibid., p.167)

Falar então em guerrilha era extremamente perigoso. Mas o autor não se limitava a uma provocação vocabular. As citações frequentes a Marshall McLuhan assinalam a convergência do autor paulista com o canadense quanto à função dos novos meios de comunicação. Não sei se é verdade, mas dava-se a entender que, para o canadense, a rede mediática, não apenas sonora, o rádio, como também visual, era passível de corroer o sistema sociopolítico instalado. A suposição era coerente com o elogio de Pignatari ao módulo televisivo: "Na televisão, a compressão da informação vai de par com a quantidade e multiplicidade de eventos que, por isso mesmo, deixam à mostra a sua estrutura. Mosaico de informações" (Ibid., p.172).

E a própria reconsideração do que se entenderia por vanguarda: "Vanguarda já não pode ser considerada como vanguarda de um sistema preexistente, de que ela seria ponta de lança ou cabeça de ponte. Ao contrário, hoje ela se volta contra o sistema – é antiartística" (ibid., p.170).

Sem que se convertesse em um adepto do regime militar,[2] o autor supunha que a oposição ao artístico que combatia, linear, figurativo, se não eventualmente místico e cultor do misterioso, era suficiente para definir uma posição política. Seu embasamento era tão arbitrário que, mesmo sem provas, era admissível que o opositor ao movimento concreto ali encontrasse justificação para sua hostilidade. Logo veremos que sua caracterização não se estendia a Haroldo. Mas, enquanto política, a questão apresenta ângulos mais imediatos que hão de ser tematizados.

Antes de se desdobrar na defesa da *média* televisiva, Pignatari já destacava o aspecto da objetividade, associando-a ao útil:

> A POESIA CONCRETA é a linguagem adequada à mente criativa contemporânea; permite a comunicação em seu grau + rápido, prefigura para o poema uma reintegração na vida cotidiana semelhante à que o BAUHAUS propiciou às artes visuais: quer como veículo de propaganda comercial (jornais, cartazes, TV, cinema etc.), quer como objeto de pura fruição [...], substitui o mágico, o místico e o "maudit" pelo ÚTIL. (Campos, A. de; Pignatari; Campos, H. de, 1975, p.54)

---

[2] A posição política de Décio é hoje difícil de ser compreendida. Seu favorecimento da rede mediática não significava acordo com o sistema capitalista que a sustenta e realça. Ao contrário, ele supunha que os meios de comunicação podiam transtornar o sistema que os sustentava. Daí seu entendimento do movimento concreto como uma vanguarda "antiartística", deixando a arte ao lado do que era destruído.

A combinação de objetividade e utilidade o levava a pensar que os instrumentos valorizados encontravam outro tipo de futuro, justificando a impressão de uma guinada política, que efetivamente não se dava. Mas a questão não se resolve por essa via. É muito mais saliente verificar que a ênfase contra o verso linear, em prol da "estrutura dinâmica não figurativa" (Ibid., p.70), implicava tomar partido quanto ao subjetivo, no poema. No raciocínio a desenvolver, estaremos fixados na pergunta: o realce concedido ao objetivo não se cumpria em detrimento da noção subjetiva, a qual, de sua parte, se confundia com o subjetivismo? A questão importa porque as atestações a serem apresentadas concernem aos três autores.

Comecemos por trecho de artigo já citado de Pignatari: "Contra a poesia de expressão subjetiva, por uma poesia de criação, objetiva, concreta, substantiva, a ideia dos inventores, de Ezra Pound" (Ibid., p.47). O aspecto subjetivo era confundido com a "poesia de expressão", ao passo que, a seguir, o ideograma o era com o "produto industrial de consumação". Já os termos de Haroldo de Campos são menos enfaticamente mediatistas, conquanto não menos favoráveis ao mundo objetivo: "O poema concreto – para usarmos de uma observação de Gomringer sobre a 'constelação' – é uma realidade em si, não um poema sobre [...]" (Ibid., p.77). No mesmo artigo: "Nenhum decorativismo, nenhum efeito intimista de pirotécnica subjetiva" (ibid., p.81). Do mesmo modo: "[...] Contra a introspecção debilitante e contra o realismo simplista e simplório, (pretende a poesia concreta) situar-se de frente para as coisas, aberta, em posição de realismo absoluto" (Ibid., p.50).

Onde entra a referência ao subjetivo, ele é tomado como equivalente do que se concentra na qualificação negativa da ação do sujeito. A tríade não confundia, por certo em graus diferenciados, subjetivo e subjetivismo?

Já que as transcrições acima parecem suficientes, acrescente-se apenas mínimo trecho do "plano piloto": "O poema concreto é um objeto em e por si mesmo, não um intérprete de objetos exteriores e/ou sensações mais ou menos subjetivas" (Ibid., p.157).

Frente à acusação maciça, é de se indagar como seria possível a "informação estética", introduzida entre nós por Haroldo, sem um efeito subjetivo. É verdade que a nossa tríade não conheceu a estética do efeito de Wolfgang Iser, que principia a ser elaborada na década de 1960 e de que a *The Princeton Encyclopedia of Poetry & Poetics*, em sua quarta edição, apenas declara considerar que o "poema não é um objeto, mas um efeito a ser explicado" (Greene et al., 2012, p.1146). Sumária como é de fato, a informação é bastante para o entendimento de que o efeito (*Wirkung*) se dá sem a interferência ativa de um receptor — portanto, de uma disposição subjetiva —, mas que tampouco a intervenção de um receptor é suficiente para explicar o efeito que o poema provocará; por conseguinte, que o subjetivo não é sinônimo de subjetivismo. Mesmo que Haroldo de Campos não siga Pignatari no louvor indiscriminado da objetividade do cartaz publicitário, o fato é que a tríade não se afastava dele. Assim, a identificação do verbivocovisual com a dinamicidade do movimento simultâneo, a ênfase no papel fundamental do substantivo e do verbo na construção discursiva, a própria separação entre o poema e o discurso, para não falar no realce que a visualidade televisiva terá no cotidiano contemporâneo, serão fatores decisivos na desconfiança, para não dizer na rejeição, do projeto concreto.

É possível por certo argumentar que nenhum projeto em construção surgirá sem pontos controversos, que a maturidade de uma forma de pensamento é alcançável ao longo de décadas e pelo aprimoramento paulatino das ideias fundamentais, durante gerações. Ora, aqui só tratamos de um circuito mental entre três autores em uma década, ademais cumprido em um país que nunca antes, durante ou depois, se destacou pela elaboração reflexiva. Tudo isso é indiscutível e condiciona a ausência de correção de debilidades razoavelmente evidentes. Todos esses fatores motivam o enfraquecimento que atingirá o concretismo com a morte de Haroldo de Campos (2003) e Décio Pignatari (2012).

Mas seria impróprio dar aqui por encerrada a tarefa a que nos impusemos. Dois passos ainda hão de ser dados. Em primeiro lugar, apenas assinalemos o que não poderá ser aqui desenvolvido: a produção de ponta e as traduções que Augusto de Campos tem mais recentemente feito apresentam uma complexidade que vai bastante além do que se anunciava nos anos de 1959-60. A menor complexidade de antes se ajustava ao reducionismo proposital do legado mallarmeano-joyceano então praticado.[3] Em continuação à pesquisa de Gonzalo Aguilar, *Poesia concreta brasileira* (1965), valerá verificar-se a relação entre o Augusto aqui focalizado e o das décadas mais recentes. Concentro-me no segundo passo. Ele terá por objeto o ensaio "Poesia e modernidade: Da morte da arte à constelação. O poema pós-utópico", conferência que Haroldo de Campos apresentará, em agosto de 1984, na Cidade do México, em homenagem a Octavio Paz. Nosso ensaísta percebe que, passados 34 anos, o ambiente mudara por completo. Sob Juscelino, o liberalismo podia assumir um aspecto desenvolvimentista porque convivia com um momento democrático, propiciando "um dos raros interregnos de plenitude democrática que foram dados viver à minha geração" (Campos, H. de, 1997, p.267). O concretismo

---

3 Não haverá aqui oportunidade de desenvolver a questão do reducionismo que os concretos então propunham. O poema de Gomringer, aqui transcrito, mostra, com toda a clareza, a extrema redução da complexidade da elaboração de "Un Coup de dés" e *Finnegans Wake*. A pergunta que se põe consiste em como a tríade concreta podia conceber a manutenção do legado por semelhante recurso? A questão torna-se aguda pela leitura do *Finnegans* por Michael Patrick Gillespie (1998/1999). Ela basicamente consiste em negar que "*defined linear relationships*", fundadas em "*Cartesian reasoning*", propiciem a leitura eficaz da obra joyceana, sem que o autor proponha mais do que a hipotética alternativa de que o *Finnegans* melhor se fundaria no "princípio da incerteza" da física contemporânea. Sem recorrer a um sistema não desenvolvido doutra lógica, um confesso admirador de Joyce, o romancista Michael Chabon, dirá em texto recente: "Se o modernismo na literatura pode ser definido como um realismo do irrepresentável, então o *Wake* se converte numa prova da impossibilidade do realismo, da insuficiência dos instrumentos da *mímesis* em capturar, transmitir ou mesmo sugerir acuradamente a surrrealidade sem medida dos sonhos. [...] O fracasso do *Wake* em oferecer um relato verdadeiro da experiência do sonho, da passagem inconsciente de uma consciência humana em uma noite comum, era apenas uma figura para um fracasso maior, para uma impossibilidade mais fundamental" (Chabon, 2020).

teve a oportunidade de propor a "busca de uma nova linguagem comum". Mas o instante utópico fora bastante breve. "No plano internacional, acelerou-se a crise das ideologias. [...] A poesia esvaziava-se de sua função utópica (apesar de, paradoxalmente, os novos *media* criados pela tecnologia eletrônica lhe acenarem com possibilidades inusitadas" (ibid., p.268). O poeta e ensaísta tinha a coragem de declarar a completa mudança de chão:

> Sem perspectiva utópica, o movimento de vanguarda perde o seu sentido. Nessa acepção, a poesia viável do presente é uma poesia de pós-vanguarda, não porque seja pós-moderna ou antimoderna, mas porque é pós-utópica [...]. Ao *princípio-esperança*, voltado para o fruto, sucede o *princípio-realidade*, fundamento ancorado no presente. (Ibid.)

Haroldo reconhecia não o naufrágio do movimento, mas a necessária mudança de perspectiva. Contra o reducionismo de Pignatari, que via a forma concreta proposta como da mesma família que os subprodutos mediáticos (o cartaz, os anúncios luminosos, a publicidade eletrônica), Haroldo percebia que o pós-utópico assumia a forma de resistência. Seu ensaio, contudo, não se limitava a constatá-lo senão como uma grande lição para quem pretendesse pensar o papel do poeta no instante grave vivido e que logo se tornaria ainda mais grave. Por isso, a própria expressão de vanguarda assumia outra inflexão. A poesia concreta não abandona o propósito de "levar até às últimas consequências o projeto mallarmeano" (ibid., p.264), mas a ênfase já não está em se contrapor a toda a linearidade, e sim em pensar "primacialmente, numa presentificação produtiva do passado" (ibid., p.252). Isso o conduz, em passagem capital, a confrontar a tese de Hans Robert Jauss com a de Octavio Paz. O historiador, "ainda que profundamente sensível à perspectiva sincrônica e às novas questões propostas pelo presente [...], não pode deixar de atribuir, aos vários passados sucessivos, pacientemente reconsiderados, o índice específico de cada um no céu só aparentemente simultâneo da sincronia" (ibid.). Era assim reconhecido o peso que a história paga ao historismo. Paz, em contraparte, extrapola a diferença secular entre o poeta e o crítico, e, como declara sua citação, "a criação poética se alia à reflexão sobre a poesia" (apud ibid., p.250). A ruptura com a visada tradicional continua sendo o ponto determinante, mas agora "um determinado presente (o nosso) se reinventa ao se reconhecer na eleição de um determinado passado. Descoberta (invenção) de um particípio passado que se comensure ao nosso particípio presente" (ibid., p.249).

O "determinado passado" permanece ancorado em "Un Coup de dés", ao mesmo tempo que o horizonte do presente continua a se inspirar "nas técnicas de espacialização da imprensa cotidiana" (ibid., p.255). A extraordinária habilidade mental do poeta, ensaísta e tradutor evitava a depressão passível de ser desencadeada pelo reconhecimento da drástica mudança operada no tempo. Sem que tivesse a oportunidade de enfrentar a questão do reducionismo que aqui é proposta à complexidade mallarmeano-joyceana, Haroldo acentuava, com apoio em Paz, a aliança então mais bem estabelecida entre a criação ficcional e a atividade crítico-analítica, que fundamenta a teorização. Esta foi a última lição que nos legou.

BREVE ADENDO EM OUTUBRO, 2020

O ensaio acima, que logo enviei para Augusto de Campos, terminava nos termos acima. Pouco depois, em e-mail datado de 4 de agosto, recebi do poeta e amigo resposta de que julgo não dever deixar de incluir aqui uma certa parte, pois não é só a mim que interessa saber que

> [...] concordância absoluta nunca houve inteiramente entre nós três, os *noigandres*.
> Convergência, sim, e grande. Admiração, amizade, solidariedade, grandes. [...]
> Enquanto Haroldo acreditava ter encontrado um "agora", um caminho, uma saída, livre das amarras manifestativas, eu me negava saídas, sem saber por que avesso sair.
> Não sei até hoje.

Mas também não acreditava numa pacificação
Mesmo às custas de um "beau geste" ideológico.

É evidente a discordância de Augusto quanto à mudança proposta pelo irmão, para quem urgia que o movimento, dado o contexto sociopolítico provocado pela exacerbação do golpe militar de 1964, repensasse seu rumo. Não é que Haroldo cogitasse que "o poema pós-utópico" supunha a dissolução do concretismo ou que, por sua discordância, Augusto nela pensasse, muito menos que cogitasse afastar-se do poema de carga política, que continuará a praticar, assim como Décio e Haroldo. Sem um consenso em relação ao caminho a seguir, todos discordariam do princípio a ser afirmado pelo melhor intérprete do movimento, Gonzalo Aguilar: "O final dos anos 1960 representa o encerramento da experiência concreta" (Aguilar, 2005, p.155).

Discrepâncias à parte, todos concordamos que o final de 1968, com o endurecimento solidificado pela publicação do AI-5, a exacerbação da censura e das torturas, expôs a impossibilidade denunciada por Haroldo de semelhante regime coabitar com uma orientação manifestamente de vanguarda. (Ante a repetição da situação política que vivemos – ora trágica, ora cômica –, recordemos a contundência do detalhado ensaio *Literatura e vida literária*, de Flora Süssekind (1985). Diante dela, e na falta da análise que eu me prometera da poética de Augusto de Campos, reitero a dupla leitura que encontro no seu "Pós-tudo" (Campos, A. de, 1985):

>   QUIS
>   MUDAR TUDO
>   MUDEI TUDO
>   AGORAPÓSTUDO
>   EXTUDO
>   MUDO

Dupla leitura: uma irônica, voltada para o antes e o agora, contra a poética do eu; a outra agônica, tematizando o algoritmo agora atuante.

Segunda parte

Alguns contemporâneos

VI

Max Martins: a excepcionalidade paraense

Suspeita-se que dedicar o texto de um livro relativamente longo a alguns poetas, sobretudo em um país em que a leitura não é experiência corrente, é uma provocação contra o bom senso.

Sem negá-lo, dou-me ao direito de justificá-lo. O maior interesse da crítica nacional tem-se concentrado nos chamados modernistas, na geração a que pertenceram Manuel Bandeira, passando por Augusto Frederico Schmidt e Jorge de Lima, com o destaque de Carlos Drummond de Andrade. Sem o mesmo empenho, o interesse da crítica ainda beneficiou João Cabral de Melo Neto. Já em decréscimo, ainda se prolongou até os poetas concretos.

Já a poesia dos anos 1970 era e é mais noticiada que propriamente discutida. A passagem para o século XXI evidenciou as consequências de quatros fatores: (a) inovações na produção tipográfica tornaram acessível a edição de pequenos volumes, usualmente paga pelos próprios autores; (b) o desaparecimento progressivo dos suplementos literários, pelos quais o leitor interessado era informado do que aparecia e os resenhistas destacavam os autores de melhor sorte; (c) um pouco mais recente é a crise do livro, com o fechamento das livrarias e a popularização televisiva; (d) acrescente-se o que há muito é sabido: serem poucas, desfalcadas e desatualizadas as bibliotecas de que dispomos, mesmo, o que pareceria absurdo, as das universidades públicas e privadas de prestígio.

No momento em que escrevo, a situação se converte em calamitosa. Malgrado a importância do Rio de Janeiro na produção e na difusão da cultura, desconheço haver agora uma livraria que seja, com um estoque de obras estrangeiras, além de a crescente desvalorização da moeda nacional fazer com que o dólar atinja um valor que a cada semana o torna mais inacessível à ampla parcela do leitor habitual. Isso para não falar do propósito do atual governo de converter a cultura em agência de propaganda.

Os fatores elencados são facilmente reconhecidos. Mesmo abstraindo do isolamento cultural em que afunda o país, pergunto-me como nos seria dado saber acerca do que se incorpora ao mercado editorial. A pergunta por certo cobre o livro em geral, mas concerne em particular à área, que tem na poesia seu protótipo que, entre nós, nunca se caracterizou por uma ampla recepção. Esboça-se então uma situação paradoxal: por suposto, somos contemporâneos de uma quantidade de poetas inimaginável no século XX, ao passo que é evidente a impossibilidade factual de o leitor ao menos o saber.[1]

É esse o panorama que me motivou, contrariando as tendências do *marketing* a dedicar um tempo considerável à coleta e ao estudo de alguns dos poetas atuais. Ressalto o indefinido "alguns". A primeira razão dos que são aqui estudados é simplesmente que foram reconhecidos em minha biblioteca particular. Mais explicitamente, os muitos não abordados não o são por um necessário critério valorativo. Assinalo que esse não é o único critério. Alguns nomes não foram tratados porque deles, conhecendo um só livro, não podia saber se a minha abordagem

---

[1] Em 2018, Tarso de Melo apresenta uma antologia, *Sobre poesia, ainda: Cinco perguntas, cinquenta poetas*, com dois poemas de cada um dos cinquenta poetas selecionados (cf. Melo, 2018).

abrangeria a visão de sua produção. São razões pequenas, nem por isso menos significativas.

Max Martins (1926-2009) é meu primeiro destaque. Data de 1952 sua estreia, com *O estranho*. Paraense de origem, ainda que sejam conhecidas suas viagens para o exterior, havendo permanecido seis meses em Viena, acolhido por seu amigo Age de Carvalho, e nos Estados Unidos, por efeito dos laços estabelecidos com poetas americanos, a partir da estada de anos do poeta Robert Stock em Belém. Fora essas escapadas, Martins residiu toda a vida na capital paraense.

Tal fato retrospectivamente importa para seu desconhecimento no restante do país. Ele só não é absoluto pela edição de seus poemas completos, pela Universidade Federal do Pará, supervisionada pela diligência do amigo e também poeta Age de Carvalho. Devo a ambos o conhecimento de sua obra.

Aos aspectos acima arrolados sobre a desinformação que cerca a produção poética nacional contemporânea, há de se acrescentar o caráter continental do país, que provoca a disparidade de divulgação do que nele se publica: salvo raras exceções para os que vivem em Porto Alegre, Belo Horizonte ou Recife, só encontram alguma publicidade os que estejam no eixo Rio-São Paulo.

Foi o também paraense Benedito Nunes quem assinalou a proximidade de Max Martins com os dois primeiros livros de Carlos Drummond e o quanto a forma que molda *O estranho* revela a distância geográfica em que fora elaborado. Em artigo do mesmo ano de sua edição, "A estreia de um poeta", o nosso Bené Nunes assinalava: "A primeira impressão que desperta a leitura desse livro de estreia é a ligação constante de seus versos com o que o movimento modernista teve de superável: o anedótico, a facilidade das soluções poéticas, e o desprezo formal pelo verso como unidade rítmica" (apud Nunes, 2021, p.225).

Quarenta anos depois, dispondo da obra já constituída do conterrâneo e amigo, o pensador culpava sua própria "empáfia professoral" pelo que considerava a "compreensão preconceituosa da linguagem modernista" (ibid.). O adendo era injusto consigo mesmo. É certo que, *a posteriori*, era possível descobrir, nos primeiros poemas de Max Martins, traços do que será superado, sem que por isso deixasse de ser injusto apenas ressaltar a "verve superficial" tanto do primeiro Drummond quanto do por ele influenciado. Acentue-se apenas que àquele Max a afirmação do sujeito individual ainda constituía a matéria-prima da ficção poética:

> Só
> Sem o cálice e o lápis,
> Decomposto o poema,
> Sem amor e música,
> O carinho e a lâmpada,
> Como acariciariam os revigorados dedos?
> E os rejuvenescidos olhos
> Se deslumbrariam de quê?
> ("Poemas", em *O estranho*)

A concentração no eu será logo derruída em *Anti-retrato* (1960), exaltado como o primeiro livro de realce do autor. Antes de analisá-lo, impõe-se uma observação prévia. O próprio descentramento do eu que se anuncia provoca outra aproximação com o mestre mineiro. A relação agora deixa de ser de mestre e aprendiz porque as duas trajetórias antes se estabelecem como paralelas. Sem dizê-lo expressamente, Bené Nunes o intuía ao atentar que a correspondência entre *eros* e *poeisis*, a ser intensificada em *H'era*, "pode celebrar, exultante, a união de dois numa só carne com a penetrante escavação semântico-etimológica de *venerea* e venerável, palavra castiçamente latina (*fodere'* = cavar), que lhe serve de eixo" (Nunes, 2021, p.242).

Em Drummond, o que chamamos de princípio-corrosão não contamina o erótico, que se restringe a destacá-lo, na imagem orientada pela memória. É em Max Martins, sim, que tal fusão opera. É certo que isso não se dará de imediato. Mas enunciá-lo aqui traz a vantagem de o leitor estar atento para suas distantes primícias. Por enquanto, o trajeto principia a desenrolar-se. No prefácio à edição a que nos referimos, Eliane Robert Moraes escrevia:" [...] Estes poemas compõem uma série de figuras absolutamente instáveis que, ao expor a provisoriedade de um corpo sujeito às transformações impostas pelos ciclos da vida, deixam ver a sua própria e incontornável finitude" (Moraes apud Martins, 2018a, p.15).

A opção pela instabilidade do corpo resultante dos ciclos da vida é bem correta. Vê-la, contudo, na perspectiva da poética que começava a se estabelecer também permite associá-la a uma dinâmica que extrapola as dimensões corporais. Assim se concretiza no excelente "Max, magro poeta":

> Max, magro poeta
> na paz dos prados de aquarela
> acaso amaste o lírio
> colhido às pressas
> entre os teus sapatos?
> Será que encontraste
> em contraste com a flor
> a ponta do punhal
> dentro da flor?
>
> Procura no teu bolso a bússola
> e a âncora no teu peito
> deste barco prestes a partir
> de tua garganta.
> Na quilha enferrujada,
> na popa ressequida
> descobrirás a ilha
>
> Magro poeta, o sol dos muros
> ainda anotas
> mas, e o sal que escorre
> dentro das pedras?
>
> Ao pouso inesperado duma asa,
> contempla a mosca:
> no seu ventre ferve-lhe o poema
> ("Max, magro poeta", em *Anti-retrato*)

Em versos cuja extrema síntese faz crescer sua intensidade, cada evento é marcado entre a flor e "a ponta do punhal" que nela se oculta. Cada evento participa de uma travessia em que o eu deixa de ser a parte supostamente ativa para converter-se em "barco", cuja suposta estabilidade torna mais inesperada a descoberta da "ilha". A segunda estrofe, portanto, acrescenta e antecipa uma contradição ao que o final da primeira estrofe exprimia. Ali, o punhal dentro da flor negava o pleno caráter de beleza e de positividade a ela atribuído. Aqui, os valores se invertem. Do barco se destaca a "quilha enferrujada". Mas é esta, assim como a "popa ressequida", que a ilha ressalta. A terceira estrofe apontará particularidades contidas na ilha, quem sabe se para "o sol dos muros/ [...] e o sal que escorre/ dentro das pedras?". Sol e sal importam para a revelação do inseto em cujo ventre se deposita o poema. Percebe-se a tensa dialética formada pelas contradições. Na derradeira, a insignificância da "mosca" – em ironia inesperada – está contida na condensação do poema.

Eis pois o primeiro resultado da recusa de estabilidade do eu. Sua negação não é tão só de ordem ética: é o privilégio do espiritual (*Geist*), que se impusera no pensamento, desde a força concedida, pelo pensamento hegeliano, ao centramento no indivíduo. Cogitar que o termo final do poema exalta o estético é insuficiente porque a estesia não é sinônimo da intensa dinamicidade que atravessa "Max, magro poeta".

A dimensão menos profunda da aludida dinamicidade se verifica pelo desmanche das frases feitas ou esperadas. Sua primeira prova estivera no punhal contido na flor. Mas ela já não estivera no próprio título do poema, no qual "magro" substituía ironicamente "magno poeta"? Do mesmo modo, a "paz dos prados de aquarela" recorda o arranjo tradicional das salas de classe média, com suas reproduções convencionais de flores e lírios. Será exagero acrescentar que a negação da harmonia convencional aumenta com a alusão à terrenidade contraposta dos sapatos? Supor a postulação de um além da estesia não torna pensável que "a ponta do punhal" se transforme no barco "prestes a partir/ de tua garganta"?

No contraste entre o macio intransitivo da flor e da aquarela surge um terceiro termo, a ilha a ser descoberta. A ilha perde todo o aceno ao imemorial contido na acepção habitual por sua combinação com a mosca. O que vale dizer, a peça não remete ao transcendente costumeiro, pois antes empresta sentido ao transtorno que passa a estar contido no agente do poema, o inseto.

A excelência do poema irradia de sua relação com os nomes enumerados em "Amargo": o mar "dos velames", "o mar noturno" das "marés com a lua/ a boiar no fundo". Sua qualificação como "o mênstruo da madrugada" antecipa o "mar particular". Do "amor amargo". Assim, "Max, o magro poeta" encaminha para a pessoalidade impessoalizada. Não se trata do mero desfecho de uma temática. Esta se transforma na poética que se constrói e que serviria de lição não aprendida por muitos de seus pósteros.

O que vem de ser dito é corroborado por outro poema singular, "No túmulo de Carmencita":

> Virgem doméstica
> agora és um nome em mármore e limo,
> um nome que é uma fonte seca,
> uma flor na tarde morta.
>
> As tranças se soltaram no tempo
> E se perderam no espelho sem fim.
>
> (Quando a valsa parou
> Tísica morreste com uma rosa nas mãos.
> E meio século depois
> As árvores, em silêncio, recompõem tua história.
>
> Se agora a rosa caísse o mundo estacaria
> freava sobre o cadáver do pássaro
> em sombra e dúvida
> posto que em relevo.)

A abertura confunde o tempo com a moldura do que foi e se estabiliza no que agora está na lápide – "és um nome em mármore e limo". A estaticidade das formas de antes e de agora é o cenário dentro do qual as imagens transmitem a dinâmica da terceira estrofe. A tísica interrompe a valsa, e a ausência desta é recomposta pelas árvores. A última estrofe reúne o tempo físico à condicional – "se agora a rosa caísse" – e o reenvia ao fim da primeira estrofe – "uma flor na tarde morta" –, em que a rosa imageticamente se confunde com a pessoa que a tísica levara. O que perdura na memória não interfere na ordem do tempo e do mundo, e o "cadáver do pássaro" tão só incorpora "sombra e dúvida". A homenagem à morta não interrompe a linearidade do tempo. Como adiante melhor destacaremos, a transformação que a imagética concretiza tem limites bem definidos. A força do *antirretrato* requer que nele ainda sigamos.

> Os seios não são como as ondas,
> colo de pedra lisa, espuma e sal;
> mas o corpo todo um pasto branco para o canto
> e os cabelos e os olhos, sombras
> desligadas do verde das montanhas.
> No beijo morno boiam as dobras do sono
> e, entre as coxas abandonadas, o eco dum suspiro
> ("Na praia o crepúsculo")

A cena imagética supõe a fusão do corpo (feminino) com a natureza. Ambos crescem por suas reentrâncias. O erotismo do poeta é inclusivo. As reentrâncias resvalam para o "beijo noturno" e para o "verde das montanhas", e, em "as dobras do sono", ecoam "as coxas abandonadas". A junção do corpo com a natureza será mantida na imagética ousada de poemas menores ("Copacabana", "O amor ardendo em mel"). Sua conjunção não significa consonância harmoniosa, mas discrepância constante. Por isso, o poema final do *Anti-retrato* termina com os versos "caveira de pássaro/ exposta na planura" (em "1926/1959").

Os poemas referidos, longe da grandeza de "Max, magro poeta", foram destacados para fazer notar a atmosfera que, no autor, envolve o erotismo. Seu abraço com a natureza não implica gesto de encantamento com a vida, mas a afirmação de uma sóbria dramaticidade.

Dizê-lo ainda seria prematuro se logo não se acrescentasse que outros ângulos devem ser vistos para a compreensão da "carnalidade do mundo" (Nunes, 2021, p.241). Isso se tornará ainda mais palpável com *H'era*, datado de 1971. Como diz seu título, o livro se constitui pela conjunção de haver e ser, o mundo do ser convertendo-se em manifestação do haver. Como já destacada no *Anti-retrato*, a carnalidade conjuga ao ser do mundo o haver de suas criaturas, mais precisamente ao sujeito verde, aquoso, do amazônico. A conjunção não é sempre poematicamente feliz. Não o é em "Um deus partido ao meio", cuja transcrição, entretanto, analiticamente se impõe:

> Um deus partido ao meio
> e em cada polo um troço,
> um torso mutilado.
> Tinha em cada face um beijo
> repetido em barro – rastro
> de ave de rapina espicaçando
> um ventre: pasto
> de Cristo e seus abutres.
>
> (Meu Deus! Esta cidade!
> com seu rio tão sujo
> parindo lama,
> homem após homem, sêmen gerando
> sombras e pontes
> ecos e ferrugens.)
>
> Atirai-me destas pontes, putas
> Atirai-me pedras, pedros,
> e em febre abri-me
> vossas vulvas-coxas!
> Acolhei-me exangue nesse deus-cloaca
> [13]– sangue –
> e à sua Ferida uni-me!

Anunciada pelo título do livro, e pelos três primeiros versos, a peça parte do máximo do ser, o deus, de que seu caráter de "partido ao meio" já enuncia o que se materializa pelos versos sucessivos: o torso trazia o imemorial do reiterado do beijo, submetido à fusão de ser e haver, confirmado "em barro", por sua vez remetendo à "ave de rapina espicaçando/ Um ventre", com que retorna à imagem de abertura, agora explicitada pelo agente da ação corrosiva, exercida sobre o que há, os "abutres".

A segunda estrofe realiza um caminho para baixo, para a cidade, "com seu rio tão sujo/ parindo lama". Por outra descontinuidade, surge a estrofe seguinte, que não se explica em termos meramente espaciais. As "putas" substituem os abutres e anunciam a espera de que o acolha o "deus-cloaca", com que se designa o "sangue". A última alusão motiva o último verso – "e à sua Ferida uni-me".

O circuito entre sangue e Ferida indica o teor religioso que se introduz. A maiúscula reservada à "Ferida" evidencia a referência ao cristianismo. À erótica, que já compreendia a tematização da linguagem – "a Poética equivalerá a uma arte erótica que veicula, sob o tropismo fálico do corpo feminino, o labor reflexivo do poeta com a matéria das palavras" (ibid., p.240) –, ainda é acrescentada a amplitude religiosa. Metonimicamente, a figura de Cristo conecta-se ao que, em termos espaciais, é mínimo, o mínimo gerador da cloaca, termo reservado ao depositário do sujo ou lugar apenas animal. A "Ferida" é então figurada numa situação em que aquilo que remetia ao plano do divino agora está próximo do mínimo gerador. O encontro aspirado – "[...] à sua Ferida uni-me" – se dá a partir de um próximo que a linguagem usual vê com menosprezo. Ao passo que o poema costuma ser entendido como a construção que provoca um enxame de emoções, a poética de Max Martins converte aquilo que faz em uma experiência de rítmica dominância intelectual. Só depois de haver sido ela despertada, ressurge o emotivo do estético. O leitor precisará considerar a reviravolta para habilitar-se a compreender que o papel da contenção semântica vai além da mera síntese sintática. O poema acabado contém antíteses e não harmoniosas consonâncias. Na peça, cujo primeiro verso repete seu título:

> No fedor deste poema a dor
> há muito foi-se embora. A dor
> já não vigora.
> >   Resta o silêncio
> > E seus micróbios

O negativo atinge seu auge. As estrofes seguintes tratam de mensagens, pontes, bandeiras, telegramas; são buscas de contato lançadas e perdidas. Do poente e da madrugada, restam o cancro e suas raízes. Do que se desfez, exala "este poema de urina e ácido". Em contraste com "Um deus partido ao meio", onde graça e desgraça se compensavam – "[...] Cristo e seus abutres" –, o poema concentra-se na herança da dor unânime. O próprio aspecto religioso se perde, e a "Ferida" "fez-se seta desferida".

Como declaram "Ver-o-Peso" e "O não da fome", o mercado encontra a fome – "a canoa tem um nome/ no mercado deixa o peixe/ no mercado encontra a fome" ("Ver-o-Peso"), pois a fome se entranha em cada parte do homem – "está na face/ no umbigo/ no abdômen/ a fome/ está no nome" ("O não da fome") – e "apaga o homem" (ibid.).

A dominância do não torna mais nítido o caráter de toda a vida. Pelo que antes expúnhamos, havia o entendimento de que a conjunção *Eros-poiesis* supunha um todo tenso, mas de cunho afirmativo. Mantê-lo seria favorecer o enlace com o harmônico e não ressaltar que a entrada do religioso se fizesse em um final de poema, como um qualificativo que apenas tivesse sido acrescentado. Impõe-se a transcrição de "Amor: a fera" porque retifica a direção ainda ingênua. O amor não é o reverso da carência e do amargo. É, sim, um modo simulado do agressivo que reina na vida:

> Amor: a fera
> no deserto ruminando
> Esta lava dentro do peito
> >   dentro da pedra
> >   dentro do ventre

> amor lavra
> na planura rastejando
> sulcos de febre-areia
> planta no teu sexo
> o cacto que mastiga
> o falo que carregas
> sobre os ombros
> como um santo
> um juramento
>   esta serpente

A fera se confunde com a "febre-areia"; é "o cacto que mastiga", idêntico ao "falo que carregas". Mas não igualemos as partes que se sobrepõem. O falo é levado nos ombros "como um santo/ um juramento". A afirmação final, "esta serpente", vale tanto para a parte terrena, "falo", quanto para sua aspiração celeste, "um santo". Que os dois tenham o mesmo qualificativo significa que os aspectos positivo e negativo não são antitéticos porque mutuamente se incluem. A fusão tensa dos opostos não impede a face lasciva do falo. (Ela será realçada no final do menor "O amor ardendo em mel". Enquanto mel, o amor apenas morde – "Morder somente a sua semente/ antes de agora/ antes da autora" –, noutra ocasião se transforma em serpente; ou ainda admite o sossego provisório de "Home":

> O lar: a mesa;
> esta laranja sobre.
> E o mar indócil
> Da gravura
> Aconchegada à porta
> vazia à noite.
> O velho piano
> Pianíssimo das cordas
> sem memória morria
> e acordava
> o gato cinza,
> patas a cerzir luar.

Nenhuma ironia macula a intimidade burguesa. Conquanto interditada, a ironia ali está, desde a escolha do título. Ela se propaga pelo mar represado da gravura e pelo gato cujas patas cerzem o luar. O tom descritivo abole a ironia, enquanto o teor do que se descreve a expõe. O acoplamento de *eros* com a dimensão religiosa, afirmados e contraditados, só se resolve pela manifestação do poema. Isso não seria concebível sem "uma violentação da linguagem, corroída por efeito de sua própria concreção" (Nunes, 2021, p.243). Pois, se for válido falar em Max Martins de dialética hegeliana, há de se contrariar a tradução com frequência dada à sua *Aufhebung*, falsamente entendida como síntese, pois a tensão dos opostos se prolonga no termo inclusivo, a *suprassunção* (na solução do tradutor brasileiro, Paulo Menezes).

Datado de 1960 e republicado em 2016, *O risco subscrito* é seu livro seguinte. São decisivas duas passagens de seu prefaciador, Eduardo Sterzi. Na primeira, o autor remete a Benedito Nunes, que acentuava, desde *H'era*, o equilíbrio entre "o visual e o discursivo". Daí resultava não existir "forma sem *páthos*", com que se revela "a corporeidade como sua dimensão fundamental" (apud Sterzi, 2016, p.14, 17). Da segunda referência resultava a primazia do significante, com que a "carnalidade", enfatizada na produção de Max Martins, provoca a exploração das direções corporais, que extravasam do significado dicionarizado.

As passagens destacadas remetem ao reconhecimento do que prima entre os concretos paulistas e acentuam a intensificação do significante no interior da carnalidade. Sua junção é manifesta em trecho de "No princípio era o verbo": "A frase é triste/ Epístola e pústula/ um rosto/ coroado de música/ se delindo/ e de espinhos" (em *O risco subscrito*). De seu fundo, bem como já do próprio título, ecoa o legado cristão, incorporado à própria história, o verbo fundindo-se ao sexo impessoalizado: "sêmen sem mim" ("Rasuras"). O religioso então se dessacraliza:

> Em nome do Pai filho do Nome o homem
> Clama por seu nome
>   Ao Ermo
>   A esmo
>   Chama
> E se consome
>   O poema é fome
>   De si mesmo ("Homo poeticus")

Convertido em legado terreno, o religioso perde a transcendência mantida por séculos, assim como é recusada a relevância do sujeito individual, reduzido a "Meus ecos ruindo/ os ratos/ roem esta bacia/ e roem a rosa/ da neurose/ a poesia/ a se esvair" ("Um campo de ser"). À denegação das transcendências religiosa e do eu, eu que ocupou o lugar do sagrado cristão, corresponde o império da ferrugem: "Tudo é ferrugem/ O amor amorfo/ mofo/ no paraíso-vaso/ raso/ deste istmo" ("Um campo de ser").

O legado agora negativo, que se espraia pela poesia pós-baudelairiana, exprime-se taxativamente pela recusa das transcendências. Mas a presença explícita de *eros* impede que seja confundido com um niilismo intelectualizado. Ela não interfere na recusa da transcendência historicamente mais próxima, em que continuamos a habitar, a de um ego substituído por sua recusa: "Mas existo c'ego/ atado a mim/ e sem-me" ("Breve epitalâmio").

Tal ausência é básica para que o privilégio do significante se relacione ao realce do espaço em branco. Em vez de o poema se confundir com a expressão de uma unidade precedente, o sujeito individual, ele remete a seu assassinato: "Preto/ no branco/ pre'texto/ as linhas meditam/ Me ditam e assinam/ O assassinato" ("Mandala").

O poema não resgata o que é finito, porque se confunde com o produto dessa finitude: "Atrás da máscara/ não há rosto – há palavras/ larvas de nada" ("O resto são as palavras").

Reconhecimento que não impele à abolição do plano do ver, mas que, revisto, torna eficiente a homologia entre um estado vencido, o "de ser virgem", e um termo alheio aos dicionários, "admiragem" (final da nova versão do "Túmulo de Carmencita").

Acrescente-se um pouco mais, pelo destaque de "Escrita":

> Quem nos olha é só uma praia
> quem nos ouve é só uma praia
> quem nos é é só uma praia
>
> e a praia é um só ver desvendo
>   verso deserto
> o desouvido deus-ouvir o som negado
>
> E somos só esta vã escrita
> Nosso riso risco contra um espelho, praia
> que nos inverte e desescreve
>   DissolVENDO-NOS
>
> ("Escrita")

O poema ressalta o que releva no ver, pondo-o na cadeia que expõe seu limite no sensível da "vã escrita" "que nos inverte". De sua parte, a "vã escrita" remete ao encontro de "Os amantes": "ele/ &/ ela anelam", até que "espelhos/ se anulam/ ardem e se apagam/ na luz". A incorporação do ser ao haver não abjura a presença mental e material de um e outro, apenas manifesta a plenitude em si mesmos. Ao contrário do que sucedia com a transcendência que também elevava o artista, o poeta se expõe ao que digam as palavras "para o engate/ da serpente com a semente/ e o seu resgate" ("As serpentes, as palavras").

Tamanha combinação de planos que não se resolvem em síntese está distante de ser tarefa fácil. Diferentemente, ela corre o risco que se refaz a cada peça de converter-se em ocioso *trobar clus*. Por exemplo, em "Um corpo", o final remete simultaneamente aos catorze versos precedentes e aos dois finais, sem que isso explique a razão da maiúscula que abre "Tudo é interdito": "Dizer não é/ Tudo é interdito/ ou não se vê/ tão perto/ E disto nisto/ escrevo-escravo". É possível entender tanto que o enunciado se basta a si mesmo quanto ele ser complemento do verso anterior. O "ou" do verso seguinte parece indicar que a segunda hipótese é a correta. Mas por que a maiúscula de

"Tudo"? Suponho que o uso é proposital para estabelecer a dupla e ambígua leitura.

Sem ainda alcançar a qualidade do *Caminho de Marahu*, *O risco subscrito* é a etapa necessária para a maior excelência do poeta paraense.

Já o título *60/35* (1986, republicação em 2018) do pequeno livro alude à idade do autor e aos anos que leva como poeta (Nunes, 2021, p.233). É formado por dezoito poemas curtos, que continuam a desafiar a argúcia do leitor. Já na abertura apresenta-se

O

que restou do sonho
do veludo-vício do destino
desse nome

vaza

dessa boca
                    do poema
                              vaso
do noturno ácido

A maneira mais eficaz de entender sua construção parece consistir em dar-se conta de que privilegia a ordem inversa do que esconde o usualmente realçado – a boca do poema –, para que efetivamente se ressalte a sua enunciação. Daí o "vaso do noturno ácido", que vaza "o que restou "do veludo-vício do destino". Se o que chamamos de "destino" é um falso constructo, o que dele vaza é um vaso concreto que, ao contrário do vaso como objeto pragmático, é invisível. O invisível, enquanto parte do nome, mal endereça a um referente, ao passo que agora a linguagem o converte em visível, constituindo o que se chama de "metáfora absoluta". (Para que assim se conceba, a linguagem precisa ir além da comunicação com que usualmente é confundida.)

Pensemos nos poemas seguintes. A ordem inversa da peça de abertura transforma-se em agressiva ordem direta, em "Isto por aquilo":

> Impossível não te ofertar:
> O rancor da idade na carga do poema
> O ronco do motor numa garrafa
>
>   Ou isto
> (por aquilo
> que vibrava
> dentro do peito) o coração na boca
>   atrás do vidro a cavidade
>
> o cavo amor roendo
>   o seu motor-rancor
>
>   – ruídos

Imprevisível, a comparação aliterativa – rancor/ ronco – converte-se, nos últimos versos, numa equivalência, cuja única sustentação é a semelhança fônica da repetição do *r* rascante – "amor roendo", "motor-rancor" – que remete ao sempre heterogêneo "ruídos". A ordem direta não impede, mas favorece, a homologia entre o ronco mecânico do motor e a vibração orgânica do coração, pois ambos roem e provocam ruído. Visíveis que são o rancor na carga do poema, o ronco do motor na garrafa, não são menos invisíveis "o cavo amor" e seus ruídos. Assim como o poema não opta por palavras que possam parecer nobres, tampouco escolhe alguma ordem; inversa ou direta, será apropriada desde que capte a conjunção dos contrários, o visível e o invisível.

Note-se um poema um pouco maior, "Negro e negro":

> Sem tom nem som
> não tonsurada
> Oculta de si própria
> e de seu nome
> cega

> no seu ovo a letra-
> aranha sonha
> sabe:
> Guarda o silêncio
> Antes do incêndio

A decodificação torna-se maior. Mas sempre lidamos com o trabalho do invisível sobre o visível. Em vez de magia, suposta na metáfora banalizada de "a magia do poema", trata-se de provocar a ovidiana metamorfose. Visível é o ovo, em sua oblonga unanimidade. Como um fino diplomata ou uma dama sinuosa, a letra-aranha disfarça enquanto tece. Visível, o ovo importa pelo que oculta? Não, dizem os versos finais, que exaltam sua precisa propriedade: "guarda o silêncio/ antes do incêndio".

A letra-aranha tira da vista o que tece, por detrás dela. O mistério do mundo é preservado pelo sonho da letra. O mistério não é alguma substância, mas algo entranhado noutro plano. Os dédalos do mundo estão próximos de certos dedos: os que tocam na letra-aranha. Não estranha que ela provoque incêndios. Dito isso, é possível vir-se ao segundo "isto por aquilo". O primeiro tinha sido visto como um jogo de descoberta do visível encoberto. Ante o avanço de sua indagação, não é possível definir o segundo, e mais curto, "isto por aquilo", como uma tmese disfarçada? Disfarçada porque a figura da linguagem só é percebida se invertermos as posições do segundo e do terceiro versos. A forma impressa é:

> pro
> por
> (sem dor)
> amor

A inversão sugerida produziria:

> pro
> (sem dor)
> por
> amor

A arbitrariedade cometida seria ao menos eficaz. A tmese – separação de dois elementos que constituíam uma palavra pela inserção de um intermediário – estaria na própria natureza do amor, que a tmese oculta em o "Túmulo de Carmencita". A reiterada figura da morta recorda aquela "que ainda aqui agora amo", conquanto na visibilidade de agora, o nome, porque se tornara mudo, já não soa como "pequeno poema" (Carmencita), a exemplo do que sucedia na peça de *O risco subscrito*, mas, sim, como "soledad":

> Tua palavra-caixa atro-vazia, muda
> Desistidamente muda
>   Soledad
> (final de "Túmulo de Carmencita, 1985)

A combinação e o contraste entre os dois poemas então indicam que o primeiro ofereceria a tese sobre a natureza do amor, e o segundo, sua demonstração gráfica. "Sem dor" manifesta, a *soledad* põe-se no lugar do pequeno poema, *carmencita*. A correlação, tornada visível pela tmese, é manifestada pela recorrência à língua assemelhada do castelhano.

Em 1982, reedição de 2016, o autor reunia seus novos poemas aos de seu grande amigo e futuro editor, Age de Carvalho, em *A fala entre' parêntesis*. Age, em correspondência privada, se dispõe a distinguir sua parte, identificada pela grafia. Deveria, portanto, analisar em separado o que é da autoria de um e de outro. Comecei a fazê-lo, até lembrar a norma que eu mesmo estabelecera: excluir autores de que só conhecesse uma obra pelo temor de fazer uma interpretação arbitrária. Como Age, que eu soubesse, de si próprio só publicara as peças que identificava em *A fala entre' parêntesis*, abordá-lo seria contraditório.

É de 1992, reedição de 2006, *Para ter onde' ir*. Entre os que já meditaram sobre o poeta, Maria Esther Maciel acentua a presença da poesia oriental no livro que prefacia. Ressalto-o porque meu desconhecimento do legado oriental me impede de desenvolvê-lo. Até por isso, dos 22 poemas aqui reunidos, concentro-me em "A fera", que independe do mencionado legado:

> Das cavernas do sono das palavras, dentre
> os lábios confortáveis de um poema lido
> e já sabido
> voltas
>
> para ela – para a terra
> maleável e amante. Dela
> de novo te aproximas
>
> e de novo a enlaças firme sobre o lago
> do diálogo, moldas
>   novo destino
>
> Firme penetra e cresce a aproximação conjunta
> E ocupa um centro: A morte, a fera
> Da vida
> Te lambendo

Sendo todo grande texto formado por camadas superpostas, o poema, em particular, tem um caráter arqueológico. Em "A fera", a mais evidente é o abandono da expressão egoica. A mais incisiva, porém, é o confronto entre "os lábios confortáveis de um poema lido" e o "sono das palavras", que, convertidos em "cavernas", remetem "para a terra/ maleável e amante". A terra deixa de ser contexto para tornar-se parte na tensa tessitura. "O lago do diálogo", diferentemente, remete ao ponto de passagem entre o confortável e o labor que sacode "o sono das palavras". Dizê-lo ainda seria incompleto porque a terra, tida por "maleável e amante", se confundiria com o lugar da vida e de *eros*; afirmação parcial porque não nomeia "a fera/ da vida", a morte. Cada verso encarna uma cena de todo o trajeto, onde se enredam a vida e seu centro, a morte.

O todo e a parte excluem o privilégio do sujeito individual, convertido em simples envoltório. A mutabilidade afirmada por cada verso pareceria então assumir uma certa estabilidade. Mas a que endereça o envoltório senão à proximidade da fera? O que resta do envoltório não recorda seu dinâmico trabalho, e sim o desmente: "os lábios confortáveis do poema lido". No intervalo entre a ação do envoltório e a máquina da vida, o resultado do conjunto das cenas não é o desprezo pelo envoltório ou um declarado niilismo, mas o reconhecimento do estranho sentido entranhado no poema. No sono evocado no começo, já a fera lambia as palavras como que as alentando, porquanto a fera é correlata à terra "maleável e amante".

Tematicamente, a fera não declara o que antes fora não sabido. Devemos ter aprendido que o temático tem de ser apreciado como parte, e não desfecho, de um jogo entre propriedades contrárias. Noutros termos, o poema tem uma aparência enganadora. Não se diz que "o lago do diálogo" suponha disfarce, mas, sim, que ser e haver há de ser combinados. O poema faz parte de uma forma discursiva, a ficção, que, distinta dos discursos fundados na conceitualidade, que ressaltam respostas, antes enfatiza a pergunta sobre o sentido do que não tem sentido, a vida. (A vida, embora sem sentido, precisa, em cada um de nós, assumir um sentido, já que do contrário seria invivível.)

É de 1983 a edição original do *Caminho de Marahu*, incluído em 2015 na poesia completa do autor. Seu título remete à praia de Marahu, em Belém, onde o poeta construíra uma cabana.

Como bem declara o prefaciador da segunda edição: "[...] o *Caminho de Marahu* é uma peça central de sua obra madura e nos desafia com seus enigmas de condensada complexidade, como um convite para refletir sobre os fundamentos da força e do alcance de sua poesia" (Arrigucci Jr., 2010, p.13). Essa centralidade é tamanha que desobedeço a ordem cronológica que havia seguido e trato do *Caminho* depois do posterior *Para ter onde ir*, assim como não me detenho em *Marahu poemas* (1992, reedição em 2018) e *Colmando a lacuna* (2001, reedição em 2015).

Concentro-me de imediato em "Madrugada: As cinzas".

Madrugada, as cinzas te saúdam

De novo, moldas contra a penumbra, maldas
o galo do poema, a tua armadilha, o fogo
ardendo cego nos desvãos do sangue

De novo ergues sobre a areia, madrugada, o corpo
amaldiçoado duma palavra, a teia rediviva
e a sombra crespa do desejo negro
eriçando o pelo, o cão da página

Riscos se entrelaçam, fisgam a mosca do deleite
e já a ruína
tenaz, fibrosa, agônica sob a folhagem, mostra
o olho menstrual e sádico do destino
Um sonho cresce e se entumesce
no rumor sexual dos ecos se compondo

E batem à porta
           – os gonzos, os gozos da ferrugem
o rangindo longínquo vagindo de outro mundo

De tudo, madrugada, a dúvida traça um rosto
exposto neste espelho contra o sol: O soletrado
calcinado

Já fora assinalado que destino e palavra mutuamente se atraem, muito embora o verso de abertura só o revele pelo relevo dado à madrugada. Além disso, consta da abertura o eco irônico da saudação romana substituída pelo que advém aos que ainda iam lutar, as cinzas.

Entre a madrugada e as cinzas, uma vida esteve implicada. A madrugada acolhe "[...] o fogo/ ardendo cego nos desvãos do sangue". O eu ali está oblíquo, em metonímia. É nessa condição que ele aparece na segunda estrofe. A unidade egoica é abandonada em favor de sua materialidade corpórea, que é também a da palavra. O duplo corpo adensa a composição da estrofe. O corpo do agente remete ao corpo daquilo com que ele trabalha, a palavra. O corpo do agente não importa diretamente porque se conjuga a termos diversos só em aparência, "teia", "sombra crespa", "desejo negro", "eriçando o pelo". Eles operam o deslocamento da palavra para o agente, assim como propõem seu afastamento em prol de referências do que se concentra no púbis.

As duas direções do corpo formam de sua parte outra teia, esta dissonante: era dito do corpo da palavra ser "amaldiçoado" porque movido pelo "desejo negro". Sua razão se torna mais evidente se for plausível que a expressão "o cão da página" é formada a partir de "o cão do revólver", em alusão ao disparador da arma. O encontro, pois, da força impulsiva do desejo com a arma mortífera acentua o choque de contrários. Assim se instala a duplicidade do desejo – sexualidade e potência de morte –, a qual logo remete à culminância afirmativa de sua presença, "a mosca do deleite", logo transformada na impessoalidade do "destino", ironicamente nomeado pelo que move a "mosca", "o olho menstrual e sádico do destino".

A combinação de situações provocada pelos termos geradores do verso de abertura corresponde à alusão mais diretamente percebida, a madrugada, que endereça ao tempo de antes – o momento de um passado –, ao passo que as cinzas concernem ao tempo que virá. Entre antes e depois, desenrola-se a ação do duplo corpo – da palavra e do agente movido pelo "desejo negro".

A madrugada como que espera que o destino cumpra seu papel. Na verdade, ela apenas recolhe o que permanece como resto e metamorfose. Ambos já se anunciavam como "os gonzos, os gozos da ferrugem". A saudação ao César romano pelos que iam morrer cede lugar ao exclamativo implícito na derradeira nomeação da madrugada, em que "a dúvida traça um rosto", o do "soletrado calcinado". A morte, pois, está na permanência da saudação desdobrada por todo o poema, metamorfoseando-se na luta com a palavra. Já o resto remete ao que foi o corpo de alguém, seu encontro com um outro, que provoca e perdura no calcinado da palavra. A argúcia de Benedito Nunes já o percebera: "Uma vez que são equivalentes a Arte Erótica e a Poética, a poesia e o amor seguem conjuntamente uma mesma curva de declínio, de turvação, de esvaziamento" (Nunes, 2021, p.243).

A densa teia do destino e o lugar-tempo que a cerca, a madrugada, se entrelaçam para que expressem o encontro anônimo de alguém com outro alguém, que metaforicamente se nomeiam pelo que se revela tão permanente quanto o destino: *eros* que os conjugou.

Para não sermos parciais no tratamento do eu, detenhamo-nos um momento em sua tematização. Ela é precisada em "Eu, poema":

> Tateio
> Ateio o abismo dessa pele. Toco
> A flor do orgasmo, o ânus sinuoso da beleza
>   e é falso
> o ouro, o lume destes dedos que te escrevem: Ouro
> desmoronado:
>   gozo
> agora de não ser
> senão ruína, urina solitária
>   Gozo
> Como outrora o gozo
> Tenso na sua glória, casto
>   Desmaiava
>
> (o próprio gozo da palavra dita
> Da palavra lida: Vida
>   o câncer
>   no seu gozo
>   consumia)
>
> É negro o branco deste campo de batalha
> nua contra o medo
> contra os teus lábios, noite
> sepultada inábil, inúbil, sob o gelo
> Negra a bandeira lúbrica em que exclamo
>   e busco
>
> conquistando o nada
>   – o voo sem gume
> atravessando inútil os termos, ermos do poema
>
> Tateio
> Ateio o abismo desse olhar poroso-teia
> Que me enleia, lê
>   E silencia

No poema, ressoa uma cena passada, cujo deleite era calado pelo oposto que a vida continha, o câncer, designado de maneira ambígua: "[...] o câncer/ no seu gozo/ consumia". Era o câncer que consumia o gozo ou o gozo contém o lado sádico da vida?

A segunda hipótese é preferível. Conforma-o o desfecho de "Uma bandeira turva": "Eis/ erótico-erosivo o ideograma da morte". De todo modo, a obscuridade se apossa do poema por um jogo de alusões que não me parece desenvolver-se bem. Mas o sujeito não é tão só o que declara a peça cujo título aparece em minúscula:

> eu
> que me entretenho
> interditado

Assim como toda a peça em negrito:

> **C'eu**
> **- eco do oco –**
> **C'ego**

Menos enfaticamente: o eu é o termo que se estreita em sujeito da experiência: "[...] ouço-me/ num estilhaçar de ecos" ("Exílio 1"): algo posto no curso do que o agrega e desfaz: o destino.[2]

---

[2] Ao reler o texto, lamentei não haver transcrito todos os poemas sobre os quais refleti. Fazê-lo, contudo, tornaria mais difícil a edição deste livro. Socorre-me a lembrança de que a edição universitária do autor ajudará o leitor interessado.

VII

Francisco Alvim: a busca de um rumo

Entre 1951, com *Claro enigma*, e 1974, com *Museu de tudo*, tendo no entremeio o primeiro número da revista *Noigandres*, que lançava os poetas concretos, desenrola-se o momento capital da lírica brasileira.

Por volta de 1970, as trilhas diferenciadas de Drummond, Cabral, Augusto e Haroldo de Campos e Décio Pignatari se deparam com a reação (não explícita) da chamada "poesia marginal". Ela era definida pelo retorno do poema-piada do primeiro modernismo e pelo favorecimento de uma linguagem pouco distante da formulação cotidiana. Algumas palavras hão de ser destinadas a explicar a distinção interna entre as direções do experimentalismo – parcial, em Drummond – e a atração pela formulação potencialmente prosaica. Na impossibilidade de me aproximar da gama de poetas que desde então tem aparecido, procuro tornar significativo o pequeno número que considerei, ordenando-os por sua data de publicação. Mas só esse critério faria com que excedesse o espaço de um único volume. Por isso, a ele acrescentei o de exclusão de autores de que conheça um único livro.

A combinação dos critérios não se confunde com a orientação empírica que logo considerei: ao caráter antiexperimental da leva que surgia, acrescentava-se uma dupla linhagem política: nacionalmente, o país era governado, desde o golpe de abril de 1964, por uma evidente ditadura militar. Os poetas marginais eram, o quanto possível, explicitamente contrários ao regime vigente. Não menos política era a sua posição contrária à teorização do ficcional. Ao passo que a reflexão teórica sempre fora entre nós algo próximo do inexistente, ensaiava-se, a partir da *Teoria da poesia concreta* (1975), uma argumentação que a favorecia. Os então jovens poetas a hostilizavam, se não a considerassem conivente com o poder vigente. Lembro-me da palestra de um conhecido professor da USP, no teatro Casa Grande, no Rio, que declarava a linha teórica ser uma iniciativa antiliterária. Seu eco positivo encurralava os poucos que a pensavam. A combinação de linguagem antiexperimental e antagonismo à reflexão teórica supunha uma espécie de romantismo atrasado, que confundia a ênfase no aspecto intelectual com o ser aliada ao politicamente reacionário. Enquanto tais, os jovens poetas cultivavam a via oposta ou, mais propriamente, estimulavam professores e ensaístas aliados a incentivar seu antagonismo. Como a abstenção ante o experimental e o teórico fora quase absoluta durante o nosso século XIX, a segunda, sobretudo, permanecerá a acompanhar a produção literária editada no século XXI. Não há aqui espaço para mais do que assinalar esse vazio. Concentremo-nos, pois, na pequena parcela poética que será estudada.

Vejo em *A palavra cerzida* (1967), de Cacaso (1944-1987), a primeira manifestação da declarada poesia marginal. Sem o examinar, tomo a "Moda de viola" como representativa:

> Os olhos daquela ingrata às vezes
> me castigam às vezes me consolam.
> Mas sua boca nunca me beija.

Francisco Alvim participou do diapasão,[1] muito embora seus diversos livros se caracterizem pela busca de modificar a dicção

---

[1] Sobre a relação de Alvim com "a poesia marginal", ver Lu Menezes (2013, p.13-4). A leitura do ensaio referido é, ademais, oportuna pelas referências

dominante no momento anterior, estudado na primeira seção deste livro. No poema de abertura de *Sol dos cegos* (1968), "O rito", a formulação já discrepa da de Cacaso:

> Na calçada o rito
> se dispõe concreto:
> respiro ou aspiro
> o hálito discreto
> que exalam os mortos
> inconfessos
>
> Permanentemente
> sobre as avenidas
> um grito inaudível –
> indício seguro
> do terrível equívoco
> Porém como ouvi-lo?
>
> Nada nos restringe
> nem sequer o grito
> tudo se dissolve
> nas lindes do rito
>
> (Soletrar os signos
> que contém o rito
> para destruí-lo
> ou reproduzi-lo?)

É certo que o rito é do cotidiano, e "o hálito discreto" que dele exala, de um inesperado coletivo, "os mortos/ inconfessos". Estes já têm uma diferenciação: são inconfessos porque não se sabem mortos. Disso resulta o paradoxo do sintagma, o "grito inaudível" que soa pelas avenidas. Ele decorre de a morte encontrar-se instalada onde não seria reconhecida: nos que transitam pelas ruas. O cotidiano contém algo misterioso; o rito que o declara consiste nos gestos, atos, palavras, realizados pelos mortos-vivos.

---

minuciosas à crítica, extremamente positiva, que a obra de Alvim provocava, entre fins dos anos 1960 e começo do século XX.

"O rito" declara a lei que impera entre os que se desconhecem mortos. Próprio deles é a devoração recíproca e "as leis não coíbem/ a antropofagia" – como dirá "A morte de alguns", "na tarde cruenta/ "tribos se devoram" e "as leis não coíbem a antropofagia". Em vez de estados antagônicos, vida e morte são igualmente passíveis de tematização, na dependência de quem esteja na condição de sujeito da frase, dado que ambas supõem uma mesma focalização primária:

> Procuro na pasta
> algum endereço
> para orientar-me
> em busca do termo
>
> Mais certo talvez
> olhar da janela:
> na tarde cruenta
> tribos se devoram
>
> Como sofreá-las
> no impulso hediondo?
> As leis não coíbem a antropofagia
>
> Ora, não me preocupo
> só termos pelejam
> Os poetas se escondem
> atrás de janelas

Peça adiante, por sua vez, ajuda a entender a situação que se cria:

> Estou em mim
> Estou no outro
> Estou na coisa que me vê
> e me situa
>
> Diante de mim
> diante do outro
> diante da coisa
> está a morte

A linguagem que expressava a visão do cotidiano nesse primeiro Alvim não se distancia da complexidade que fora alcançada na fase precedente. Os poemas tratam da vida de mortos que se movem, e isso ia além do que já se fizera. De vidas, por conseguinte, que se desenrolam no interior de certa sociedade, a nossa por certo, caracterizada pela profunda desigualdade de suas classes. Daí "o serviço acabado", "um negro [...] lava-se nas águas de um esgoto" ("Cena de obra"). Bem mais adiante, em *Elefante* (2000), a visão se repete em "Mas", cujo único verso,

> é limpinha

remete ao preconceito racial e sexual – o sujeito referido é negro, "mas" seu trato social e sexual é confiável.

Em situação contrária, dentro do eu, revela-se o que de direito, de acordo com a linguagem convencional, permaneceria fora de si:

> Árvores me atropelam
> folhas e galhos dentro de mim
> vazio de tudo o que sou
> verifico que os vegetais, como as pedras,
> apodrecem

O eu perde o privilégio de excluir de si o mineral e o vegetal, para que, em troca, admita o que será. No poema, a vida contém fronteiras menores. Em consequência, o rito de abertura supõe que o território do humano tem negados os limites que o instituído lhe assegurava.

Os poemas até agora considerados têm por pano a heterogênea unanimidade do espaço. O mesmo já não sucede em "Território de pedra". A centralidade da pedra traz consigo o olhar do solitário:

> Lugar branco, sem treva,
> o centro do terreiro de pedra.
> Dali, pedra na pedra,
> uma criança observa
> o voo (a sombra)
>   dos seres.

Tal drástica mudança de direção indicaria a instabilidade das tematizações de que o livro parte? Sim, porém mais precisamente, as tematizações da ambiência urbana e da visão do solitário se implicam mutuamente e impedem que seu núcleo se confunda com uma ou outra, pois antes remetem à dialética entre vida e morte, em que ambas supõem a presença/ausência do *tu* amado. Como declaram as primeiras estrofes de poema inominado:

> Por que de tua morte
> é que me vem esta brusca
> vontade de fazer da vida
> o meu esforço?
>
> Talvez porque sepulta
> estás em mim
> nutrindo-me de teu corpo morto
> de tua alma morta
> de teus olhos cegos

O poema se permite oscilar entre os termos geradores, fazendo-os discordar do que fora fundamental em "O rito". Isso se evidencia em "Meu país":

> Sentir a pedra
> como se não fora pedra
> mas um câncer
>
> A árvore o rio
> o sol que cai a pino
> sobre a estrada
>
> A paisagem doente
> consome a
> mente e retina
>
> A consciência em agonia
> desenha a quase visível
> razão da paisagem:
> a gente que a contamina

A imagem formulada não é nada simpática a seu objeto, sem ser por isso agressiva. O dado contextual é aqui imprescindível. O autor era por profissão diplomata, e o país estava mergulhado em mais uma longa ditadura. A pedra deixa de ser vista por uma criança (cf. "Terreiro de pedra") para se confundir com "a paisagem doente", e "a consciência (está) em agonia" por "a gente que a contamina". Porque diplomata e não suicida, o autor não poderia dizê-lo, mas, ousado, fá-lo saber, pelo que declara de sua natureza e sua gente.

As considerações feitas acima melhor explicam por que José Guilherme Merquior incluía *Sol dos cegos* em *A astúcia da mimese* (1972). Sua observação central será decisiva para precisar a posição do poeta. Merquior recordava as linhas com que se constituíra a maturidade do modernismo brasileiro: a linhagem clássica de Drummond, Murilo Mendes e Joaquim Cardozo, em que "a linguagem de poemas sérios e trágicos era isenta de vocabulário vulgar e de alusões a temas ou situações grotescas" (Merquior, 1972, p.195), e a cabralina, com seu "superego artesanal único" (ibid., p.194). Sem especificar a direção cabralina, corria o risco de que sua antilira, decorrente de excluir a subjetividade, exaltada em Drummond, fosse confundida — como de fato tem sido — com uma antipoesia. Isso, contudo, não o impedia de anotar com precisão que Alvim se afastava da direção cabralina pela adoção de "uma meia-volta vivencial" (ibid., p.195). A opção de Alvim implicava a adoção da trilha drummondiana, em detrimento do "'progresso da definição' desenvolvido, desde uma metáfora nuclear", adotado por Cabral (ibid.). A "meia-volta vivencial" explica as direções diversas assumidas no *Sol dos cegos*, e que continuarão atuantes.

É de 1974 a obra seguinte, *Passatempo*. O livro de estreia de Alvim supunha a constituição, nos termos de Merquior, de uma "comunidade drummondiana". Nela, as dimensões do circuito humano se diferenciavam e, ao mesmo tempo, coincidiam com o lugar onde ele se cumpria. O risco contido nesse duplo rumo, o de evitar seu choque por um andamento apenas descritivo (cf. a propósito "Paisagem"), já se apresentara no *Sol dos cegos*. O risco se reafirma em "Luz":

> Em cima da cômoda
> uma lata, dois jarros, alguns objetos
> entre eles três antigas estampas
> Na mesa duas toalhas dobradas
> uma verde, outra azul
> um lençol também dobrado livros chaveiro
> Sob o braço esquerdo
> um caderno de capa preta
> Em frente uma cama
> cuja cabeceira abriu-se numa grande fenda
> Na parede alguns quadros
>
> Um relógio, um copo

É indiscutível o trabalho artesanal desenvolvido; ele impede a peça de já aqui confundir-se com a atração drummondiana pelo enredo romanesco. Mas a mesma ressalva não se aplica ao "Digo ao povo que fico". A evidente alusão irônica significa que o público a que antes se dirigira continuava o mesmo, por isso sua permanência sucedia sem que se lhe pedisse:

> Este farol no meio da cidade pode bem querer guiar
> A mim e a mais de um astronauta distraído
> de volta para casa
> Já me disseram que lá
> as roldanas das ruas emperram dia a dia
> e nas praias
> não se joga mais tênis de praia
> (Por trás de umas poucas treliças
> sempre se morre de câncer
> e em calçadas intranquilas pedalam
> psicanalistas)
> Aqui é mais seguro
> Na TV – é só ligar – a gente vê
> outros peixes outros pássaros
> numa revoada mais fantástica
> de mordidas e bicadas

> Gosto um bocado deste relógio
> seu tique-taque
> me faz dormir logo

O artesanato já se destaca menos que a formulação corriqueira. Seu domínio há de lutar com a "consciência agônica" da vulnerabilidade do indivíduo em face da "'paisagem humana'" (ibid., p.199). A combinação do abstrato com um concreto trivial em alguma parte ultrapassa o que se apega ao banal. Este impera nos sete primeiros versos. No entremeio, a passagem entre parênteses do oitavo ao décimo primeiro se distingue dos anteriores, cuja disposição retorna sobretudo nos três finais.

Ainda que relativo, o contraste tende a se perder. A "consciência agônica" se manifesta por versos ou passagens dispersas; do que deriva a sensação de perda que inunda o poema. Vejamos, por exemplo, o sem título:

> Os mortos se escondem na memória
> Se esquecem na água de um poço
> cavado sob o rio submerso
> que circunda o Castelo
> Num lugar próximo
> tendas azuis abrigam os vivos
> gente absorta na procura
> da água que venha saciar
> uma antiga sede

A qualidade do verso de abertura não se mantém, e a "antiga sede" paira sobre a peça.

Noutras ocasiões, a "individualidade do eu lírico" (ibid., p.198) retoma o lugar que perdera para a "consciência agônica", identificando-se com o polo da solidão já destacado na obra de estreia:

> Dentro
>
> Como de uma varanda
> a tarde debruça-se de meu olhar –
> em sons iluminada

> Murmúrio de vozes
> a brisa verde dos pássaros
> meu corpo recobre-se de relva silenciosa
>
> Penso ouvir
> o som distante de uma porta batendo
> Regresso pelo escuro corredor
> que vai de meu corpo a minha mente

Entre o "meu olhar" e os "sons" circundantes estabelece-se a "varanda" repleta de "vozes", "pássaros" e "relva silenciosa". O *tópos* do *ubi sunt* encontra outra identificação: as coisas remetem a um lugar intransitivo. A solidão domina a cena porque a "consciência agônica", contraposta às vozes, se contenta em enumerar seus ingredientes. Destaque-se parte de "Água no olhar":

> O olho traz para dentro da loja
> a tarde na rua
> parede branca creme cinza
> a água turva e transparente das vidraças
> – Laissez tomber. C'est pas grave
> Dali a mais um pouco
> a leitura atenta dos rostos
> no passeio descuidado
> Súbito ela entra
> umidade de um caminho recoberto de folhas
> num bosque onde casais passeiam

O retorno ao eu procurava um novo ponto de partida, sem propriamente alcançá-lo.

Com brevidade, encaremos *Exemplar proceder*, como se intitulam poemas provavelmente escritos entre *Sol dos cegos* e *Passatempo*. O retorno referido não parece atingir sua meta porque se contenta com um descritivismo rememorativo. Que sirva de exemplo "De passagem":

> As pessoas para quem trouxe presentes
> não me receberam
> e os amigos, confiarão ainda em mim?

Fazer 40 anos nesta terra
é muito duro

Estou pensando em começar uma análise
Acabar com tanto ressentimento

Não, estou mudando
Já não sou o mesmo

Restrito à memória de eventos próximos e socialmente coibido pelo regime a que estava submetido (cf. "Universidade"), que espaço haveria para o poema? Se as faces da vida eram assim esfaceladas, a que restaria recorrer?

Está demorando

A operação já durava nove horas
a equipe fora trocada duas vezes
Os bisturis estavam todos cegos
Alguém se lembrou de recorrer a um canivete –
foi quando ele mandou um bilhete do outro lado:
parem com isto que eu já estou morto

DIA SIM, DIA NÃO (1978)[2]

Pelo que dissemos há pouco, a "individualidade do eu lírico" era menos a contraface da "consciência agônica" do que a tentativa de escapar do seu extremo obstáculo. A consequência era um conjunto cinza, que, na procura de se deter, apenas se prolonga como tal:

---

2 Pelo critério adotado de excluir da análise livros compostos com outro autor, esse, escrito com Eudoro Augusto, deveria não aparecer. Mas a exclusão se explicava quando o segundo autor não tivesse outro livro, o que não é o caso de Eudoro Augusto. Por isso mesmo, sendo informado, por correspondência particular de Alvim, de que "Mamãe" é da autoria de Eudoro Augusto, decidi manter sua análise, apenas assinalando sua verdadeira autoria.

Mamãe

Pra mim chega.
Seus cães policiais não vão mais farejar meu jardim
nem sacudir as pulgas do meu tapete voador.
Seu arame farpado não vai mais cercar vaca nenhuma.
Nunca mais vou medir os dias nem as pesadas noites
Pela batida de um coração que apodrece.
E vê se não esquece
de retirar os corpos as manchas de sangue
os mapas irregulares que me destinam
a um país ocupado.
Chega de tímpanos estourados
chega de perder os dentes.
Vê se dá um basta nesse fodido medo.
As paredes revestidas
o algodão nos ouvidos
nada disso pode isolar o berro
o ruído animal que arrepia pelos e espinha
gravado em cavernas abismos
gargantas.
Chega de carne moída chega de vida engasgada.
Hoje todo o seu povo
vivos e mortos famintos e doidos raivosos
faz as malas abre as veias
e volta pra casa de mamãe.

A recorrência ao abrigo materno, no poema de Eudoro Augusto, é um testemunho precioso do auge da repressão policial, mas, do ponto de vista do poema, antes distrai do que concentra. Como o que nele se diz era um extremo risco para o poeta, os versos procuram o entrelace do eu com a escuridão do dia a dia.

Algo semelhante é dito de "Voltas", este já de Alvim:

Aqui a gente sai
E não sabe se volta

O dístico seria perfeito se pudesse circular pelos muros das ruas.

Deixo sem referência *Festa* (1981) porque seus cinco poemas não são significativos, para, em troca, concentrar-me em *Lago, montanha*. Editado no mesmo ano, o novo livro principia com a concentração na individualidade do sozinho:

> Com ansiedade
>
> Os dias passam ao lado
> o sol passa ao lado
> de quem desceu as escadas
>
> Nas varandas tremula
> o azul de um céu redondo, distante
>
> Quem tem janelas
> que fique a espiar o mundo

A exemplo do já constatado, a qualidade do poema está na dependência de seu enredo ser, em algum momento, pluralizado. No caso presente, ainda que seja pequena a possibilidade das "janelas" mentais, elas são suficientes para sustentar o texto. É correto afirmar que se constitui um movimento que leva do agônico para a expressão da individualidade e desta para o destaque da solidão? Sim, há o movimento, cuja relevância depende das leituras que prossigam. A solidão é, ao mesmo tempo, um ponto de chegada e de partida. Como tal, ela conduz, em "Passeiam os dias", ao estabelecimento de uma ponta entre a experiência amorosa e a expectativa do nada:

> Os loucos envelhecem
> Corre o tempo para eles
> como para estes ginastas
> que correm
>
> O louco em mim
> o muito doido
> que olha o amor
> sem nada ver

> O louco em mim
> que não descansa
> não para nunca
> só pensa o nunca
>
> Cego de tanto amar
> o louco em mim
> quer não querer
> querer o nada

A transitoriedade da vida conduz à sensação de desperdício. A afirmação da "despesa" (*dépens*), de G. Bataille, com sua negação do *a priori* do progresso, torna-se uma via para os versos finais de "Passa":

> Passeiam os dias
> e o tempo não se extingue –
> vento no infinito
>
> O tempo me veste com seu sopro estranho
> Sou uma luz em que ele bate

A solidão concentra-se a esse ponto no eu individual que se planta entre o desejo de agora e a lembrança de outro, localizável noutro tempo:

> Olhar como se olham duas pessoas
> Num café qualquer de uma cidade –
> entre o desejo e a lembrança
> de outro desejo

O solidão, pois, se inflete para duas direções, a que remete ao presente do eu e a que pensa para trás ou adiante. Ambas acolhem a dissolução da morte, tomada como de duração inacabada, conforme "Queda":

> A voz diz: agora
> no telefone que ecoa
> escuramente

> Queda: apodrecimento
> de quem cai no oco de si
> de seu fundo
>
> Suicidou-me que paixão
> ou falsa paixão: mentira
> de mim em mim?
>
> Me respiro
> natimorto no poro
> deste amor – espelho

O princípio do poema trata de um utensílio do cotidiano. Mas logo o contato que estabelece o telefone remete ao "oco de si", onde "me respiro/ natimorto no poro/ deste amor – espelho". A morte é adiada continuamente não por a vida flertar com o infinito – direção inconcebível em Alvim –, mas pela quebra de caminho que ela executa em torno de si mesma. Por essa quebra, assemelhada às próprias voltas que faz a poética estudada, permanecer a morte além do encontro com o fim não equivale a alguma extravagância filosófica porque é apenas o reverso, portanto, do "jarro obscuro do abandono", com que se encerra "Vampiro". Dele é transcrita a parte final:

> Tu meu corpo
> meu pobre corpo soturno
> que apagas o sol
> trazes o escuro desejo
> que te conduz ao corrupto
> e à morte –
> espelho em que me vejo:
> jarro obscuro do abandono

Nesse curso, o solitário converte-se em vampiro. A morte que não se encerra equivale à metamorfose contínua da vida e torna a solidão absoluta. Ela teria uma tonalidade soturna se o cotidiano anódino emergente não assumisse, em "Velho, cego", um cunho de sátira:

> Fiquei muito contrafeito
> de infligir a você
> tamanha amolação
> mas graças a sua boa vontade
> agora com o rádio
> ele pode escutar a Europa as Américas
> já que não pode ver mais
> televisão

A consequência afeta o tema da discriminação racial, como mostra a oposição explorada em "Lembrança", entre a "clara cidade" – aquela enquanto vista de fora – e a "escura cidade" – formada pelos de "pele mestiça". Ou seja, aprofundada, a solidão contata com a matéria da "consciência agônica" por meio da discriminação racial nela saliente.

O CORPO FORA (1988)

Temos insistido nas mudanças de rumo que marcam a poética que analisamos. Creio que as tensões que as provocavam, incluindo as de caráter político, promovam um viés desfavorável à construção do poema. Nas décadas iniciais do modernismo nacional, o poema-piada fora promovido. A tentativa de Alvim de uma linha paralela o leva ao recorte de frases feitas. Dois mínimos exemplos:

> Neste açougue
>
> Quero ser carne de segunda
>
> Até amanhã
>
> Voltem sempre

Se o equívoco não for meu, o poema se dissipou. O critério se mantém por todo o livro. É possível mesmo pensar que a opção pela direção drummondiana agora assume um rumo prejudicial.

No capítulo que dedicamos ao poeta mineiro, chamamos brevemente a atenção para sua atração pelo romanesco, que atravessa sua obra. Mas Drummond dispunha da prosa com que não Alvim não conta.

Doze anos se passam antes que apareça *Elefante* (2000). Nesse interregno, processa-se uma nova mudança. A peça "Carnaval" parece manifestá-lo pela pergunta com que o encerra:

      Carnaval

Sol

  Esta água é um deserto

  O mundo, uma fantasia

  O mar, de olhos abertos
  Engolindo-se azul

  Qual o real da poesia?

O sol revela um mundo de miragens. O "é" que cada enunciado exibe remete ao antípoda de seu sujeito. O poema não indica que a "água", o "mundo", o "mar" se confundam com o oposto do que deles se costuma declarar, mas, sim, que ao ingressarem no mundo "polifônico" (R. Ingarden) do poemático, assumem uma pluralidade hostil à univocidade do "é". Pela mesma razão, "Cristiano" corre o risco de ser lido de modo impróprio:

  Quis frear freou
  o carro derrapou
  viu a morte
  cair com o poste
  afundou o rosto
  engoliu os dentes
  sentado no meio-fio
  Lembra Darlene

Os versos seguintes à abertura tratam das consequências imediatas à brusca freada. Os versos elípticos não declaram serem elas apenas as imediatas. Da mesma maneira, que razão teríamos para não tomar "Briga", por exemplo, como a retomada romanesca do cotidiano banal? Uma tentativa contrária seria tomá-lo como a interlocução de dois protagonistas, sendo as terceira e quinta estrofes do segundo interlocutor, enquanto o primeiro retorna na sexta, aí se mantendo até o final. Mas o suposto diálogo apenas reforça o enredo romanesco. Não vale a pena procurar outra saída. Na maioria das peças do livro, o cotidiano banal espera o enredo que o absorva. A polissemia ainda parece encontrar uma possibilidade em "Riso", em que o contraste do final contraria a mera geometria das formas:

> Entre planos ridentes
> arcos convexos
> anfractuosidades côncavas
> ri na claridade
> minha sombra oblonga

O mesmo poderia ser tentado com o poema que dá título ao livro. A proximidade fônica entre "vento" e "ventre", em "Elefante", estabelece uma dimensão inalcançável no cotidiano banal. Mas eu mesmo não me convenço de sua suficiência.

Uma possibilidade bem melhor se mostra em "Canto":

> Ária branca – aderência
> em muro branco
> neste dia tão solar –
> dia dos mortos
> dia do antes
>
>
> É como se o olhar tornado
> inumano
> por força do branco
> soasse
> livre do longe e do perto

de si mesmo referto
na desmesura do ar

Longe ficaram as montanhas
perto o lago não está

"No dia dos mortos", o "branco" parece tornar-se "inumano" e "livre do longe e do perto/ de si mesmo referto". A morte assume a propriedade de salvaguarda contra o cotidiano banal. Para o leitor, entretanto, por continuar em vida, será preciso que ele mesmo aprenda a despragmatizar o poema. Uma maneira de fazê-lo consiste no uso do humor satírico, encontrado em "Ele":

Inteligente?
Não sei. Depende do ponto de vista.
Há, como se sabe,
três tipos de inteligência:
a humana, a animal e a militar
(nessa ordem).
A dele é a do último tipo.
Quando rubrica um papel
põe dia e hora e
os papéis
caminham em ordem unida.

É de 2011 *O metro nenhum*. Vimos que *Elefante* iniciava com uma peça cujo final se perguntava pelo "real da poesia". "A cobra" ainda o indicia, mas a via do cotidiano assegura a primazia da "vida falsa", em que "ecoa vivo/ o meio-dia/ o ouro falso" (final de "A mão que escreve"). Como está dito em *Francisco Alvim: 80 anos*:

Nuvens passam
O olhar não percebe o barulho dos astros

A interdição com que se depara o poeta é própria de um mundo que combina voracidade de lucro e uso meramente pragmático da comunicação eletrônica. A partir dele, é imaginável que se imponha a alternativa de o mundo conseguir contorná-lo ou de readaptar seus valores a seu mísero padrão. A sorte do poema dependerá da direção que tome o tempo histórico – as discrepâncias aqui apontadas baseiam-se em uma fundamentação teórico-analítico não frequente entre nós.

De todo modo, a pensar no instante de agora, diria que a releitura integral de Alvim parece demonstrar o estrago feito na construção do poema pelos anos em que ele teve de ser feito. Se, apesar da perda, o poeta continuou digno de ser pensado foi porque, apesar dos obstáculos não superados, sua qualidade se expressou.

VIII

Oswaldo Martins: o vazio positivo

As leituras que seguem eram passíveis de cumprir duas trajetórias diversas: (a) a partir de uma visão conjunta, processar sua síntese; (b) analisar livro por livro de cada autor, com atenção para os poemas mais salientes. A primeira teria a vantagem de concentrar-se em um texto curto, sem perda de qualidade. Preferi, entretanto, a segunda, para que assim fosse dado espaço a apreciações mais circunstanciadas. O tamanho maior ou menor de cada texto não supõe critério de valor.

O autor estreia com *Desestudos* em 2000. Seu primeiro livro é mais surpreendente do que costumam ser as estreias porque dá a aparência de não querer ser. Tenha-se "I" por protótipo:

> água, clara
> sem nada
> dizer
> sofrer
> ou jubilar

A negação dos verbos os exclui da água, ademais clara. A transparência seria a meta? Pensada em termos de espessura, o transparente nega a si mesmo. Se não é assim, qual sua função? Três exemplos nos servem de guia:

1
A areia ventava ausência
um grito verde

do cabelo
fugiam flautas

mãos anoiteciam
nos regaços

3
dançarinas
de seu topo
surpreendem a manhã

depois caem
e nesta forma
quebrada

coreografam
toda sorte de senões

maxixe

chapéu palheta
conversa pouca – um leve
aceno – e já
outra

Em "1", a combinação dos nomes é mínima e emparelhada; os membros do terceto estão próximos entre si, sem que se precipitem em redundância. A combinação proposital proporciona um encontro e um vazio particulares. A parte de vazio permitirá sua construção – o vento acerca-se da areia do matagal. O segundo terceto tem outro perfil, de que seus termos se aproximam sem alcançar alguma culminância – a lisura do cabelo se encaminha para o formato sonoro das flautas. A mesma suavidade modela mãos e regaços no anoitecer.

Em "3", a coreografia ocupa duas cenas. A primeira é ocupada pela ascensão e queda das dançarinas. A surpresa da invenção concentra-se nos dois versos finais. Sua novidade decorre de abrir, como se de súbito, o que se não se espera. A surpresa, ainda que mínima, provoca o que Chklovski chamava de estranhamento (*ostranenie*). Como ainda estamos no começo da apreciação, é possível que a surpresa não convoque a atenção necessária. Ainda nos preliminares da reflexão, o quarteto "maxixe" é de caracterização mais simples. Transpõe-se à página escrita uma cena de subúrbio carioca. Não se cogita de regionalizar ou exacerbar nas tintas, como se tratasse de documentá-las. A formulação é bastante rápida e precisa; são mínimos a conversa rápida e o aceno, e logo se engata outra conversa, sem o gasto de gestos ou palavras.

O entendimento da perduração do subúrbio será decisivo para perceber a outra volta, agora poética. Apenas vale ainda reiterar que *Desestudos* é um livro de preparo, não equivalente ao hino à bossa nova entoado por Antônio Carlos Jobim, em "Desafinado". Em vez de dissonância, será preferível afirmarmos aqui haver um apagamento. De quê? Do vazio que não se apressa a ceder espaço. A forma então se constitui em traço mínimo, que antes de sua configuração seria confundida com o vazio integral. Atentemos para o que se tem fixado desde a figuração homérica:

> 3
> a surgida
> Ítaca sopra
> sombras
>
> sobre o marulho
> das voragens

Da cidade antiga, só constam sombras e voragens.

De 2002 é *Minimalhas do alheio*. Quatro anos eram passados desde que se iniciou a formulação do vazio. Dissemos que ele tinha por precisa funcionalidade desfazer a linguagem congestionada. Indiretamente, portanto, servir à *poeisis*. Essa via oblíqua será então suficiente para provocar mentes mais sutis, que não pretenderão que o tematizado contivesse um propósito poético. Demonstra-o agressivamente um dos primeiros poemas do novo livro:

> os corpos fedem a merda
> sente-se e não se sente o cheiro
> da merda
>
> apenas um desejo alucinado
> por compreender como
> a beleza
>
> pode não feder e feder
> e ao mesmo tempo
>
> alumbrar

Vista em seu ponto extremo, a afirmação do vazio depara com outro impulsionador: a recusa do ornamental. O belo enquanto experiência de equilíbrio aproxima-se perigosamente do ornamental. O que fede, o que provoca asco e se isenta do belo, corre o risco contrário de ser recusado *a priori*. Conquanto a prática de cheirar bem seja tão socializada que não é possível conceber seu cancelamento, parece notório de onde surge a contramão. A afirmação da merda é consequente. Veremos adiante seu desdobramento. É provável que o leitor não o acate. Mas ao menos aceitará que tinha por função recusar o edulcorado. O autor não se contenta em recusá-lo, pois procura massacrar o adocicado. O poema transcrito vai além. Não se trata tão só de evitar a ostentação, mas de exibir o recalcado — nossa repugnância o realça. Que outra fala se exibe senão a identificada com a grosseria, expressa de tal modo que ninguém deixará de reconhecê-la? Por isso, em vez do louvor à beleza, é ressaltado o que dela se omite, o que lemos como que a desfalca. Se o leitor, contudo, achar que a provação é excessiva, tem a solução fácil de virar a página. E algo surpreendente sucederá:

> 3
> com uma imagem
> de exagero
>
> o cinema realiza
> o silêncio

A mera mudança de direção dos olhos transforma a visão. Não se trata apenas de uma *imago* preciosa. Esse "3" realiza a precipitação formal que enunciávamos antes. Reitero o que dizia. Os dois primeiros versos presentificam uma primeira cena – o exagero que neles se deposita. A passagem para os dois últimos versos batem à porta; falam de outra coisa, que, no entanto, não é outra. Ou seja, algo que, estando na imagem, a compõe como pluralidade – o cinema, que prepara a cena de "o silêncio". "O cinema realiza/ o silêncio" porque a escuridão em que opera cala as vozes, e seu próprio tumulto mergulha no silêncio envolvente.

Insisto na explicação por outro exemplo:

> filmar
> vozes
>
> película
>
> a música
> intransitiva

Também duas cenas se apresentam. A cena que sacode a primeira restringe-se a declarar intransitiva "a música". A força do recurso formal está em provocar contraste. À diferença do caso anterior, não há alguma violência nos hábitos linguísticos do leitor, que, se perceber o contraste, se habilitará a captá-lo. Só que ambos são mecanismos de precisão, cujo funcionamento é aperfeiçoado caso a caso. Destaco o que parece particularmente exitoso:

um registro
de vozes

enevoa
o espaço
entre o rosto
e o toco do cigarro

Os quatro primeiros versos falam do distúrbio de vozes assemelhadas a nuvens, que se acumulam e se dispersam; são números despersonalizados. Os dois derradeiros transtornam o espaço por substituir o largo e impessoal pela dispersão mínima "entre o rosto e o toco do cigarro". Há, por certo, a exploração do contraste, que não se confunde com a contraposição de cenas há pouco notada. A exploração do contraste é um meio de cumprimento do avesso da ausência, equivalente à espera ante certo termo ou torneio. Suponho que a diferença entre os dois recursos está na incisividade da contraposição de cenas, decorrência, por sua vez, de realizar-se por um só gesto articulado – "silêncio", "intransitiva", nos dois últimos exemplos.

Já a tópica evangélica receberá um tom jocoso, mais evidente em livros posteriores:

cântico dos cânticos

pan

entre a relva
   e o jardim

das oliveiras

hei
de coroar-te

os pentelhos

O tom excelso do jardim das Oliveiras é tripudiado pelo encaminhamento dos versos e, sobretudo, pelo final. Este provoca um desvio que, retrospectivamente, se mostra na própria abertura. A totalidade referida em "pan" e apontando para "entre a relva/ e o jardim" figura uma sensualidade ofensiva; ela é tanto mais agressiva porque bruta sensualidade. Em troca, o poema seguinte é passível de ser recebido como uma peça ingênua, se não fosse evidente seu teor dúbio ou mascarado:

>>dublar
palavras

>>com a língua
>>cumprir
>>ao sabor
>>do dia

>>as rosas
>>já colhidas

Ambos os sentidos, o ingênuo e o maldoso, são concedidos, com a condição de que não se desfaça da mínima nesga lírica. O que se busca no reino das palavras senão o processo de formulação de sentido? Ao dizê-lo, entretanto, não se costuma notar que a inflexão poética realiza a mesma deriva pelo avesso. Sabem-no as palavras por ignorá-lo:

>>>se queres vinho
>>>bebe e celebra
>para saber o que as palavras dizem
>>>>e ignorá-las

Haverá por certo diversos modos de sabê-lo. Na poética de que tratamos, não o reconhecer além de certa medida será manchar as palavras com o *flatus vocis*. Vejamos, por fim, uma peça singular. Seus componentes são poucos, conquanto deem a impressão de muitos:

ara

grotesca
em cova

rala

a overdose
do nada

Os verbos implicam ações negativas. "Ara" traz essa carga, ou por contaminação fonética com "grotesca/ em cova", ou porque sua acepção positiva é deformada pelos constituintes da segunda estrofe. Uma e outra explicação não alteram a correspondência entre os versos 2 e 5 e 3 e 6, respectivamente. Avulta outra vez o entrechoque das cenas. "A overdose do nada" é um nada reduplicado. Ao nada que seria liso acrescenta-se o prazer mortal do artifício. Ainda que "rasa", a cova conduz ao nada, e a intensidade dobra a carga semântica.

Como em todo poema realizado, a tendência de cada peça é estocar o que nele se pense. A simples escuta do que se leia implica qualidade não só sensível.

Na escolha do poema seguinte, a solidão reúne-se à velhice, nudez e cama sentam-se juntas e dão-se as mãos:

a velha
desnuda

senta-se
na cama

um colar
de rugas
purpurina
o abandono

O quadro então se modifica; assume cor e solidão. Sem que seja por ironia, "o abandono" é o companheiro da desnuda. Já em "pietà", a cena seria de plena presença se não recebesse uma aragem lírica. Terna que seja, ela tem a dureza e o frio com que o mármore modifica o horizonte do ventre. E a ternura que se descobria na jovem putinha pobre cede aos versos finais:

>   a jovem putinha
> tem no ventre
>   uma tatuagem
>
>   nela uma mãe
>   marmórea
>   embala
>   uma criança morta

Sem que haja arbitrariedade na afirmação, *Minimalhas do alheio* é um livro conclusivo.

Por isso mesmo, não entendo a razão da descontinuidade qualitativa de *Lucidez do oco* (2004). Ouso pensar que "Espelho" é uma das poucas peças que se destacam:

>   o ausente
>   pensar
>
>   do ingente
>   caos

Em sua concisão, os quatro versos são o oposto de um espetáculo feérico. A primeira estrofe é o reverso da segunda, determinadas por "ausente" e "ingente", "pensar" e "caos". Se não me engano, entra no mesmo rol qualificado o de título "dentre as mil utilidades do algodão", em que a ironia escolhe a própria morte:

>   a avidez
>   com que cerram
>   a boca
>   as narinas
>   as orelhas

> a rigidez
> e o olhar
>
> da quietude

Suponho que uma explicação para a descontinuidade seja fornecida por "os vazios":

> o tempo entre o clarão
> e o rosto
> nos negativos
> tudo é montagem
> e farsa

Se a minha explicação for plausível, ela estará na insuficiência da formulação. Explico-me: considera-se que o poema tem um papel saliente entre as peças que formam o livro, e que esse papel não chega a ser bem desempenhado porque se atribuem "os vazios" à matéria dotada de outra propriedade: a de estar em "negativos", que provoca "montagem [...]/ e farsa". Procurando ser mais preciso: seria necessário que "nos negativos" estivessem os vazios "entre o clarão/ e o rosto". E aqui haveria de se distinguir entre uma lógica dissertativa e a lógica da descoberta. Ora, afirmar que "nos negativos" só há "montagem/ e farsa" é uma recusa a neles encontrar algo da lógica da descoberta. Por isso, a menos que todo o raciocínio persista em erro, o autor foi traído por uma folga que o prejudicou.

Cosmologia do impreciso (2008). O papel do vazio na poética estudada se desdobra pela presença da versificação regular, que chega até à disposição do soneto. O que sucedera na maturidade do modernismo nacional e fora reiterado em Augusto e Haroldo de Campos, e agora também em Oswaldo Martins, mostra que a rebelião contra as formas metrificadas teria de diminuir seu impacto. Ou seja, que ela era justa desde que não estabelecesse a anarquia como método ou não adotasse outro princípio de composição. "Prelúdio", a peça de abertura de *Cosmologia*, é uma boa retificação contra o anarquismo.

Introduzir-se uma retificação métrica não teria de se contrapor ao que o poeta já alcançara: a problemática do vazio. Vejamos o que resulta da combinação da métrica com a temática.

Em versos de dez sílabas, um rio de palavras cobre as ruas e as estações. Do primeiro quarteto ao segundo terceto, o extenso se converte em intenso, e o Mozart rudimentar se transforma em "cru receio" e presença de "um saxofone". A ambiência do soneto nada tem de nobre. Coerentes com o rudimentar, os "noturnos" têm sua dignidade corrompida, as palavras se escondem em multidão e encontram "o silêncio do íntimo", que "estertora" em "um saxofone", mantendo-se o mesmo ritmo irregular. A proximidade das partes permanece entre "a cheia" e o que não se completa. "Entre o amor e a rua", a armação da cena não pretende mais do que o imperfeito e inacabado. A métrica não finge nobreza, apenas exibe uma estação de metrô. A tematização do vazio se faz por relação à problemática do vulgar. Por isso, o verso final acrescenta que "o saxofone [...] ronca, nas litanias", sem qualquer fervor. Em vez de celebração do amor, o soneto se concentra no desperdício. É saliente que a reiteração do vazio se faça por sua face crítica. Ou seja, ele é destacado por uma situação que impede o destaque de sentimentos. O vulgar é propositalmente acentuado.

Destaca-se a seguir "I":

> as palavras celebram e giram
> na alquimia do amor
>
> os passos inserem-se na cidade
> há ventos e arabescos
>
> vãos descalços de paisagem
> rasgo de veias abertas
>
> a partícula da palavra gira
> onde os corpos deixam espaço

Os versos iniciais falam de uma alquimia que não se cumprirá. Girar a palavra onde haja espaço significa que ela ocupa a vez que ocuparia se estivesse em seu lugar próprio. Algo, pois, semelhante ao que sucedera na peça anteriormente analisada.

A problemática do vazio assume outro perfil em "7":

> ventos desfizeram nossos cabelos
> com eles voaram partículas nuas
> pela cidade ventos eram ruas
> de túrgido movimento e desvelo
>
> ventos ainda um aturdido instante
> em que ventos além dos ventos ventam
> a mísera palavra deste invento
> posta em amor em voz de ventania
>
> que de buscar tais ventos acende-nos
> turbilhões de ventos outros o vórtice
> onde o vento não é senão o vazio
>
> o vento não estancado em silêncio
> revolve os pelos acicata os pomos
> faz funcionar as forças de seus códices

A referência inicial a "nossos cabelos" deixa de ser genérica, porquanto "a palavra" "posta em amor" remete ao outro da criatura feminina. Importa localizá-la para a compreensão da intensidade eólica que atravessa o soneto. O vento desfaz o cabelo, e outras levas de ar o reforçam porque "a palavra", embora "mísera", tem a função de impulso e acicate. Porquanto "não estancado em silêncio", o vento mobiliza o vazio e estimula "as forças de seu códice". Desconheço outro poeta que faça uso tão explícito do vazio. Mas a visão crítica que ocorre em "pedagogia dos imbecis" independe do vazio:

> as crianças brincam
> de teatrinho
>
> encenam para as mamães
> que aplaudem

futuras
donas de casa

A infalível escola com que a humanidade se adapta à mediocridade não poupa a infância – adiante disporá de formas mais elaboradas. No autor, por contraste, ela remete à lição antropofágica de Oswald de Andrade. Destaque-se "a mendiga de cristo":

uma madalena com os seus vícios
sem pregas e agradecimentos uma
a nos pedir mais e mais ressuma
o gozo que dos pés até o fictício

céu das bocas grita por nomes crus
uma, ofegante de prazer nos corpos
túrgidos, a que se deitasse nua
sobre o deserto e – cega de calor –

mais nas coxas firmes na racha a sede
de eternidade rogasse, a que contra
a morte se insurgisse, a que seus pares

com as pernas abertas para o flerte
convocasse à comunhão dos bares
e, como sempre, estivesse pronta

A dessacralização é engenhosa. Madalena é invocada na maturidade de seu corpo, com seus vícios e sem pregas. Não há preparação para uma cena lúbrica, senão que o soneto lateja de criticidade por trazer nas coxas firmes, mais precisamente em sua "racha", "a sede/ de eternidade", invocada contra a morte. O poema se mobiliza para tornar a gritar como Oswald e seu manifesto antropofágico em favor da subversão das forças eróticas, contra uma religião tornada insossa.

A reafirmação do vazio recebe outro parâmetro em "7":

peixes são
mesmo quando

peixes
deixam de ser

e se tornam
vestígio

do ser

A forma se condensa ainda que não haja mais materialidade. O "vestígio/ do ser" afirma a forma enquanto mínima. O que é dito dos peixes valeria para o que fosse desde que vestígio restasse. No pequeno poema, o autor não ressalta uma posição crítica ou a acolhida do amor; tampouco o tupinambá feroz que Oswald cantara, mas, sim, uma questão especulativa: como dizer que algo é se apenas há vestígio de ser? A reflexão se processaria de maneira mais tranquila se o termo "peixes" fosse mobilizado na acepção cristã. É evidente não ser o caso. Uma breve sombra ontológica foi mantida, em prol da força da forma. Ser ela retirada deixaria o puro vazio. A indagação ontológica é sua derradeira condição. É bem nessa acepção que "9" tratará da necessidade da teoria:

azul
o absinto

toda geometria requer
em sua execução

uma teoria
para os lampejos

do alabastro

A teoria não é entendida como explicação dispensável e ociosa porque passa a ser vista como o meio extremo de alcance da forma. É possível pensá-la como a maneira de se contrapor à dissipação do que se via como ser. A forma, enquanto teoria, ao exceder o alabastro, se mostra e fulgura em seus lampejos. A teoria não replica o que é, apenas o amplia. Os poemas mínimos teriam motivo para se prolongar.

Já em "3", da série de "Cavaquinhos", a extensão evocada torna-se outra:

> um deus
>
> estanca
> a alvorada
>
> a ronqueira da voz
> autoriza
>
> cachaça e cigarro

Duas desproporções opostas se aproximam. A primeira apresenta "um deus", que, em seu imenso poder, "estanca/ a alvorada". O agente da segunda é bem ínfimo, sua voz rouca quase toca em sua falência – "cachaça e cigarro" nele trabalham.

Surpreendem-me positivamente os instantâneos que o autor incorpora. Os exemplos há pouco abordados ainda não são tão ousados ante:

> na beira da buceta
> o vale
>
> na beira da buceta
> o lábio
>
> na beira da buceta
> o paraíso
>
> dos homens

O baixo calão é usado numa medida que o próprio Oswald não ousara. Não se trata de mera coragem verbal. O termo vulgar explicita o mundo socialmente baixo ascender com a frequência das alusões ao samba, a mulatas, ao canto e ao violão.

As alusões fazem parte de um favorecimento em prol, digamos, de uma política cultural, não porque impliquem desprezo pelo alto, mas porque mais apropriado ao autêntico, fecundo e terra a terra da população necessitada. Isso, porém, não impede que o mundo de Safo nele se introduza:

>   nos subúrbios
>   do amor
>
>   a lua de safo
>   a noite alta
>
>   tudo o que há
>   e mais
>
>   me ilumina

A precisão alcançada exige um mínimo espaço. Quando o tematizado é o espaço suburbano, não se afirma o puro e refinado; antes a esbórnia, o sujo, o mesclado, assim como, no plano da religião, não a catarse, o sublime e espiritual, mas, sim, a carne, que excede ao nos referirmos a *eros*: "*Nossos artistas não estivessem encadeados e nossos poetas contidos pelas palavras pavorosas de sacrilégio e de profanação*".

>   um josé,
>   puto com maria,
>
>   como os homens
>   mostraria o langor
>   as brechas
>
>   que a língua dos deuses
>   desconhece

Cosmologia do impreciso é um livro experimental de qualidade.
É de 2011 *Língua nua*. Seu poema de abertura implica um estado comum à mulher e ao homem:

>   exilada
> de meus desejos
>
>   crio em mim
>   homens calcinados
>
>   para lembrá-los
>   da paixão
>
>   que nos invejam
>   os deuses

A particularidade se encerra no primeiro verso. Como o próprio poema não especifica a razão da falta – "exilada" –, tenho de me contentar com sua consequência – "crio em mim/ homens calcinados". Seria arbitrário conceber que o qualificativo pareça bastante. É estranho pensar que o exílio e sua contraparte, o calcinamento masculino, se estabeleçam na alternativa de cheio e vazio. A ousadia não seria dedilhada se não acrescentássemos: a inveja sentida pelos deuses contrasta com o desejo humano. Mas como mensuraríamos essa inveja? Indubitável é apenas o desejo como sensação de falta, donde deriva a inveja do apenas humano. Ou seja, a abertura da peça aponta a incompletude do desejo, o que a ele advém não o completa porque antes conduz ao tédio. E, no entanto, a condição de incompletude é básica porque sem ela a palavra não atua sobre o corpo. A leitura proposta será prejudicada se o primeiro verso contiver um sentido que me escapa. Com ele, também me foge a significação de todo o livro. A surpresa agora se torna negativa.

Em 2015, com *Manto*, o autor procura emprestar à insanidade de Artur Bispo do Rosário "uma operação da razão, numa coordenação que verifica o mundo de fora dele", em palavras do próprio Oswaldo Martins (comunicação privada). Lamento não ter sabido apreciá-la, como tampouco *Lapa* (2014).[1]

---

[1] Agradeço ao autor que me esclarece que *Lapa* foi o primeiro livro que escreveu.

O livro mais recente do autor, *Paixão* (2018), abre com a paródia de um canto religioso, "Ascendimento":

> o cadáver esquisito
> com suas chagas
> com seus pregos
> subiu aos céus nu
> balangando as partes
>
> o cadáver esquisito
> sangue que não se vê
> tira os pés da lama
> que atira em bolotas
> sobre a plateia abestada
>
> o cadáver esquisito
> o cínico equilibrista
> mestre do ilusionismo
> dança o requebradinho
> diz adeus e vai simbora

A ascensão se cumpre de maneira aleatória: a carne e o líquido que dela escorre são o início da dessacralização. A linguagem rude combina lama e gesticulação de programa de auditório. O mesmo clima de deboche e chanchada permanece em "Sepulcro". O sepulcro remete ao plano humano da vida banal. Em "Sopro", estamos no ponto de partida:

> a estes que ao longo do esquerdo
> a estes que ao longo do direito
> trocam com olhares submissos
> o olho vazio já não pode
>
> mandá-los à meada da merda
> ao pavor de hyeronimus bosch

O ponto originador não é o do "olho vazio" da representação de arte, porque este não tem o poder de "mandá-los à meada da merda". A arte é recordada não por sua força estética, mas pela capacidade de evocar o pavor de Bosch.

As peças evocadas definem o contexto de um mundo desgovernado pela ausência de deus. Nele, como se diz em "Masô", "a carne se desfaz ante/ o látego"; o gozo e o látego se interpenetram.

Tento entender o que poderia significar a imensa paródia de uma simbologia secular. Que sentido há na repulsa que a envolve? O clima religioso se encontra hoje tão distante, a não ser nos indigentes e nos imersos em uma mínima aculturação, que parece estranho o ânimo em provocá-lo. Por isso, é relevante acentuar o paralelismo com programas de auditório, que extravasaram da rádio para a TV. Não se trataria de sarcasmo reservado a uma linguagem enquanto religiosa, mas, sim, àquela ostentosa e bastante estragada que domina os lares das diversas classes sociais e provoca uma desestruturação social cujas consequências são imprevisíveis. O rancor contra os preceitos religiosos se dirige, sobretudo, aos efeitos mediáticos. Dentro destes, é possível focar em uma segunda frente. Em um país de tão profundo desequilíbrio como o nosso, o cristianismo oficial vem sendo substituído por ministros e pastores sem outro interesse senão o de amealhar os dízimos recebidos dos fiéis. A combinação do mediático com a atuação das novas igrejas tem apresentado resultados catastróficos. É o que nos dizem os resultados das eleições gerais de 2008. Por mais estranho que seja a mim mesmo, é essa disfuncionalidade que vejo destacar-se em *Paixão*.

IX

Orides Fontela:
a outra cena

1. SINGULARIDADES DE UMA AUTORA

Antes mesmo que se proponha a apreciação da obra de Orides Fontela, os aspectos singulares da autora precisam ser sabidos. De imediato, ressalta sua condição de vida. Extremamente pobre, como, entre os nossos poetas, só o fora Cruz e Souza, e feia o bastante para não apreciar o próprio corpo, filha de um pai analfabeto, de pouca leitura e de cultura medíocre e irregular, era dotada, porém, de uma inteligência incomum. Orides pratica uma poesia reflexiva, sem qualquer proximidade com o performático banalizado por seus contemporâneos. É esse caráter reflexivo, até mesmo abstrato, a primeira singularidade a diferençá-la. Conquanto sujeita ao questionamento interno que, conforme seu próprio juízo, teria modificado em *Rosácea* (1986) o caráter de sua obra – "[...] foi em *Rosácea* que tentei renovar-me, abandonar o sublime [...], assumir o pessoal e concreto [...]" (Fontela, 2019, p.27) –, tudo o que escreveu esteve impregnado por uma repetição analiticamente incômoda, que não costuma ser indagada.

Seus poemas começam a ser publicados em 1969, com *Transposição*; Orides é, portanto, contemporânea tanto do auge de nosso modernismo quanto do início do concretismo. Daquele guarda a influência reconhecida de Carlos Drummond de Andrade e algum louvor a Bandeira. Dos concretos, manteve distância, mas observação de Paulo Henriques Britto surpreende uma proximidade que não tem sido reconhecida. No uso do que ele chama de "verso livre novo", distinto do livre tradicional, caracterizado por "versos longos e derramados, marcado por anáforas e paralelismos sintáticos, sempre com pausa no final" (Britto, 2019, p.30), enquanto no livre novo "há uma divergência muitas vezes radical entre o verso como unidade sonora e o verso como unidade gráfica" (ibid.). Tal unidade gráfica só poderia ser reconhecida pela influência pontual dos concretos paulistas, que a própria Orides declara haver lido – "Sim, li os concretos, mas... era tarde" (Fontela, 2019, p.25). (A outra possibilidade, a influência da leitura de Mallarmé, seria pouco provável porquanto dela diz haver tirado pouco proveito, por não ter muita familiaridade com a língua estrangeira.) O cunho reflexivo de sua obra a aproxima da linguagem filosófica, embora seja arbitrário defini-la como "poesia filosófica".

A constância temática de suas peças, mais frequente do que ela admite – "Até *Alba*, os meus versos viviam pairando lá em cima, sublimes demais" (Fontela, 1989, p.48) –, provoca a reiteração de palavras como "jardim", "silêncio", "espelho", "forma", "flor", que as convertem em verdadeiros *topoi*; serão eles decisivos. A tal ponto as palavras-*topoi* cumprem uma função que precisarão ser descritas com alguma minúcia para que nos habilitemos a saber a qual concepção de real servem.

Os traços até agora mencionados dão lugar a um derradeiro: ainda que pequena, a obra de Orides Fontela tem sido objeto de uma indagação frequente a contrastar com o descaso pela poesia nacional a ela contemporânea, sem que por isso seus intérpretes deixem de se queixar de atrair poucos leitores. Sua singularidade assim conduz ao traço não menos surpreendente de a ela terem estado atentos os exegetas, ao passo que o público permanece alheio. Dentro desse quadro, Orides Fontela personifica a própria situação atual da ficção literária brasileira: fora o que tem ressonância mediática, sua circulação é bastante rarefeita.[1]

Destaque dos topoi

Mais do que recorrentes, as palavras-*topoi* são convergentes entre si e corporificam concepções de ser. Três concepções parecem competir. A descrição das palavras-*topoi* servirá de base para a escolha entre (a) a essência exclusiva à pureza, (b) a essência inclusiva da violência e (c) a pluralidade das formas do espírito.

Antes de discuti-las, cabe declarar que a concepção a ser escolhida se opõe ao privilégio que se costuma dar às modalidades do real empírico e, em consequência, ao plano vivencial. Esse deslocamento é tão determinante que provoca o próprio posicionamento deste capítulo. Pela data em que apareceu a primeira obra de Orides Fontela, seu capítulo deveria abrir a segunda parte deste livro. Ora, ou por seu reconhecimento por Ana Martins Marques, ou por mera coincidência de alguns temas, no caso de Dora Sampaio, a centralidade da dimensão ontológica faz com que seu lugar apropriado seja próximo das citadas autoras – estando antes apenas por cronologia, sem que isso impeça a diversidade de cada uma.

No destaque das palavras-*topoi*, não farei um levantamento exaustivo, apenas me concentrarei em "silêncio" e "forma" porque são os extremos que a questão assume. Isso não impedirá que principiemos por "jardim", tal como se destaca no poema de abertura de seu livro de estreia. Ao passo que, a propósito dos jardins de nossas cidades, a tematização usual ressalta a harmonia e a riqueza das espécies botânicas aí reunidas; a primeira estrofe de "Transposição" acentua ângulo diverso:

---

[1] Da ampla bibliografia sobre sua obra, tive acesso apenas ao livro *Armadilhas do tempo* (2016), de Fátima Souza. Embora nossas propostas interpretativas não convirjam, isso não significa que uma esteja necessariamente errada.

> Na manhã que desperta
> o jardim não mais geometria
> é gradação de luz e aguda
> descontinuidade de planos.

Não a consonância, mas a "aguda/ descontinuidade de planos". Destaca-se então a variedade que, entretanto, congraça as flores. Se se pretendesse destacar univocamente a maneira como se entende o real enfatizado, dever-se-ia partir de outro *topos*. Não o faço para privilegiar a concepção que me pareça preferível, mas, sim, para ressaltar que, ao afastar-se da subjetividade vivencial, a autora conflita consigo mesma. Assim, o poema próximo seguinte, "tempo", tem por segunda estrofe:

> O fluxo onda ser
> impede qualquer flor
> de reinventar-se em
> flor repetida

A onda do ser agora acentua a unanimidade das flores – a pureza da essência prepondera sobre a particularidade. A reiteração do mesmo, mediante a manutenção de uma mesma propriedade. O terceiro poema de *Transposição*, "Arabesco", reitera a força da essencialidade, acentuando, porém, seu caráter labiríntico:

> A geometria em mosaico
> cria o texto labiríntico
> intrincadíssimos caminhos
> complexidades nítidas.
>
> A geometria em florido
> plano de minúcias vivas
> a geometria toda em fuga
> e o texto como em primavera.
>
> A ordem transpondo-se em beleza
> além dos planos no infinito
> e o texto pleno indecifrado
> em mosaico flor ardendo.

O caos domado em plenitude
  A primavera.

Material bem abundante é fornecido pela palavra-*topos* do "silêncio". A colheita se inicia por poema que não se destaca esteticamente de seus congêneres, "Pedra" – transcreve-se apenas a estrofe de abertura:

> A pedra é transparente:
> o silêncio se vê
> em sua densidade.

Sob a qualidade de *topos*, a palavra retorna bem adiante, em "Caos":

> Coros pungentes
> cores
> do crepúsculo
>
> ser perdido em
> vozes fragmentos
>
> arestas
>
> violação
> de um só silêncio
> lúcido.

Mantendo a mesma distância e suscitando a mesma dúvida sobre sua validade estética, reaparece em "A estátua jacente" – de suas quatro partes, transcrevo as duas primeiras:

> I
> Contido
> em seu livre abandono
> um dinamismo se alimenta
> de sua contenção pura.

Jacente
uma atmosfera cerca
de tal força o silêncio

como se jacente guardasse
o gesto total do segredo.

II
O jacente
é mais que um morto: habita
tempos não sabidos
de mortos e vivos.

O jacente
ressuscitado parta o silêncio
possui-se no ser
e nos habita.

O que distingue por excelência os exemplos dados é o singular abstrato, a pureza da essencialidade que subordina o dinamismo. Reiterando a força concedida à contenção unanimizadora, ao que, portanto, sobrepassa a pluralidade divergente, em "As sereias" a função do silêncio é reforçada pelo termo "espelho", e em "Poema", pelo ingresso do outro candidato ao universo dos *topoi*, "branco":

As sereias

Atraídas e traídas
atraímos e traímos

Nossa tarefa: fecundar
atraindo
Nossa tarefa: ultrapassar
traindo
o acontecer puro
que nos vive.

Nosso crime: a palavra.
Nossa função: seduzir mundos.

Deixando a água original
cantamos
sufocando o espelho
do silêncio.

Poema

Saber de cor o silêncio
diamante e/ou espelho
o silêncio além
do branco.

Saber seu peso
seu signo
— habitar sua estrela
impiedosa.

Saber seu centro: vazio
esplendor além
da vida
e vida além
da memória.

Saber de cor o silêncio
— e profaná-lo, dissolvê-lo
  em palavras.

    Transcrevemos juntos os dois poemas para melhor visualizar as duas modalidades de essência que se superpõem. "O espelho do silêncio" trata da "água original", que nos atrai e a que traímos. A atração é pelo "acontecer puro", a essência além da vida; a traição, exercida pela palavra do poema, sabe "de cor o silêncio" e o profana. Como as formulamos, parece haver uma lógica estrita e delimitadora de cada uma das concepções. Mas a delimitação é apenas potencial. É mais correto dizer em que a função da palavra poética, ao mesmo tempo, funde-se na unanimidade oferecida pelo silêncio e a restringe. Fazê-lo não equivale a estabelecer alguma estabilidade entre a essência pura e sua espécie conspurcada – como se isso fosse possível.

Voltaremos a reiterar: pesa contra a qualidade estética da autora sua necessidade de insistir em uma essencialidade cujas propriedades contraditórias não ultrapassaram uma dimensão oscilante. A dúvida em como conceber *eidos* a forçava a recorrer a ele, com diminuição de sua capacidade expressiva. Parece provar o que digo que, entre as peças inéditas na edição que utilizo, o *tópos* do silêncio não só se ajusta, em vez de se contrapor, à figuração do poema, como o faz em um texto de inequívoco peso estético:

> Da poesia
>
> Um
> gato tenso
> tocaiando o silêncio

Não obstante a combinação da concepção do real com o papel da palavra no poema, devemos ter o cuidado de não os enlaçar sistematicamente, pois só mediante sua separação a tensão que os aproxima é mais bem visualizada. Por isso, ainda insistamos na tópica do silêncio, considerando "Alvo", objeto de inestimável análise já aqui sublinhada. Paulo Henriques Britto ressalta a metamorfose interna que penetra no título do poema por sua conversão em "branco", tendo sido as duas acepções explicitamente destacadas no primeiro verso, que precedem sua decomposição gráfica:

> Miro e disparo
> o alvo
> o al
> o a

A interpretação destaca um dos excelentes poemas da autora, ressaltando que a metamorfose assume outra função na estrofe final: "O verso final da estrofe parece se referir ao mesmo tempo ao sentido de 'alvo' dado no início do poema e também à outra acepção de ponto branco contido no interior da letra 'a': o alvo atrai o impacto da flecha, mas também o branco da letra 'a' atrai o impacto do olhar" (Britto, 2019, p.31).

A poética de Orides Fontela adquiriria outra força caso a exegese pudesse se estender além do poema particularizado. Paradoxalmente – e o mesmo será dito de exegese de Patricia Lavelle –, o fato de serem análises não extensivas a um âmbito maior de poemas acentua pertencerem a uma poética que é inovadora, mas restrita.

Sem sairmos do "Alvo", mas já abstraindo da interpretação destacada, ressaltemos ainda as terceira e quarta estrofes:

(Fixar o voo
da luz na
forma
firmar o canto
em preciso silêncio

– confirmá-lo no centro
do silêncio.)

Se o alvo endereça para o meio a que dirige, esse meio, o voo, por sua vez, firma e fixa o canto "em preciso silêncio". O silêncio, pois, remete ao sentido oposto que assinalávamos, no início deste item, a propósito de "jardim". Entre as possibilidades de *eidos* como movimento incessante e violento e pouso final, é a segunda acepção, mais tradicional, que parece dominar. Nesse sentido, ressalta o poema "As estações":

Anuncia-se a luz

e o puro Sol
o Sol informe
verte-se

> desencantando cores
> frutos vivos
> — força em ciclo descobrindo-se.
>
> ... mas
>
> > há o estar da pedra
> > há o estar do corpo
> > há peso e forma: os frutos
> > apodrecem.

Prosaicamente: a luz é o elemento dinâmico que desencanta cores e provoca a vida dos frutos. Seguem-se a adversativa, o estágio do que está e o apodrecer dos frutos. Ou seja, à forma, não só à palavra do poema, se incorpora o peso e não o movimento. Não se declara, entretanto, que, em *Transposição*, em que se encontra o poema, a essencialidade enquanto pureza domine absoluta. Em vez desse absolutismo, nos quatro primeiros poemas dos "Sete poemas do pássaro", em *Helianto* (1973), confrontamo-nos com uma ave que, por um lado, enuncia "o instante eterno" e, por outro, está na "nossa atmosfera/ pois sustentamos o voo/ que nos sustenta". Isto é, é ressaltada a dinâmica do instante diferenciado. Como as duas condições são contrapostas, "nunca haverá/ cicatrização possível/ para este rumo". Ou seja, o distinguir-se da essência pura só é admissível por uma perda, confundida com a existência da forma. Vejamos o princípio e o fim de "Aurora (II)":

> Instaura-se a forma
> num só ato
>
> [...]
>
> ... mas custa o Sol a atravessar o deserto
> mas custa amadurecer a luz
> mas custa o sangue a pressentir o horizonte

Tem-se o cuidado de evitar uma superinterpretação, isto é, conformar versos de certo modo sibilinos a uma interpretação pré-montada. Para tanto, o *tópos* do silêncio tem o papel decisivo de inclinar a balança em favor da essencialidade, sem, entretanto, defini-la definitivamente como pura ou conspurcada. Enquanto pura, ela irrompe na "Ode IV":

> Lavro a figura
> não em pedra:
>   em silêncio.
>
> Lavro a figura
> não na pedra (inda plástica) mas no
> inumano vazio
> do silêncio

Mas, imediatamente, "Eros" lhe responde:

> Cego?
> Não: livre.
> Tão livre que não te importa
> a direção da seta.
>
> Alado? Irradiante.
> Feridas multiplicadas
> nascidas de um só
>   abismo.
>
> Disseminas pólens e aromas.
> És talvez a
>   Primavera?
> Supremamente livre
>   – violento –
> Não és estátua: és pureza
>   Oferta.
>
> – Que forma te conteria?
> Tuas setas armam
>   O mundo
> Enquanto – aberto és abismo
>   Inflamadamente vivo.

Ao "vazio do silêncio" responde o mundo como "abismo". Quando o silêncio não cala o evento, o que acontece afirma-se como violência, sangue derramado, abismo. O silêncio é anterior, não exclusivo. Por isso, como indica a estrofe inicial de "Composição", a viagem no tempo encontra seu momento capital quando o branco impera sobre as formas do verde:

> Cavalo branco em campo verde
> parado
> sereno
> branco corcel ao longe
> realidade
> e miragem.

A sobrenatureza, usando termo de Lévy-Bruhl, combina pureza e violência. Como declara o final de "Claustro (II)", o próprio silêncio é passível de se confundir com a violência potencial ao abismo:

> e este chão não existe
> — tudo é abismo —
> e esta paz é vertigem
> — puro abismo —
> E o pensamento fixo
> — mudo abismo —
>
> Tudo amplia mais o silêncio.

Nesse plano inclinado, a pureza da essência se confunde com violência e crueldade. O que vale dizer, a distinção com o papel da forma, por excelência a do poema, é apenas tendencial. O silêncio está (quase) sempre relacionado ao centro vazio, à pureza sem *télos*.

A palavra do poema lhe traz, sim, alguma orientação, conquanto ela seja negativa: eis a "crueldade da palavra", ainda que ela tenha a aparência de estrela. A conjunção de uma imagem com a outra é plausível porque o real, diz "Mapa", consiste na pluralidade do que não se completa:

> Eis a carta dos céus:
> as distâncias vivas
> indicam apenas
> roteiros
> os astros não se interligam
> e a distância maior
>
> é olhar apenas.
>
> [...]
>
> Eis a carta dos céus: tudo
> indeterminado e imprevisto
> cria um amor fluente
> e sempre vivo.
>
> Eis a carta dos céus: tudo
>   se move.

Procuro penetrar melhor na contradição que cerca a centralidade da essência. Esta é declarada, sobretudo, pela articulação do "silêncio" com o "branco" e o "espelho", em oposição ao que se move no tempo, a exemplo do que mostra "Rio (II)":

> I
> Águas não
> cantam:
> fluem suaves
> fogem.
>
> II
> Fresco silêncio:
> a flor não
> fala.
>
> III
> Nenhum ruído. Apenas
> brancas pétalas
> da flor que navega
> nas águas
> esplêndidas.

Em *Rosácea* (1986), a uma cadeia de peças sem qualidade (cf. p.223-8), sucede o pequeníssimo "Kant (relido)",[2] que provoca a segunda grande interpretação de um poema isolado:

> Orides Fontela opera uma espécie de subversão na frase de Kant para esboçar uma imagem erótica, reanimando os "vestígios vivos da intuição poética" no interior do texto filosófico. A imagem revela, efetivamente, as ressonâncias míticas da formulação kantiana, remetendo-nos ao mito de Gaia e Uranos, apresentado por Hesíodo no início da *Teogonia*. (Lavelle, 2019)

A subversão assinalada por Patrícia Lavelle é sem dúvida notável; a se lamentar apenas, do ponto de vista da poética estudada, que não valha para outros poemas. Um conjunto mínimo de poemas basta para assinalar a presença de um grande artista? Creio que não, e a negativa explica a divergência deste ensaio com os intérpretes de Orides. Assim, a qualidade da interpretação apontada torna mais chocante a insignificância do livro em que aparece o notável "Kant (relido)". É no interior dessa perda de qualidade que retorna a afirmação do real como insolúvel. Lemos em "A estrela próxima":

> A poesia é
> impossível
>
> o amor é mais
> que impossível
>
> a vida, a morte loucamente
> impossíveis.
>
> Só a estrela, só a
> estrela
> existe
>
> — só existe o impossível.

---

[2] Duas coisas admiro: a dura lei
cobrindo-me
e o estrelado céu
dentro de mim.

Entendido como essência, o *eidos* tradicionalmente supõe uma centralidade irradiante e positiva. O plano vivencial supõe a finitude da existência, ao passo que a essência descortina a infinitude. Pelo acompanhamento da *Poesia completa* da autora, temos visto que o retorno obsessivo da questão não é acompanhado de positividade. Temos também assinalado que, ao menos tendencialmente, a palavra poética constitui uma forma que se contrapõe ao que chamamos de essência conspurcada. O contraste é assinalado em "Escultura":

> O aço não desgasta
> seus espelhos múltiplos
> curvas
> arestas
> apocalíptica fera
>
> O aço não se entrega
> e nem se estraga é
> forma
> – presença imposta sem signos.
>
> O aço ameaça
> – imóvel –
> com a aspereza total
> de seu frio.
>
> Ó forma
> violenta pura
> como emprestar-te algo
>   humano
>
> uma vivência
> um nome?

Pela recorrência ao termo "aço", acentua-se que a essência é áspera e feroz. Não se declara se positiva ou negativa. As estrofes finais perguntavam-se como emprestar uma particularidade à forma. Já a pergunta indiciava sua diferença apenas relativa do aço, isto é, sua proximidade do abstrato. Proximidade tanto mais concreta porque, como enunciará o sétimo "Poema do leque":

> Leque aberto. O
> real
> — o insolúvel real
> presença apenas

A poesia então se expõe a uma indagação que, não ultrapassando o insolúvel, o reitera. E por repeti-lo incessantemente, apenas o repete e se prejudica.

2. A CENTRALIDADE DA PERGUNTA SOBRE O REAL

Não é preciso grande sapiência para reconhecer que essa não é uma questão costumeira na poesia. As entrevistas da autora e suas biografias, mais detalhadas ou menos, são suficientes para entender sua ruptura com o poema que explora o aspecto vivencial. Orides Fontela nasceu pobre, assim permaneceu e não pretendeu fazer de sua obra confissão ou ato compensatório. Lemos em "Herança":

> Da avó materna
> uma toalha (de batismo).
>
> Do pai:
> um martelo
> um alicate
> uma torquês
> duas flautas.
>
> Da mãe:
> um pilão
> um caldeirão
> um lenço

É evidente que os dados não explicam o cunho reflexivo que a acompanha desde seu livro de estreia. O vir a cursar graduação em filosofia já foi decorrência de uma inclinação cujo motivo não pretendemos saber. Mas seu curso universitário também não explica muita coisa. Ela mesma assinala que suas leituras filosóficas foram irregulares e não sistemáticas. Uma explicação mais razoável é obtida pela combinação de sua tendência para o reflexivo com sua formação religiosa: de "meus tempos católicos [...] vem meu interesse pelo ser, a leitura dos neotomistas e a decisão de fazer filosofia" (Fontela, 2019, p.24). Na mesma direção, segue a resposta que dá à pergunta de Michel Riaudel acerca de seu interesse em relacionar a vida com o "movimento abstrato": "Eu também não sei. Eu era muito fascinada na ideia do Ser. Talvez fascinada por místicos católicos" (Riaudel, 2019, p.61). Das respostas, importa que a preocupação com a questão do Ser tinha um evidente sentido positivo – o *eidos* cristão é inculcado pelo próprio Deus. Essa é, portanto, a primeira concepção do real abstrato perfilhada pela autora.

Não creio, contudo, que seu desligamento da religião explique que sua essencialidade seja conspurcada por crueldade e violência. É mais provável que assim decorresse de seu contato não sistemático com obras filosóficas, em associação com a própria miséria de sua vida de professora primária, em uma pequena cidade do interior paulista. Daí sua identificação com a coruja, sem disfarces ou apelos compensatórios:

> Voo onde ninguém mais – vivo em luz
> > mínima
> Ouço o mínimo arfar – farejo o
> Sangue
>
> e capturo
> a presa
> em pleno escuro.

Em suma, é esta segunda concepção, uma essencialidade manchada por traços negativos, que domina em Orides, sem impedir que a força do "opaco silêncio" e de seus associados provoque eventualmente o retorno de uma essencialidade pura.

A mecânica que procuramos demonstrar parece explicar o cunho repetitivo que prejudica a qualidade de sua poética. No entanto, conforme Renata Sammer, há outro modo de entender sua visão do Ser. O interesse de Orides, Sammer acertadamente refere, está voltado, sobretudo, "aos atos e às relações que a metamorfose engendra. [...] Seu interesse é pelo espaço entre as inapreensíveis formas. Pelo ato da caça" (Sammer, 2019, p.80).

"Sobrenatureza" e "metamorfose" são termos que levam Renata Sammer a destacar a concepção revolucionária proposta por Eduardo Viveiros de Castro, a propósito da visão das populações ameríndias do Amazonas, em *A inconstância da alma selvagem* (2002). Não sendo apropriado aqui nos estendermos a seu respeito, apenas reitero passagens já usadas por Sammer: "Atrás de corpos trocáveis e descartáveis estão subjetividades formalmente idênticas à humana", diz o antropólogo, "[...] mas esta ideia não é semelhante à nossa oposição entre aparência e essência"; nota ainda que "[...] ela manifesta apenas que a permutabilidade objetiva dos corpos está fundada na equivalência subjetiva dos espíritos" (Sammer, 2019, p.85). Essa expansão da subjetividade, antagônica à ontologia ocidental que a reserva ao homem, constitui o que o antropólogo bem designa de "perspectivismo ameríndio".

Renata oferece como prova da consistência do "perspectivismo ameríndio" com a poética de Orides o poema "Habitat":

O peixe
é a ave
do mar

a ave
o peixe
do ar

e só o homem
nem peixe nem
ave

não é
daquém
e nem de além
e nem

o que será
já em nenhum
lugar.

O exemplo é perfeito, mas lamentavelmente incorporável às singularidades da autora, assinaladas na abertura deste ensaio. À semelhança dos já aqui citados Paulo Henriques Britto e Patrícia Lavelle, Renata Sammer capta um traço em Orides que não se transforma nem proximamente de algo reiterado. É por isso que, desgostoso, sou forçado a acrescentar que a poética de Orides não se desliga da essencialidade ocidental, apenas diferindo por se afastar de sua visão pura. É inegável sua qualidade rara, mas ela não é suficiente para a formulação de uma poética definida. A conclusão, contudo, se sustenta em um princípio que tomou como indiscutível: uma poética definitiva se apoia na frequência de casos que funcionam como sua concreção.

X
Os trajetos na poética de Ana Martins Marques

1. NOTA PRELIMINAR

Os capítulos que aqui tratam da obra completa de um poeta examinam em separado cada livro seu – quando algum é salteado, a razão de fazê-lo é explicada.

Se o princípio permanece o mesmo, qual a razão de recordá-lo? Assim sucede em virtude de uma particularidade: a partir da preocupação comum em relacionar a linguagem com a vida vivida, observam-se nos livros da autora dois trajetos desiguais. Estranhá-lo seria não compreender que, com frequência, um novo livro apresenta uma configuração diversa, se não da vida, da maneira de concebê-la. Os dois trajetos referidos, as duas modulações da linguagem, não são apenas diversos; a segunda é menos complexa que a primeira, quando o mais esperado seria o contrário, porquanto a percepção do mundo e da vida tende a tornar-se mais delicada.

Nenhuma explicação pareceria suficiente senão para quem não tenha cogitado, em abstrato, no próprio ato de composição. Excluída essa possibilidade, que deve ser rara, apresentam-se de imediato duas outras: (a) como cada livro da autora é formado por várias séries ou seções, poder-se-ia presumir que a constituição do segundo trajeto teria se dado anteriormente. Sua menor complexidade resultaria de que elas ainda preparavam o primeiro trajeto. A hipótese converte-se em inverossímil porque o segundo trajeto é quase absoluto desde uma das últimas seções do livro de estreia e assim permanece até o mais recente; (b) o que consideramos uma construção menos complexa, porquanto poeticamente menos aguda, seria uma opção premeditada, visando tornar o poema mais simples, portanto, mais acessível. Seria uma suposição que tenderia a anular a validade de toda a proposta interpretativa, dado que ela seria progressivamente menos necessária.

O trajeto dominante, o segundo, teria por requisito um receptor menos exigente. Tanto se tem falado em naufrágio a propósito da relação da poesia com o leitor contemporâneo, de crise do poético, da distância, particularmente no caso brasileiro, entre a obra poética e seu leitor, que o naufrágio terminou por alcançar seu intérprete, a ponto de poder-se perguntar se ainda haveria alguém interessado em recebê-lo.

A alternativa terminaria, em consequência, por se reduzir a uma hipótese que ameaçaria atingir o próprio contexto que procura explicar a singularidade do duplo trajeto. Ante o risco de que já não haja sequer alguém capaz de conferi-lo, há de se ter pressa na formulação de tão perigoso objeto.

2. O PRIMEIRO TRAJETO

Partimos dos dois primeiros poemas da série "barcos de papel" de *A vida submarina*:

> O sol percorre
> toda a extensão do muro
>
> Riscos na paisagem
> escrita a lápis

A rua começa desde a escrita –
esta em que te sigo

Este poema é uma âncora:
é para que você fique sempre aqui

Mas fogem as horas sem carícias
horas que são como um tanque de peixes sem peixes

A minha mão cobre a sua
com sua sombra

Este poema, pesado, afunda
("Âncora")

Dão voltas e voltas os navios
que não têm mais por que partir:
não há mais continentes por conquistar.
Velas, bússolas, mapas
restam também
sem utilidade:
nenhuma direção é nova
ou desconhecida
até a dor encontrou sua medida
("Navios")

    O poema supõe o contato de duas experiências: a física e empírica, do sol com o muro, da rua transposta para a escrita, e a da composição do poema. É certo que a escrita já invade a rua, com rabiscos que riscam a paisagem, mas as duas últimas estrofes de "Âncora" assinalam que a sombra da mão cria outro contexto. O poema constitui uma dimensão rara na experiência física, a dimensão do que "afunda". Se a experiência empírica ainda tem peso, este dela se retira para acumular o que afunda. O poema deriva de seu contato e do empiricamente impossível – a sombra afundar. Mas se o verso se cumpre, onde está a impossibilidade?
    "Navios" repõe a questão. Irei chamá-la de a experiência do não conforme. Na experiência física, os navios continuam a

partir, conquanto já não haja o que descobrir e nenhuma direção permaneça nova, e, mesmo no plano individual, "a dor encontrou sua medida". Tal desconformidade é recolhida pelo poema que com ela se faz e expõe. Entre as duas experiências, à semelhança do que sucede na música moderna, a dissonância é estrutural.

Onde fica o eu, o sujeito individual, nesse desencontro senão no que assegura o hiato, que reitera a dissonância? O eu confunde-se com "o rastro que o sol deixa em um corpo/ ou que um corpo deixa em outro" ("Casa de praia"). Isso equivale a dizer que a experiência não é narrada de acordo com o que se recorda, mas, sim, com o que se constitui a partir dos restos do vivido. O vivenciado não se confunde com o que se expressa, salvo com o que agora é sêmen de um diverso. Os restos não declaram algo uno, único, excepcional, guardado nos foros da memória; ao contrário, são movidos por pluralidades que, ao se condensarem, provocam umas poucas palavras, testemunhas e participantes de outra área:

> Escolhi a cidade
> – um ponto escuro no mapa,
> cercado de silêncio.
> Na cidade
> há uma casa que espera,
> há um verão que espera,
> vermelho e doce.
> Há na cidade mulheres desconhecidas,
> meninos,
> ruas largas e estreitas.
> Há um nome no mapa
> que corresponde às mulheres
> e aos meninos e às ruas.
> Há na cidade um ritmo
> para os acontecimentos,
> um modo determinado
> de fabricar cansaços.
> Na dobra do mapa –
> ao norte da cidade –
> há um lago escuro, peixes,
> asfalto, capim.

> A cidade –
> um ponto no mapa –
> está cercada de silêncio.
> Por isso
> o meu olho
> forasteiro
> a escolheu
> ("Mapa")

A pluralidade não é um conjunto de experiências iguais, como de um amor a que se somassem outros mais. Diferentemente, não é da expressão de um eu que assim se retratasse, mas de um plural de eventos diversos. Por isso, não tem lugar a expressão egoica, mas a indicação dos desencontros sucedidos:

> [...]
> Eu já menti por ninharias,
> capricho, necessidade
> mas nunca fui tão sincera
> como quando menti para você.
> E nunca fui tão feliz
> quanto quando fui infeliz
> ao seu lado
> ("Confissão")

(A imagem de um tu eventualmente confrontado supõe um plural eventual, potencialmente aberto, em vez do que será usual no segundo trajeto, quando o tu parecerá sempre remeter a um certo nome próprio.) No verso, o outro não indica propriamente um referente, pois só declara o que nele se escuta depois de reconhecida a experiência da pluralidade que o provoca: "comovidos com o sofrimento do pássaro/ com o destino da seda/ da nossa própria dor/ erguemos um altar para a noite/ uma noite para nada" ("Rito").

A experiência do mundo é incondicional enquanto repetível, que se singularizará na palavra do poema. A escolha da palavra aí deriva do desencontro entre a experiência de mundo e quem a vivencia:

> Nossa infância separou-se de nós
> como um iceberg
> nós a olhamos afastar-se
> lentamente
> o brilho cego do gelo contra o sol
> e tudo o que dizem que há por baixo
> ("Iceberg")

Os dados até agora indicados – pluralidade de experiências físico-pragmáticas, relação não referencial com a experiência do poema, sua fusão de elementos heterogêneos – provocam o primeiro poema da seção "Episteme – epiderme", expressamente nomeada pela relevância nela adquirida pelo primeiro trajeto:

> Quando o corpo finalmente encontra lugar
> na pedra quente
> abre
> um livro mineral
> com a atenção dividida entre o céu e as letras,
> que o sol ofusca,
> e a página torna-se branca
> como a água
> ("Na cachoeira")

As duas experiências reiteram o desacerto de que, paradoxalmente, deriva o acerto da palavra no poema.

Na experiência física, o reconhecimento do lugar na pedra pelo corpo supõe a não leitura do livro. A combinação do acordo com o desacordo é alcançada pelo verso "um livro mineral". Por ela, reitera-se o recurso da hipálage – o qualificativo "mineral" evidentemente remete ao caráter da água da cachoeira. Como já foi dito, sua frequência na poesia contemporânea resulta da frequência das divergências sintáticas. Contaminado pela presença da cachoeira, o livro é, ademais, ofuscado pelo sol, e a hipálage retorna com a página que assume a cor da água. Se convertermos a dupla experiência, a física e a poemática, na sentida apenas pelo corpo, teremos alguém de posse de um livro que encontra o lugar que procurava na pedra quente, ao passo que o livro se converte em algo indefinido. Desse desencontro, deriva a palavra do poema. Em decorrência, a cena de um eu com um livro tem sua imagem alterada: declarar que o eu está de posse de "um livro mineral" seria uma metáfora despropositada. O eu deixa de ser algo empírico para tornar-se parte da experiência do poema. O poema se origina do adiamento da leitura de alguém. O poema se faz comparável a um dardo que, em vez de ferir, deriva do que foi efetivamente vivido, em vez do esperado:

> Existe o corpo,
> o eixo dos joelhos, as dobras,
> a força teatral dos membros, o gosto acre,
> o extremo silêncio,
> as mãos pendentes
> Existe o mundo,
> as savanas e o iceberg,
> as horas velozes, o falcão,
> o crescimento secreto
> das plantas, o repouso dos objetos
> que envelhecem no uso, sem dor.
> Existe o poema,
> um dardo atirado a coisas mínimas,
> à noite, às cicatrizes.
> Um secreto amor os une,
> as mãos na água, a memória do verão,
> o poema ao sol
> ("Dardo")

A experiência de mundo substitui a leitura esperada pela que se processa sobre páginas em branco. A dissonância ressalta o que a consonância automatizada impedia.

A trilha que até aqui acentuamos sofre alguma inflexão no primeiro dos "Esforços de dicionário":

> Pele perfeitamente aderida
> à forma iluminada, que oferece a cor
> para fora,
> balão de luz entregue ao círculo
> e ao sol, lanterna inutilmente acesa

para o dia.
E assim se conhece a laranja,
desde que não a abra
("Laranja")

Já não seria cabível dizer que a experiência do poema se relaciona com sua divergência da experiência das coisas, mas, sim, da formulação do que, estando nas coisas, não faz parte delas mesmas – não participa da caraterização da laranja sua casca estar aderida "à forma iluminada", que a converte em "balão de luz" entregue ao sol e ao dia. Indagar por que assim sucede tem a função de explicar a divergência das experiências em que estamos nos detendo. A linguagem com que usualmente se profere a experiência de mundo tem por meta a comunicação. Em consequência, da laranja não importa saber a propriedade de sua "pele", a circularidade de sua cor, mas tão só que é comestível. O poema, ao contrário, remete a outro dicionário. O propósito deste outro não está a serviço de algum apetite, mas, sim, de declarar o que se põe *contra* aquilo em que algo está é um *Gegen-stand*. O dicionário que se abre com o poema não significa alguma preferência pelo estático, e sim pelo *extásico* – não pelo imóvel, e sim pela suspensão admirativa. Daí o dicionário inédito a que se alude ser capaz de captar o espelho de modo não especular:

> Água estancada
> e exata
> como um lago
> com quatro cantos.
> Devolve-nos o rosto impensado.
> Nunca morre.
> Mas repara: vai envelhecendo conosco.
> ("Espelho")

O espelho é trazido para uma experiência *extásica* porque desvela um mundo que os homens ignoram. Comparável à "água estancada", apresenta-nos um "rosto impensado", que, conquanto "nunca morra", envelhece com o que reflete. Assim, o outro dicionário faz distinções entre as mãos que supúnhamos iguais:

> Uma trabalha mais que a outra.
> Dividem o peso dos anéis.
> Uma nunca aprendeu a escrever.
> Com isso a outra tornou-se mais silenciosa,
> mais firme, mais acostumada ao adeus.
> [...]
> Aceitam as manchas dos anos
> como solteironas
> que envelhecem juntas
> ("Mãos")

Por isso, o verso de "Manhã" declara o déficit que atravessa os dicionários e linguagens usuais: "o mundo é novo mas os olhos são antigos". Dessa maneira, encontra uma justificativa inesperada: "o signo é inexato" ("Horóscopo"). Dizê-lo inexato implica que permanece pronto para estar noutro poema, que também não o esgotará. Além do que se dizia a propósito de "Laranja", o poema contém outra inscrição: a que se mostra no mundo próximo ao frequentado pelos homens:

> Atado a um barco na noite
> o sono curva-se sobre si mesmo,
> entregue ao movimento secreto das ondas.
> Durmo, acordo, vem dos livros fechados
> O cheiro escuro dos sargaços.
> Neste quarto, noite adentro, percebe-se
> a presença perturbadora do mar:
> nas estantes, nos tapetes, nos móveis submersos.
> Nas paredes lisas de cansaço.
> Sou jogada no sono de um sonho a outro,
> lançada entre corais, como um peixe
> que dorme na ressaca.
> Quando for preciso novamente
> acordar para o dia,
> o mar terá se afastado lentamente
> e voltado a ocupar o lugar
> onde o vejo
> pela janela esquerda do quarto
> ("Noite adentro")

Ao contrário do esperável, a sobrecarga confiada à palavra não afeta, na poética considerada, a atribuição de sentido/não sentido ao mundo. O final de "Pesos e medidas" ainda poderia dá-lo a entender: "desvendei a matéria/ preparada pelo tempo:/ velozes vespas do nada". Na verdade, as palavras são vespas tão ágeis que não se desdobram em sentido. O mundo-matéria, por mais entranhado que esteja na experiência tida das coisas, não promove algum *télos*, muito menos desespero. A poética de Ana Martins Marques provoca a extensão tão só do sentido das palavras isoladas ou de sua combinação. Como é dito em "Novembro", toda a expectativa contida em certa etapa do ano se encerra no círculo do próprio corpo:

> É este o mês em que corro perigo.
> Dou voltas em torno do meu corpo desconhecido,
> como um cão habitado,
> e tento aprender lentamente os seus desertos.
> Faço a contabilidade dos dias,
> respiro com os objetos em ruína,
> como se isso me assegurasse a vida.
> A noite aproxima-se perigosamente dos meus gestos.
> desaprendo algumas palavras
> esqueço furiosamente.
> É este o mês em que me entrego viva
> ao susto das manhãs, ao medo alegre das viagens.
> O esquecimento traçou em meu corpo
> o arame do desejo,
> por isso o mês me ultrapassa lentamente,
> os pés procuram desnudar-se
> e querem coisas de lã,
> de areia,
> a boca acende-se como um coração,
> como um coração as mãos se armam de incêndios.
> É este o mês do próximo sobressalto de amor,
> Mês de horóscopos desastrados.
> Dele não espero nada

Muito menos algum momento do dia provoca inesperada sensação: "E no fim da tarde [...]/ não há nada a contar/ além do mar e sua repetição" ("Verão"). O mundo traz, sim, um excesso que provoca as palavras para entrar em combinações desconhecidas, sem que elas sigam além de certo nível: "Há um conhecimento na desordem:/ as ondas arrastam e trazem coisas para a praia/ – plástico, estrelas, conchas, cabelos" ("Linha de arrebentação"). Por certo, tal excesso afeta o dicionário usual e contamina a palavra usada no dia a dia; porém, mais do que provocar a formação doutro léxico, interfere na disposição habitual de sentido da palavra.

Para a distinção entre a afecção do sentido habitual da palavra e a admissão de sentido ou não sentido de mundo, tomo um exemplo simples: ser o protagonista de *O processo*, de Kafka, procurado em seu quarto por um agente de polícia não só é um acidente, como declara o seu mundo conter uma incerteza com que não havia contado. O todo do romance mostrará que a batida na porta de Joseph K. anuncia que o conforto de uma sociedade liberal ou era ilusório, ou estava visceralmente ferido. A inter-relação entre o que poderia ser um acidente e sua incidência em um plano muito mais elevado afeta apenas o sentido da palavra, enquanto o caso de *O processo* indica uma incidência muito mais alta e grave. Por isso, ele se presta a concretizar o que sucede no choque de experiências que temos destacado. A distinção entre a afecção de sentido da palavra particularizada e o sentido ou não sentido de mundo é clara em "Peso de papel", por ressaltar que o sentido da palavra não se esgota com sua semântica:

> As palavras desconhecem o curso
> de um dia justo.
> Há coisas que não se mostram,
> ou que só se mostram escondendo-se.
> Em cada palavra algo perdura
> perigosamente intocado
> pelo pensamento.
> Algo com um centro,
> inteiro em si,
> fechado em si:
> este peso de papel.

O poema empresta ao papel um peso que escapa ao pensamento. Nesse primeiro trajeto, a poética da autora depende de que suas palavras tenham peso, melhor dito, que tragam algum sigilo. "Senha para Cecília" reafirma-o noutra formulação:

> Quem perdeu a vida
> por delicadeza
> ganhou-a decerto
> numa outra mesa,
> que os jogos da vida
> para quem os joga
> são feitos de perdas
> e de novas provas.
>
> O peso do mundo é leve,
> mas não há quem o carregue

Por outros modos, ainda o reiteram "Marinha" e "O divórcio como sacramento". Deles transcrevemos apenas passagem do segundo: "[...] insistimos/ em buscar sinais,/ quando deveríamos/ insistentemente vasculhar/ sua falta".

A palavra se poetiza ao exceder ao que dela dizem os léxicos costumeiros. Permito-me dar um passo além: o peso que o papel assume além do pensamento é provocado pelo corpo exposto à experiência de mundo. A formulação ainda é demasiado genérica, ou seja, insuficiente. Na busca de torná-la específica, acrescente-se: o corpo referido é apenas aquele particular que atende pelo nome da autora. A restrição assume a função básica de assinalar que o peso autônomo da palavra se enraíza no modo como um certo corpo reage ao que experimenta. Isso por certo lhe concede uma particularidade que é também seu limite. É o que indica a abordagem do segundo trajeto.

Ao iniciarmos este ensaio – para não dizer "quando líamos sistematicamente a obra da autora" –, estranhávamos que a mudança de percurso fosse acompanhada da complexidade sensivelmente menor do segundo. Esmiuçado o primeiro, encontramos uma explicação que antes parecia apenas plausível. A proeminência do corpo enquanto presença em si – o que vale dizer: privilegiando as sensações e reações nele provocadas pelo que o tocava, com realce para o *desejo* – tinha por consequência que o nada, a angústia ou, diferentemente, a sensação de encontro e complemento não alcançavam nenhuma relevância. Voltando ao exemplo de *O processo*, a batida na porta de Joseph K. já não ecoava pela estrutura do romance, para, na verdade, tornar-se mero acidente. Se transpusermos a situação para os dois trajetos na poética de Ana Martins Marques, estaremos como que diante de dois Kafkas. O primeiro seria de um autor inusitado, que, indo além de uma combinação de acidentes, constituiria alguém cuja singularidade esteve em estabelecer uma ficção que provocou uma inflexão na compreensão da própria sociedade europeia e ocidental. O segundo, em conformidade com o segundo trajeto da autora abordada, pouco ou nada se distinguiria da ficção trivial.

Acrescente-se uma última observação prévia: não digo que o primeiro trajeto não contenha momentos próximos do segundo, assim como, embora muito raramente, que o inverso suceda. Dou apenas um exemplo do segundo trajeto em um circuito em que o primeiro era dominante:

> Na lembrança estamos lado a lado.
> O que há entre nós não é capaz de distinguir-nos:
> nem mel, nem palavras, nem todo esse tempo
> que depositou sobre o amor
> a camada firme dos anos.
> Estamos quietos, solenes, atentos a tudo
> o que não somos nós, quase indiferentes
> a nossa própria presença.
> Teu corpo silencioso repousa a meu lado
> numa praia anterior à separação.
> A todas as separações
> ("Uma praia")

Não será difícil ao interessado encontrar semelhantes. Já exemplos contrários devem ficar para o curso da análise.

O livro em que temos nos detido, *A vida submarina*, à semelhança do que sucederá nos dois seguintes,[1] é formado por séries ou seções. No caso da obra de estreia, eram oito seções. Para estranheza do presente leitor, o segundo trajeto se evidencia a partir da sétima seção, "Cadernos de caligrafia". A mudança é patente na estrofe de abertura do "Lugar para pensar": "Gosto de pensar no escuro/ fumando/ olhando os polvos no aquário/ do restaurante chinês/ ou com a cabeça encostada no vidro do ônibus".

Para quem tenha se acostumado ao choque entre a experiência de mundo e o formato do verso, será estranho que a última seção, precisamente a que empresta seu título ao livro, submerja na linguagem convencional. Tê-lo compreendido permite ao leitor perceber que o prosaísmo apenas não era destacado antes. Em troca, seria injusto não destacar que, na última seção, "persiana" retoma o primeiro trajeto:

a luz
em leque
desenha
o dia
vertical
fenda
aberta
para o
teatro
consumado
do sol

Vamos a '*Da arte*' *das armadilhas* (2011).

Em vez de dissonante, a experiência do poema '*converge*' com a experiência anterior de mundo. O mundo é objeto de expressão e não provocador de choque:

---

[1] Será excluído *(omo se' fosse' a casa (uma correspondência)* (2017) porque, em concordância com o que se declarou no começo deste livro, não serão consideradas obras de mais de um autor, em que o outro não disponha de um segundo título.

> Repetes
> diariamente
> os gestos
> do primeiro homem
> que se sentou
> numa tarde quente
> olhando as savanas
> ("Cadeira")

Se não concordamos com a unanimidade que Vladimir Safatle constata na obra da autora é por considerar que ele não distingue o que chamamos de primeiro trajeto: "A poesia de Ana Marques não está disposta a expor a fragilidade da linguagem prosaica, e assim não sair dela a fim de fazer de tal fragilidade sua força" (Safatle, 2020).

O poema agora perde em tensão e exige pouco esforço. Ainda tem a seu favor não calar a ironia. Vejamos "Colher", por exemplo:

> Se o sol nela
> batesse
> em cheio
> por exemplo
> numa mesa posta
> no jardim
> imediatamente se formaria
> um pequeno lago
> de luz

Sua primeira leitura daria a entender que "o pequeno lago de luz" era provocado por alguma coisa ou alguém, quando o é pelo próprio objeto que intitula o poema. É mérito da linguagem provocar a ambiguidade. Diferentemente, a duplicidade em "Colher" é mínima porque desfeita com facilidade.

Tenhamos a parte final de "Varal" como segundo caso: "Sua camisa branca/ rendida/ com/ ao fundo/ a noite/ ampla". O contraste entre a cor da camisa e a noite ao fundo é vencido quase de imediato. O entendimento se diferencia apenas conforme ser dia ou noite. Do mesmo modo, as primeiras estrofes do longo

"Relógio" são suficientes para a compreensão de um movimento que se repetirá: "De que nos serviria/ um relógio? — se lavamos as roupas brancas/ é dia — as roupas escuras:/ é noite/ — se partes com a faca uma laranja/ em duas:/ dia — se abres com os dedos um figo/ maduro: noite/ — se derramamos água:/ dia/ — se entornamos vinho: noite".

Para outros poemas, a exemplo da próxima "Penélope", é suficiente alguma astúcia silábica, como a proximidade fonética entre "espaço e espera" a contrastar com o que tragam "teu nome" e "meu nome". O recurso serve para a redescoberta da função da rima, como sucede em "Resistência à teoria":

>Um galo de lã
>não tece a manhã
>
>flores de tecido
>não brotam no vestido
>
>mapas no fundo
>não são o mundo
>
>com nenhum nome
>se mata a fome
>
>as uvas tampouco
>nascem na vinha
>sob a luminosidade
>da palavra dia
>
>(podes ver
>o amor
>brilhando
>entre as letras?)

Assente nas quatro primeiras estrofes, a rima prepara o caminho para os quartetos, em que algo se forma parecido ao dicionário não usual. A rima aproxima o que semanticamente se dissocia, enquanto nos quartetos a relação se estabelece pela distância entre a coisa e o que a nomeia – as uvas e a luminosidade do dia, o amor e o que brilha entre as letras.

Seja o próximo exemplo "A uma passante":

> Você é
> o que passa
> e deixa
> seu rastro
> o lugar
> imantado
> do fato
> de que
> nele
> você
> tenha
> estado

Pelo contraste com "À une passante", a referência a Baudelaire torna mais evidente a grande diferença dos poemas.

É bastante provável que o segundo trajeto tenha trazido mais leitores para a autora. Mas a qual preço? "Em Baudelaire, o sacrifício é *sem redenção*." Assim sucedia porque "a violência autossacrificial é [...] expressão de um desejo de constituir comunidade, de estabelecer um espaço discursivo próprio. [...] Constatar o *fim dos tempos* da poesia é um modo de esta realizar a modernidade poética" (Siscar, 2010, p.43, 47). A referência se impõe porque a ruptura do primeiro trajeto em favor do segundo provoca o afastamento da autora da "violência autossacrificial" e, assim, a distancia do "fim dos tempos". Compreendê-lo foi a razão de converter este ensaio em capítulo do livro presente. A opção consciente/inconsciente de Ana Martins Marques a aproxima ou a separa dos outros autores aqui abordados.

A expectativa do segundo trajeto domina inconteste em *O livro das semelhanças* (2015). A obra se converte em uma embarcação que arrasta palavras, em seu uso cotidiano. A questão do léxico suplementar torna-se ociosa. O "Segundo poema" é exemplar:

> Agora supostamente é mais fácil
> o pior já passou; já começamos
> basta manter a máquina girando
> pregar os olhos do leitor na página.
>
> Como botões numa camisa ou um peixe
> preso ao anzol, arrastando consigo
> a embarcação que é este livro
> torcendo pra que ele não o deixe
>
> pra isso só contamos com palavras
> estas mesmas que usamos todo dia
> como uma mesa um prego uma bacia
>
> escada que depois deitamos fora
> aqui elas são tudo o que nos resta
> e só com elas contamos agora

O tipo de cuidado com o uso das palavras evita disposições inusitadas. Assim se dispensa a necessidade do papel de seda: "Houve um tempo em que se usava papel de seda/ nos livros/ papel de seda para separar/ as palavras e as imagens". Reconvertida a seu caráter "comunicativo", a palavra perde seu investimento imagético.

Os dois trajetos são inconciliáveis e parecem remeter a intencionalidades distintas. Estas levam a pensar nas formas antagônicas assumidas pelo eu. Ver o poema como equivalente a um próximo naufrágio equivale a negá-lo como expressão egoica. De sua recusa, derivava o trajeto que decorria de partir "no fundo escuro da língua/ cheio de doçura e ruídos" ("Esconderijo"). A reaproximação com os movimentos e decisões do eu levam, em seu extremo, ao eu performático, ou seja, aquele que se exibe como se estivesse em uma passarela.

Ciente da crise que o envolve, o poeta, neste segundo trajeto, procura dela isentar-se por se aproximar de expectativas plausíveis e presumíveis do leitor. Criticá-lo por isso será sofrer a ameaça de elitismo. Em vez de manter-se próxima do "fundo escuro da língua", a palavra do poema apenas o alude. O final de "Poema de verão" – "você gostaria de escrever um poema/ em que acontecessem tantas coisas/ e as palavras vibrassem um pouco/ num acordo tácito/ com as coisas vivas/ em vez disso você escreve este" – parecia lamentá-lo quando, na verdade, se contenta em manter a distância entre a palavra-coisa e a palavra agora escrita. A divergência dos lugares pode ser sugerida tão só pela interrogação que acompanha a expressão do cotidiano:

> Você assinala no mapa
> o lugar prometido do encontro
> para o qual no dia seguinte me dirijo
> com apenas café preto o bilhete só de ida do metrô
> [a pressa feroz do desejo
> Deixando no entanto esquecido sobre a mesa o mapa que
> [me levaria
> onde?

O "onde?" encaminha para o desarranjo que orientaria a pluralidade de trilhas apropriada no primeiro trajeto, agora evitado. O mesmo recurso aparece no inominado:

> Rasguei um pedaço do mapa
> de modo que o Grand Canyon continua
> na minha mesa de trabalho
> onde o mapa repousa
>
> desde então minha mesa de trabalho
> termina subitamente num abismo

Destacar do mapa a imagem visual do Grand Canyon torna imediata a referência que a anula e "traduz" em "abismo" o que suscitaria a exploração poemática.

A diversidade da experiência poemática quanto à experiência de mundo também pode ser esmaecida pela simples sinalização de sua não convergência. Leia-se nessa direção todo o poema, sem título, de que destaco o verso capital: "Posso tocar o seu corpo mas não o seu nome", que reafirma o primado do corpo, que, tocado como materialidade, provoca a consequente subordinação da palavra à função comunicativa.

Em vez de muitos outros exemplos, apenas se acrescente: o segundo trajeto pôde derivar com facilidade do anterior porque a experiência de mundo saliente na autora se concentra na casa, em seus pertences e arredores, na cidade e em suas ruas, na praia e no mar, e, com extrema frequência, remete ao plano amoroso, ao desejo que o nutre, à sua provisoriedade ao desacerto, a seu fim e recomeço. Daí ainda a frequência dos mapas e das viagens e, como já se disse, a nulidade do nada, da angústia, da espera sem fim, bem como de não haver sinal nos livros da autora dos planos da política, da religião, da filosofia, de tudo que não cabe estritamente no mundo frequente do cotidiano. O retorno, mesmo que meramente aproximado, à atmosfera de Manuel Bandeira tornou-se inviável. Em troca, o segundo trajeto aproxima a autora de muitos de seus contemporâneos, aqui não abordados.

XI

Dora Sampaio: a busca de si

NOTA PRELIMINAR

Internacionalmente, desde os gregos até o advento do romantismo, a poesia, *latu sensu*, teve por transcendentes o mítico e o religioso. A partir daquele momento, o filão psicológico do subjetivo individual tomou seu lugar ou, como sucederá a partir de Baudelaire e Mallarmé, foi ele ocupado pela tematização da própria linguagem. Desde *Les fleurs du mal* e os *maudits*, a seguir com Pound, Eliot, Cummings, a preocupação com a linguagem do poema pôs na sombra o caráter romântico da expressão. Entre nós, passado o momento áureo do modernismo e não havendo se propalado a proposta revolucionária do concretismo, a expressão subjetiva do eu permaneceu dominante na poesia desde fins do século XX, quando não se extremou no eu performático.

Ao iniciarmos a indagação do presente livro, pensávamos que seria possível diminuir a distância entre a soma de títulos publicados e sua falta de indagação analítica. Por mais que reconhecêssemos o quanto ignorávamos do que vinha sendo editado, não sabíamos ao certo a real distância que nos separava. Basta reiterarmos que a recente antologia *Sobre poesia, ainda: Cinco perguntas, cinquenta poetas*, de Tarso de Melo (2018), abriga cinquenta poetas. Explicitar sua cifra expõe a primeira falha deste livro: os estudos que apresenta não ultrapassam mais de 1% do que tem sido feito.

Nem por isso esta nota perde sua razão; grande parte do que conheço de nossa poesia recente é centrada na figura do eu autoral. Como sua presença foi bastante clara em parte do capítulo precedente, creio justificado mudar para cá a posição do capítulo presente. Assim como no ensaio sobre Orides Fontela, havia seguido o critério da ordem cronológica das estreias. Aqui não o segui porque encontrei melhor motivação em destacar sua proximidade e distância com o capítulo que dedicara à obra de Ana Marques Martins.

1. LADRILHO DE PALAVRAS (1984)

O desenrolar do ensaio por si explicará não darmos à obra de estreia de Dora Sampaio – antes assinava Dora Ribeiro – a atenção que mereceria. Ainda que haja o risco de redundância, justifiquemo-lo. No *Ladrilho*, a autora permanecia presa à centralidade egoica, conquanto já a sabotasse. Assim sucedia porque as cenas de lembrança vivida sofrem uma diminuição progressiva, assim como se intensifica a diminuição do contágio sensual. Ora, a recordação do passado e, dentro dele, de cenas sensuais é frequente no privilégio do eixo subjetivo. Aqui, em troca, ambas se desfazem. Típico desse efeito é a identificação da autora com o "anjo de perna quebrada", a romper com a suposta pureza dos anos juvenis, que, ademais, dedilha um "terço [...] de contas bichadas":

> O espetáculo dominical
> ressurge ao som dos cantos
> concentrando em mim
> antiga pureza:
> anjo de perna quebrada
> maria
> do véu rendado

> me empresta
> este terço seu
> de contas bichadas

Confirma-o ainda o poema de abertura de *Ladrilho*, em que a evidência do traço feminino nem por isso o distingue menos do centrismo no eu:

> O beijo
> faço de conta de cansaço
> amarro as franjas
> cintilo os braços
> escureço os olhos
> e
> despenco

Em troca, a pregnância egoica é substituída pelo contato de um mundo que conhece a "perplexidade" e, como declara estrofe já pertencente a *Começar e' o fim* (1990): "e o odor das coisas sem boca/ como por exemplo o teu desenho de ponte/ por onde passei mil anos e muitos".

É até provável que algum leitor lamente a transformação, sem considerar que ela era o fim do empecilho que impedia a aventura pelo vasto mundo. Como explicita a estrofe de abertura da seção "Bicho do mato":

> No meu corpo mora o abismo
> festa selvagem
> de doces e
> rocambolos antigos

É evidente que a figuração abstrata sucede ao sensualismo. Mas a referência foi feita por um salto despropositado. Ciente da necessidade de um caminhar pausado e cauteloso, passemos ao princípio do livro seguinte, *Começar e' o fim* (1990).

2. COMEÇAR E O FIM (1990)

Os poemas do novo livro tinham por armação três situações. Elas serão chamadas de (a) a mais externa, (b) a externa em contato consigo, (c) e a interna. A mais externa está contida em "os acontecimentos", a externa em contato consigo, "teu corpo", a interna, "minhas intrigas". O protótipo das três se apresenta em

> Os acontecimentos tocam de leve a tua face
> Quase nada
>
> o teu corpo também
>   só
> padece suavemente das minhas intrigas

Sua articulação é tão palpável que seu comentário pode ser adiado para uma peça de fato complexa. A armação em três planos permanece, muito embora "os olhos de ver são recentes em mim" concretizem o termo externo, formado pelo primeiro verso, "Veneza", e, na continuação da primeira estrofe, o externo em contato consigo, bem como, na segunda estrofe, "esses olhos" já estão próximos do mais interno, "o passado" e sua falta de limites – "esses olhos/ dizia ele/ não têm remorsos/ neles o passado não conhece os seus limites/ e com a mesma fúria fecham desertos/ e cavam paixões". Em ambos os casos, a armação é fundamental para a forja de todo o livro. O mais visível, iminente e supérfluo ainda abre a máquina do poema, ao mesmo tempo que lança a palavra para fora de seu referente lexical, porquanto "o meu passado é feito de poucas palavras". A explicação parecerá pobre, mas é preferível assim a manter para que acompanhemos o próprio processo no qual se desenrola a poética da autora.

A mesma dialética entre externo e interno se explicita no poema a seguir considerado, sem que sua sequência seja a mesma:

> Te conto a solidão
> afinal

casca no meu rosto
pedaço das vezes inúmeras

arruíno a memória
mas te falo
deste roçar contínuo no tempo

"A solidão", definida como "casca no meu rosto", está no externo, entretanto é produzida pelo plano interno, cujo influxo será interrompido – "arruíno a memória" – para que domine a solidão. O externo autônomo comandará o *mímema* – o tempo cuja presença é ostentada aquém da "casca, exibida pelo rosto".

Um passo além do que foi dito até agora é possibilitado pelo brevíssimo

Esta paisagem é minha intenção lenta
E sem propósito
nela passeio os ruídos que me compõem

Independentemente de qual haja sido a proposição de abertura, de o externo independer do interno ou ser gerido por ele, o decisivo estará na dominância do externo autônomo ou autonomizado, sem que ele se confunda com o descritivo. Vejamos a sua diferença com os versos de qualidade que encerravam certo poema de *Ladrilho*:

Passeio das unhas sobre
um corpo disforme
que dispensa embalo

Ou seja, conquanto na estreia o centro fosse ocupado pela experiência das unhas do eu, em *Começar e o fim* ele já conflui com o que não faz parte de si. A dinâmica do poema passa a depender de onde/como a fusão se cumpre. Os dois poemas seguintes fazem notar que algo mais importa além do que definamos como externo e interno:

Entre um verso e outro
uma solidão vazante
meia-luz idêntica às tentações difíceis
uma conversa e uma pedra
unem a inaceitável ideia
a uma corrente absorvente e eterna

O dedo palavra se estende e
toca uma face
fala um contraste
diz não aos simpáticos afazeres móveis
entre o início e o fim da cama

Por onde rola a solidão senão entre versos? Dizê-la confundida à "meia-luz" pelo que se forma dentre uma conversa e uma pedra implica que a palavra certeira tanto parte de si, na "conversa", quanto se confunde com a "pedra" que se precipita sobre a interioridade. O que vale dizer, em vez de hierarquizado, o interno ao subjetivo e ao que lhe permanece externo, um e outro se conjugam na palavra. Mas qual palavra? Adiantemos: aquela que, sem qualquer extravagância, extravasa de sua acepção lexical, dicionarizada, constituindo um sema inesperado. Daí, no poema acima, "o dedo palavra" apontar aquilo que, pertencendo ao externo imediato, estabelece o contraste com o que não faz parte da conversa.

À semelhança do que se via no primeiro trajeto de Ana Martins Marques,[1] a palavra no poema não guarda a estabilidade da palavra lexicalizada ou da usada no dia a dia. O dedo aponta para fora do esperável. Compreendê-lo é básico para fazer com que o poema escape do "cercadinho" do eu. Daí parte a afirmação, do contrário extravagante, que "o poeta não existe"

O poeta não existe

Fora a vulgaridade se amontoa em histórias originais

---

[1] O imperfeito "se via" é adequado apenas à ordem dos capítulos, porque o dedicado a Ana Martins Marques veio atrás. De um estrito ponto de vista cronológico, sua produção começa a aparecer depois de Dora Sampaio.

> O poeta não existe
>
> coisa do nada
> inimigo dos vizinhos
> e de todos os desejos com nome
>
> ele sabe que inexiste
> por isso frequenta a poesia

A afirmação não supõe algum ceticismo (ou aristocratismo) entranhado. Significa que não há como declarar sua natureza. Se ela se confunde com dedo, aponta um existente não nomeado. O poeta é uma espécie de humano que não se especifica nem como natureza, nem como profissão, porquanto só se define pela direção que empresta à discursividade da ficção poética.

Daremos as explicações oferecidas por satisfatórias, mesmo reconhecendo não serem suficientes para encerrar as considerações acerca dos livros reunidos em *Bicho do mato*.

No poema seguinte, sem que a intervenção mitológica da medusa seja mais do que acidental, ela se acrescenta à interrogação das relações entre interno e externo:

> Cabeça de medusa
> tuas cobras abraçam o mundo
> aproveitando as franjas do passado
>
> tuas mãos alargam
> com falsidade
> os becos da nossa alegria
> faceta mais pura do silêncio que há em nós
>
> as histórias passam pelas ruas
> mesmo sem palavras
> são elas o teu material necessário para imaginá-las

O elo principal permanece a inter-relação, conquanto a imaginação seja indispensável, mesmo quando as histórias não têm palavras. Entre a palavra, investida de uma sêmica que o léxico não explora, e a imaginação, é forjado o enigma, matéria da vida. A palavra, então integrada por uma sêmica inusitada, relaciona-se com parte do corpo antes não suposta. Poema excluído de *Começar e' o fim* na reedição de *Bicho do mato*, fala no enigma a que "resistimos/ sem saber que decifrá-lo é morrer".[2] O que cabe entre a palavra, em sua amplidão poemática, e a imaginação do receptor pertence às variações do presente. O poeta não é, como alguém já disse, "a antena da raça", pois, como declara o poema cujo título remete a T. S. Eliot e ao físico Stephen Hawking:

> o passado do universo
> é para nós o presente
> sobre o qual nada sabemos

Entre o poema que nomeia o que no dia a dia nos escapa e o que "sobre o qual nada sabemos", o eu é o despojo a que nos apegamos.

Chegamos ao livro decisivo reunido em *Bicho do mato, temporais* (1993). O título tinha por título metáfora usada com certa frequência para romper as formulações congeladas que frequentam o nosso cotidiano. No mesmo diapasão, estão os versos notáveis de parte de "amor à paisana":

> enlouqueça as ideias mais estáveis
> e
> antes de descansar
> meça a intensidade
> do rosto que ficou
> e da força que te puxa
> para o centro do mundo

A metáfora aponta literalmente para fora das expressões e do modo de pensar congelados em que subsiste o silêncio, e as palavras alcançam a madurez "de tempo e história" (final de "romance").

---

[2] Na edição original de 1990, encontrava-se na página 37.

As molduras preferidas no cotidiano asseguram ao eu escapar dos acidentes mais graves, dando-lhes uma estabilidade que as isenta de parte considerável do mundo. Para empregar, nos termos da autora, "palavras frescas", "enxugue primeiro as próprias mãos/ depois/ mergulhe as palavras no mundo/ ou/ em qualquer vestígio dele". A "receita" explica a nossa insistência em distinguir os planos da história e o da incidência capital da *mímesis*. (Não se presume que a escrita da história se confunda com o congelado, mas, sim, que sua formulação depende da reiteração e/ou da repercussão de certo proceder. Aceita a distinção, é admissível que as "palavras frescas" sejam próprias da *mímesis* ficcional, sobretudo da lírica. Disso resulta que o relato historiográfico partilhe, sobretudo, da parcela verossímil do ficcional. Por isso, descobrir o aspecto histórico em um relato ficcional, por excelência no romance, não é falso ou indevido, embora os acidentes estritamente ficcionais não caibam no histórico. Isso explica por que manter história e ficção como indistintos é duplamente arbitrário.)

A distinção aludida de planos é bem estabelecida pelo mínimo poema:

>depois da tempestade
>todo poema
>é uma falsa intempérie

Abandonemos as abstrações que já foram explicadas em livros precedentes do autor e nos concentremos no relacionamento da palavra com a imaginação. Sua tensão com a suspeita e a confiança nas palavras estão formuladas em "iniciação ao caos":

>é preciso desconfiar
>das palavras e
>procurar atrás da porta
>onde cada asfixia
>é importante
>e
>onde um suspeito
>é suspeito

> é preciso confiar nas palavras
> na sua natureza fumeante
> e
> na sua poesia insone

O poema acentua os dois lados da questão e não encaminha para alguma solução. A propósito, utilizo outra vez a *Aufhebung* hegeliana. Em vez de suprassunção (ou terceiro termo amortecedor), deparamos com um "delírio de artista":

> esta é a minha obra
> grita infinitamente o autor
>
> feita de um único bloco de pedra
> a enorme estátua
> gigantesca
> só procura o descanso
> para os seus cansados
> pés
>
> também
> em busca de repouso
> as mãos
> pétreas
> alcançam as do autor
> mas não lhe querem tocar
>
> desmedidos
> são os desejos
> analisa o desesperado autor
> sem saber que
> o
> desencontro é histórico

A interioridade do artista, manifestada por seu eu, não encontra solução no externo, embora esteja constituído por ele próprio. (Por isso, o "estranhamento" não se confunde com a concepção da poesia como expressão.) O bloco de pedra – "a enorme estátua/ gigantesca/ só procura o descanso/ para os seus cansados/ pés" – não é uma expressão egoica do desejo do escultor. Em *Temporais*, o desacerto entre o desejado pelo eu e o feito pelo artista é marcado; bem o mostra a peça

> A casa do poeta não tem telhado
>
> quando chove
> a gente vê por baixo das palavras
> sem ousadia
>
> na casa do poeta
> as palavras
> passeiam sem poemas
> de bolsos vazios
> naturalmente

O desacerto não é da vida pois domina apenas no regime das palavras usuais face ao de efetivo rendimento poemático. Por isso, não há nenhuma contradição em depararmos com a rara euforia de

> o poeta toca a língua
> atinge o ritmo da ideia
> aperta o sentido
> extrai o que é feroz
> e depois
> celebra o mel

Cada um dos dois poemas trata de uma situação diversa da linguagem. Na casa do poeta, o movimento é das palavras circulantes, ao passo que a euforia do poeta é reservada às "palavras frescas". Nada estranha que, em *Outros poemas* (1997), permaneça registrado o desajuste entre as modalidades da palavra. E que então leiamos:

> Há partes de mim
> que são silêncios
> poças escuras
> e rasas

> onde o acúmulo
> é imperfeito
> e superficial

Sem desfazer a tensão permanente, assinalemos, digamos empiricamente, que o limite alcançável pela palavra o é pela relação estabelecida entre a memória e o silêncio. Assim já encontrávamos em *Temporais*:

> Um beijo
> pode durar
> o tempo do mundo
> quando
> o silêncio
> toma
> sorrateiro
> o seu lugar
> e apaga o resto

Mais explicitamente em poema de que transcrevemos apenas a primeira estrofe:

> Escrevo porque tenho memória
> fraca
> esquecimento bate logo e depressa

Em vez de se propor resolver o irresolúvel, o poema se contenta em exibi-lo. A resposta permanece nula mesmo porque o último poema de *Temporais* ressalta o termo final:

> difícil
> perda
> impossível reconhecer o fim
>
> o vazio de tudo
> que é definitivo

Dora Sampaio desenvolve um processo de abstração através das palavras concretas do cotidiano. Carlito Azevedo bem o ressaltara na orelha de *Bicho do mato*. Na autora, escrevia, "ora é a capacidade de abstração muito rara na poesia brasileira o que mais nos chama a atenção, ora a colocação precisa de um elemento concreto e cotidiano" (Azevedo, 2000).

Em contraste com *Tempestades*, pouco se destaca dos dois pequenos livros seguintes: *Outros poemas* (1997) e *Bicho do mato* (1999). O critério é apenas de comparação com o que já se destacara. Sem que o tempo seja tido por carrasco, ele é corrosão permanente:

> É uma questão de tempo
> a erosão
> o meu rosto
> e os seus segredos

A variante é um esboço de ironia:

> Penso nos meus pés
> e nas tuas razões
> e sinto vontade
> de dobrar a esquina

3. O POETA NÃO EXISTE (2005)

Sua primeira seção, "Taquara rachada", datava de 2002. A temática já antes destacada se desdobra. Assim, o silêncio é tocado com o leve toque de ironia que caracteriza seu uso pela autora:

> As bocas do mundo
> Apertam-se em silêncio
>
> faz falta a poesia
> nesta mesa bem posta
> de tudo grávida

Onde, ao contrário, silêncio e imaginação confluem, o amor impõe outro uso que o das palavras habituais:

> o amor tem um cheiro de podre
> meio sopa
> meio centro da cidade
>
> tem um odor que está no cérebro
> onde há fome
> e
> euforia
>
> o amor revela azuis
> flutuantes
> negócio de permanente transição
> entre o céu e a terra

Se as palavras adequadas têm um uso incomum, seu emprego frequente tem cheiro de podre e de centro da cidade, localizados onde "fome e euforia" separam-se da transição "entre o céu e a terra". A fusão nunca feita entre o interno e o externo transmuda-se em palavras que se convertem em extremos positivo e atormentado:

> andei e andei
> e resumi nos pés
> uma filosofia
>
> nos calcanhares, impossível sistema,
> reverbera talvez a poesia dos pilares
> das estradas secas e desertas
>
> no resto do corpo
> águas e passagens
> movem suores e promessas
> num ensaio de dança
> e desespero

A vida então passa a ser contada e apreciada em função da mudança. Enuncia-o a primeira estrofe de "sonambulismo":

> por favor, dr. Caligari,
> diga-me quanto tempo

> de vida ainda tenho
> preciso urgentemente
> dessa informação

Ao passo que ainda havia pouco destacava *Temporais* como excepcional pelo embate entre a expectativa do eu e os acidentes disparatados pelo mundo, nele, em troca, a paisagem coerentemente murchava e tendia a desaparecer. Ressaltemos, no mesmo sentido, a peça incluída em "Outros poemas":

> o relógio da parede
> já não está lá
> deve ter sido levado
> na última mudança
> para algum lugar nenhum
>
> a cama também também já não
> existe
> apenas lençóis fantasmas
> dobram-se em aparições
>
> a porta que fechava
> o mundo
> foi devorada ou morreu
> não sei bem
>
> posso apenas afirmar
> que um gosto de barro
> continua desvirginando
> a minha história

Seu destino é surpreendente em uma etapa da poesia nacional em que domina o aspecto vivencial, tendo como motor a poética drummondiana. Explico melhor: tanto a tendência da autora para a figuração abstrata quanto a ausência de correspondência com a suprassunção hegeliana dependem de os "temporais", no choque do poema, sacudirem a experiência tal como vivenciada. A paisagem deixa então de estar na memória para se tornar algo que dá a ver; deixa de ecoar para reverberar. Em vez de lugares e situações recordadas, mostra-se algo assemelhado ao domínio da razão de João Cabral. Será ocasional a importância do *flamenco* na poética cabralina e o destaque dos calcanhares em Dora Sampaio?

Chegamos ao segundo momento decisivo na poética de Dora Sampaio.

4. A TEORIA DO JARDIM (2009)

Seu primeiro poema, "Girassol", subsume o interno na externalidade da flor:

> girassol
> abre os braços a cada manhã
> pensando no caminho
> e no avesso dele
> nas turvas tarefas
> que esgotam o seu sangue
> e o meu sexo
>
> tanta luz concentrada
> numa ideia apenas
> tanta miséria retida
> em tão curto espaço de vida
>
> girassol
> gira loucamente
> gira
> porque não há sentido fora
> do movimento e não existe
> vida fora das breves inclinações

A flor empresta pensamento ao que coabitaria o corpo humano, e as pétalas equivalem ao que eram os braços para o eu. Isso levará a supor que a negada suprassunção tenha encontrado lugar? Não, porquanto, em termos de Hegel, o hipotético lugar haveria de explicitar uma terceira situação para a vida e não se confunditr com uma metáfora convencional. Isso é inconcebível porque os braços do girassol não supõem a afirmação de algum *télos*, pois são apenas "breves inclinações". Dito de maneira bem direta: a problemática apontada desde o início da análise reitera a ausência de um terceiro termo, que, conforme o pensador alemão, acolheria os termos antitéticos, manteria sua contradição e lhes emprestaria outro sentido. Em vez da afirmação de um sentido concedido à vida, o girassol manifesta um impasse, para não dizer uma contradição: a luz concentrada naquilo que, no pensamento, é tão só uma ideia provoca "tanta miséria retida/ em tão curto espaço de vida". O poema abrange um duplo movimento. Ele se tornará evidente em "equação euclidiana":

> o sertão sou eu
> e a cada passo
> nas lendas do rosa
> ficam mais distantes
> as existências fixas
>
> o sertão sou eu
> a estrada precária
> e as nossas histórias de
> antúrios vermelhos

O primeiro movimento é expressamente declarado: o interno absorvido pelo externo, que refulge de "tanta luz concentrada em um girar sem medida"; o segundo se evidencia em "a estrada precária". Acrescenta-se um terceiro: Euclides e Guimarães Rosa são invocados como expressão cabal da brasilidade – termo nunca usado pela autora e aqui como explicitação da externalidade do sertão. Não se trata de insistir em uma problemática a cuja razão a autora agora se incorporasse. Trata-se, na verdade, de introduzir uma modulação antes ignorada. Ela se concentra na "generosidade verde", com que termina o poema que se segue. A ela correspondem as magníficas estrofes que definem *A teoria do jardim*:

o teu vento
brilha no tempo do jardim

revelando um passado mineral

quando as rosas
cresceram vermelhas
radicais

    Enquanto o nacionalismo literário ressaltava o descritivismo documental – que persiste em considerar *Os sertões* obra literária, como se a obra literária prescindisse da ficcionalidade que Euclides pretendia evitar ou o argumento do livro pudesse renunciar aos postulados históricos que explora e, certas vezes, considera a obra de Rosa uma espécie de regionalismo, ainda que rara –, a inclusão de ambos em *A teoria do jardim* supõe o afastamento do que antes se estabelecera.

    Recordemos brevemente. No livro de estreia, no qual pouco nos detivemos, a dominância do eu, ainda que evidente, mal se definia. A partir de *Começar e' o fim*, mesmo o encontro de um corpo com outro não equivalia à evocação do amor, mas, sim, o que deste irradia – o mecanismo da metonímia dominava sobre o da modalidade convencional da metáfora. A mesma regulação permanece no curto

    o meu corpo espera pelo teu
    corre pelas horas
    exalta-se na chuva

    busca a alegria
    das memórias químicas
    e geográficas

E com qualidade intensa em "parca serenidade II":

    a infância é o nosso mais fiel e longo animal

chove flores brancas
e o teu centro
parece um disco solar
quando procuro a areia
do teu corpo

não quero ser decapitada
por nenhuma rainha
mas sinto-me
tão alice, tenho o mesmo
terrível ar pensativo:
infantil e cruel

e não tenho cogumelos que
cheguem

Em consequência, a cena evocada em "geografia não averiguada" não se confunde com alguma nacionalidade, e o dado subjetivo – "os teus breves olhos" – vale para qualquer paisagem. Transcrevemos sua primeira estrofe:

o teu novo mundo
é zona tórrida
lugar equinocial
de cópias de águas
e frequência de ventos

Desse modo, o jardim ultrapassa o limite convencional com que o léxico o adorna, quando não é conjugado a uma propriedade que acompanha o olhar e o subordina:

[...]
um olho é pouco

um olho é surdo à história
que corre sem pedir
sequer a ausência de mim

um olho é pouco

O olho é pouco porque o que o léxico costuma lhe conceder permanece aquém do que lhe cabe em *A teoria do jardim*. Por isso, ainda o que dizia a primeira estrofe – "sonhei um olho aberto/ ao mundo/ sem tampa possível" – perde qualquer significado se nos mantivermos no que ensinam os dicionários.

O movimento que vimos acentuar-se com "Girassol" (cf. item 5) encontra uma seção de menor densidade em "A paisagem do corpo" (p.42-50). Ela tem por objeto o eu para o qual o inusitado do jardim é sujeito. Segue-se a seção "system naturae", em que retorna a tensão positiva. Sua volta depara com a dificuldade decorrente de o externo sublinhado ser sempre provisório:

> os caminhos perseguem ideias
> naturalmente falsas
> arranjos de tempo
> obliquidades e temperamentos
>
> verdadeiras maravilhas
> do pescoço
> que são
> sombras esmagadoras
> das viagens possíveis
>
> ou
> coisas da escravatura do olhar
> contaminadas pelo exercício
> da descoberta

O provisório no sujeito tende a ser de mesmo teor, e o poema procura encontrar vida em "o sexo de teu corpo". Mas, havendo a provisoriedade alcançado o lugar mais vital do corpo, disso resultava uma questão para a qual não há resposta. Daí a pergunta: "será possível transformar/ a força física/ em pensamento?" logo se transformar em incontornável:

> chegarás a tempo?
> antes da ética
> e depois do carteiro

> ou virás
> com o barulho das canoas verticais
>
> quando eu apenas
> for capaz
> de abrir a boca e morrer
> nos verbos incapazes

O outro é o transitório indispensável em um mundo de "verbos incapazes". Eles correspondem à situação da palavra fora do poema. Sua menção é inevitável, já que, na primeira seção de *A teoria do jardim*, se mostrara que o reino do mundo externo à palavra poética não dispensa o verbo incapaz. Por que assim? Porque é este que assume relevância social, dado que, como foi destacado, "o poeta não existe". Conforme o entendimento da questão, a ironia se radicaliza em crueldade? Admitamos que sim. Mas esse dado é acompanhado por outra forma de complexidade que cabe explicar.

Falar em modalidades de verbos equivale a reconhecer a extensão diferenciada dos espaços discursivos. Se a experiência poética é o contrário de um teorema, assim sucede porque é inacabável, em decorrência de a exploração sêmica da palavra não ter fim. Dizê-lo não habilita a falar da experiência de mundo, porque também ela, enquanto experiência, é infinita, uma vez que não encaixa em *télos* algum. (O pensamento clássico, sem que concebesse o mundo como permanência de seu estado presente, concedia ao homem uma visão estável e otimista, porque pautado por limites concebíveis e coberto por fins [*téloi*].)

Tal cadeia de inacabáveis explica por que certa estrofe, que parecia ressaltar a correlação entre a extinção (por suposto, tanto a coletiva quanto a individual) e um encontro amoroso, termine por referir o ano de nascimento da autora:

> a experiência da extinção
> serve para medir a velocidade
> do meu corpo
> pela do teu

> bruscamente
> como quase tudo desde 1960

Seja por ironia, seja por um logos irretocável, *A teoria do jardim* trata a cadeia dos inacabáveis como homóloga àquela que se perdeu de vista desde que se mergulhara o campo do eu na colheita do mundo. A correlação da cadeia objetiva com a subjetiva torna admissível acompanhar o curso subjetivo não pela referência a um eu, mas, sim, à duração de uma árvore:

> a pele é nosso território
> pacífico
> quando as nossas velocidades
> se beijam e se consomem
> é nosso ambiente
> fechado
> uma melhor geografia
> talvez apenas
> vista
> nos teus 2 mil
> e
> muitos anos
> de árvore madura

Dizê-lo equivale a verificar que o decréscimo da tensão admitido a propósito da segunda seção de *A teoria* desapareceu sem maior dano. O que significa reiterar que o jardim da autora seria irreconhecível se o superpuséssemos aos jardins que frequentamos. Para evitar transtornos de compreensão, segue-se a leitura de "O plano":

> um sonho largo de terra
> sem olhos sem corpo
> apenas uma ideia
> feita no silêncio
> e abandonada de certezas
>
> a planura diária e a vida toda
> num só horizonte de verde
> destinado à mais bela imperfeição

As condições impostas para que as dimensões do eu e do mundo se encaixem evidenciam que não se trata de estabelecer alguma idealidade. Sob "um horizonte de verde", "apenas uma ideia" concebe a condição para a concretude.

Tal formulação, por certo extrema, surge na reunião dos versos "[...] uma ideia/ feita no silêncio/ e abandonada de certezas". Os versos citados não precisam ser lidos como precauções. Enquanto tais, eles seriam ociosos porque a poética da autora é alheia a um tratamento dialético. Sua formulação extrema, na irradiação dos jardins, se configura em:

> no corpo estreito do ridículo
> o gosto pela comédia
> encontra a razão nas suas mais diversas
> cores
>
> nesse templo de luz e sombras
> sobra sexo e falta futuro
> onda cada vez mais quântica
> e desgrenhada

O gosto pela comédia, combinado à "onda cada vez mais quântica", corre o risco sofrido por toda tempestuosa poesia. Não sei se o nosso tempo é particularmente mais cruel que tantos outros ou se traz drogas e estupefacientes mais poderosos. Reconheço, sim, como diz o final de poema aqui não transcrito, que o "nosso desejo de alquimia" pode assumir direções opostas: alquimia para escapar ou para saber. É esta segunda que, sem menção de desespero, surge no final de poema:

> [...]
> os fracassos são
> uma religião perfeita
> amiga do tempo humano
>
> bebo-os
> lentamente
> faça chuva ou
> sol

5. OLHO EMPÍRICO (2011)

Não é descabido dizer que o plano de voo da autora se modifica praticamente a cada novo livro. Pela formulação, pretendo destacar que *Temporais* e *A teoria do jardim* são os seus grandes marcos. A questão será estabelecer a posição do novo livro. Nossa hipótese consiste em que nele não há propriamente um plano novo, mas, sim, a complexificação do caráter de incompletude concedido à experiência de mundo. Como esperado, tal complexificação se manifesta na palavra semicamente modificada: "esse tecido rasgado em vermelho/ precipitado em veias abertas/ pode muito bem ser o/ caminho da nudez enciclopédica". Que fique claro que dizê-lo não significa que o leitor necessariamente depare com a junção dos três planos mencionados no começo do capítulo. Assim, a terceira estrofe de um dos primeiros poemas de *Olho empírico* trata apenas do eu:

> as nossas horas violam a mais
> distinta inexatidão
>
> todo alimento é uma
> palavra desviada do
> seu sentido carnal
>
> no teu corpo
> as marcas revelam
> os erros
> as metades
> as palavras
> e as mais puras
> interrogações

As marcas no corpo assinalam uma incompletude que não está nele mesmo. As estrofes que omitem "as nossas horas" e o que elas contêm explicitam o que não vemos. Se o receptor toma o exercício como exemplo, constatará que, noutros casos, uma só estrofe é bastante para declarar a articulação do eu com o mundo e sua incompletude:

> [...]
> longa perna
> de nada
> desgaste das transações
> costumeiras

Essa é a razão de, acima da vida particular, não haver outra possível harmonia senão a que suceda aleatoriamente. Como declara o final de outra peça:

> visto do jardim
> o mundo não merece
> outro desenho que não
> seja o tempo

A fusão dos planos está sempre na iminência de suceder, mas o leitor terá de haver compreendido que não se trata de algum dogma. O risco de evitar a experiência vivenciada é de dupla natureza: ou de dar a entender que usa de meios verbais para estabelecer alguma fé, ou que evita um significado preciso para que seu receptor possa fixar o que melhor lhe caiba. A palavra no poema se insurge contra os dois riscos, para então possibilitar a leitura inventiva. Não menos de maneira inventiva, cabe ao analista propor uma trilha para o diálogo. No caso em que estamos, da junção dos planos que temos examinado, resulta que sobre o plano da vida paira o que não tem explicação:

> há
> é certo que sim
> que há
> inexplicações tão
> acertadas e bem-feitas
> que a vida sem elas
> posso dizer
>
> não existe

Por certo, outras combinações são concebíveis. O subjetivamente experimentado admite outra forma de incompletude: "[...] a melodia/ do tempo atravessando os/ corpos numa recomposição/ que eu não sabia// não tem fim".

Da mesma maneira, a relação entre o vivencial e o mundo da cidade pode consistir em que tanto aquele quanto a cidade não saibam o que o silêncio do poema concede a esta:

> a cidade mais que o
>   poema sofre em silêncio/ a imprecisão da flor

Tampouco a relação dos planos converge apenas para o destaque do poema. A relevância doutras modalidades discursivas já foi comentada; o que não impede que a invariância das leis matemáticas seja acompanhada de um leve toque de ironia:

> as imagens do curso
> do tempo
> deliciam-se na invariância
> exibindo a lei da queda
> como mera aventura matemática
>
> inteligível

Mesmo a ironia desaparece para que mais nitidamente se mantenha a invariância da mutabilidade:

> [...]
>
> se a nudez dos olhos
> for capaz de soletrar
> nas raias das mãos
> todas as fisionomias
> estreitas do mundo
>
> fica então aberto o
> caminho para
> o que não está
> ainda escrito

Mas a ironia, ainda que verificada onde não costuma estar, não significa descrença na função das matemáticas. É ocioso aumentar as exemplificações, que levaria ao mesmo juízo acerca da natureza – "a boa feição/ da tradução aquosa/ não impede que/ a história temporã/ seja composta/ em língua madura"; elas decorrem de não haver regularidade entre os planos que atravessam a vida humana. O olho empírico do poeta não se confunde com o olho pragmático. Reiteremos, em suma, a relevância de uma poética que não se contenta em modular o subjetivo.

Conquanto tenha lido o ainda inédito *Natureza aberta*, achei preferível não me adiantar ao leitor. Limito-me à observação mínima: em consonância com o título, tudo que se mostra vai do nada ao nenhum, sem a mínima nota de angústia ou desespero:

> [...]
> caminhosescadas
> que vão do
> nadachão
> para céunenhum

Apenas adianto que o título do livro sugere que a abertura da *physis* a torna anterior e plural a toda a filosofia: "here we can sit down/ before philosophy/ finds us out// aqui/ à beira desta/ margem/ insegura// é possível limpar terreno para/ outras ideias".

Em Dora Sampaio, se o eu é integrado à vasta experiência de mundo, esta, por sua vez, se mantém aberta para a qualidade da mente, concebida à semelhança da floresta:

> [...]
> a mente
> é simetria
> florestal
> incapaz de um
> só lugar

Adendo

No contexto do concretismo, a poética de Augusto de Campos

1. PERSPECTIVA

A primeira seção deste ensaio homenageia a *Poesia concreta brasileira: as vanguardas na encruzilhada modernista*, livro com que, em 2005, o crítico argentino Gonzalo Aguilar realizou a primeira, e até o momento única, exposição sistemática do movimento concretista brasileiro.[1] Não se tratará de expô-lo, mas de apontar datas e temas tanto para servir de guia ao leitor quanto para assinalar aquilo de que discordamos.

O concretismo é um dos frutos positivos da fecunda agitação cultural que sacudiu o país, particularmente São Paulo, nas imediações da (e durante a) década de 1950, estendendo-se pelos primeiros anos da de 1960. Lembremos algumas datas.

Em 1948, em sequência ao *Museu de arte moderna*, do Rio de Janeiro, Ciccillo Matarazzo fundava o seu êmulo paulista. Conquanto sua maior fama derive da reforma orientada por Lina Bo Bardi, em 1982, sua influência na vida cultural já se notabilizara

---

[1] O que antes escrevi sobre Augusto e Haroldo de Campos eram esboços. Em seu lugar, põe-se um fragmento.

desde 1951, ao efetivar-se a primeira Bienal Internacional de São Paulo. O dinamismo encontrava uma instituição que lhe dava materialidade. Introduzido, ele servirá de suporte para a tríade dos poemas concretos, formada por Augusto e Haroldo de Campos e Décio Pignatari, que, em 1956, haviam realizado a Exposição Nacional de Arte Concreta. Como bem apontaria Flora Süssekind:

> Foi [...] em fins dos anos 50, em pleno otimismo desenvolvimentista, que se iniciou um dos diálogos mais proveitosos entre poesia, tecnologia e espetáculo no Brasil. Porque, sem medo de olhar de frente publicidade, *outdoors*, televisão, foram os poetas concretos paulistas que, na virada da década, redefiniram o livro enquanto objeto, procuraram modificar o olhar do leitor de poesia, agora também um espectador do poema. (Süssekind, 1993, p.231)

A expressão "poesia concreta" já fora introduzida em artigo originalmente publicado em outubro de 1955 (cf. Campos, Pignatari e Campos, 1965a, p.32). Mas o grupo já estivera constituído desde 1949, como indica o índice do número cinco, último, da revista *Noigandres*, que fora o porta-voz do movimento, a que então também se filiavam José Lino Grünewald e Ronaldo Azeredo, participantes da antologia "do verso à poesia concreta", divulgada na mencionada edição.

O realce da ambiência paulista não deve fazer esquecer o significado dos anos 1950 no âmbito nacional. O país mal saíra do período ditatorial a que estivera submetido entre 1937 e 1945, voltando a ser governado pelo ex-ditador Getúlio Vargas, agora via eleição direta, em 1951. Seu retorno ao poder começaria a acirrar as dissensões políticas que o levariam ao suicídio em 1954. É dentro desse clima tenso que Juscelino Kubitschek é eleito em 1956, governando até 1961. Não me cabe analisar a virtude política do presidente mineiro que conseguiu se contrapor ou simplesmente adiar o conflito que voltaria mais acirrado com o golpe militar de 1964. Importa-nos, sim, anotar que a história do concretismo foi marcada pela euforia excepcional do período juscelinista, conhecido pela designação de desenvolvimentista.

A rápida recordação do passado próximo e do que sucederá com o golpe é decisiva para o entendimento de que o termo "euforia" não significa alguma espécie de "esquecimento" da tensão entre as posições conservadora e de esquerda. Lembrá-lo em relação à vanguarda concretista tem a função de acentuar que a renovação proposta supunha, ao mesmo tempo, uma tomada de posição inequivocamente de esquerda.

Data de 1961 o primeiro poema concretista pertencente ao chamado "salto participante", designação cunhada por Décio Pignatari; já o número dois da revista *Invenção*, mantida pelo grupo, apresentava o "Cubagramma", de Augusto, cujo caráter participante não impede seu caráter eminentemente vanguardista, em oposição ao que se manifestará pelo chamado Violão de Rua, movimento expressamente contrário à vanguarda paulista. Por maior acessibilidade tipográfica, optamos por mostrar a combinação de vanguardismo e partipação pelo poema "Greve". Ele é composto em duas páginas. Em papel de seda, o termo que se tornará, na página anexa, unânime, GREVE, parte por alternar uma frase conhecida, "arte longa vida breve", que encaminha para a escrita aqui e agora; dela começa por se dizer "escravo senão escrevo", até à incisiva "grita, grifa, grafa, grava", que, com a passagem para a segunda página, remete em letras garrafais ao clamor de GREVE, repetido por onze linhas, que cobrem toda a página.[2]

Fora as manifestações referidas, os "saltos participantes" tiveram de ser raros durante o golpe militar (1964-1985). Dele se aproxima o único poema com que José Paulo Paes participa da corrente:[3]

        ocidental

       a missa
a miss
o míssil

---

2 Cf. revista *Invenção* (n.3, p.13, 1963). "Greve" reaparece na reunião dos primeiros livros de Augusto, trazendo por data 1981 (cf. Campos, 1986, p.109).

3 Cf. revista *Invenção* (n.3, p.97, 1963).

É encarecido o "progresso" do Ocidente nos trópicos, a começar pela pintura da primeira missa, substituída pela erotização do feminino, que dá lugar ao militarismo.

Referências dessa ordem aparecem no citado número. A alternativa que saliento está no desenvolvimento de textos que fundamentavam a prática concretista por sua aproximação com a estatística, a semiótica e a teoria da informação, a exemplo de "Crítica, criação, invenção", de Décio Pignatari e Luiz Ângelo Pinto,[4] com que os autores procuram justificar a aproximação do movimento quanto à prática mediática. A mudança de tom, imposta pelas condições sociopolíticas, não significa, porém, como Aguilar parece entender, que o movimento terminara. Apenas já não será possível dele tratar como de vanguarda, pois já não poderá ser entendido conforme a terminologia militar de que partia o termo, como uma tropa avançada que abria caminho para o grosso de um exército. Sua transformação em experimentalismo se acentua com a morte de Haroldo, em 2003, três anos após a do tradutor, poeta e ensaísta José Lino Grünewald, e depois com a de Décio (2012). A corrente passa a depender da produção única de Augusto de Campos. Apenas adiantando o que será desenvolvido na terceira seção, seu "Pós-tudo" (cf. Campos, A. de, 2016b, p.34-5), datado de 1984, encarece a permanência dos princípios manifestados pela reunião dos artigos da tríade, em *Teoria da poesia concreta*:

```
                              QUIS
MUDARTUDO
MUDEI                   TUDO
AGORAPÓSTUDO                        EXTUDO
MUDO
```

Consideremos, pois, o desacerto do experimentalismo proposto com o modo de ser da crítica nacional. Não é novidade afirmar que o grosso de nossa crítica, quando não manifesta

---

4 Cf. revista *Invenção* (n.4, p.17, 1964).

alergia pela teorização, não deixa de manifestar sua antipatia por ela. Ora, ainda que, através do próprio Augusto, essa atitude se repita no interior do grupo, como nossa crítica poderia deixar de manifestar seu repúdio a um movimento que punha em xeque o princípio do verso linear?

Nossa indagação avança um passo ao recordar a contraposição entre (a) a proximidade, provocada pela ênfase na visualidade, entre o procedimento concretista e a prática tipográfica das mídias que dependem centralmente (o jornal) ou em parte da escrita (a televisão) e (b) a distinção clássica entre pintura e poesia, formulada por Lessing, em 1766, e bem lembrada pela passagem de Aguilar: "[...] Enquanto a poesia é discursiva, sucessiva, desenvolve-se no tempo e tem como objeto as ações, a pintura é espacial, simultânea, e tem como objeto os corpos. [...] Isso quer dizer que a divisão que Lessing expressou em termos teóricos respondia a uma divisão que os próprios artistas aceitavam em seu trabalho" (Aguilar, 2005, p.211).

A partir da ênfase mallarmeana em "Un Coup de dés", na força da espacialização, a partir da impressão nele causada pelas manchetes dos jornais, aliada ao experimentalismo joyceano, que se radicaliza em *Finnegans Wake*, a que se reúne o experimentalismo musical e pictórico de artistas contemporâneos, os concretistas destacavam a função do ideograma. Dele recordava Aguilar: "[...] O ideograma se define – de um modo restrito – como uma continuidade ou um motivo visual e fônico que se repete no poema e que substitui o tema semântico ou o estribilho" (ibid., p.184). (Ressaltemos o cuidado com a presença do semântico, cuja permanência, como Augusto me recordava em correspondência privada, será mantida pela prática antes vanguardista da tríade, depois experimental do missivista.)

O que faremos a seguir, sobretudo na terceira seção, será a tentativa de nos aproximarmos de Eduardo Sterzi, Flora Süssekind e Marcos Siscar,[5] cujas contribuições acerca do legado

---

5 Enquanto escrevia este ensaio, recebi também uma contribuição de Thiago Castañon, que, ainda inédita, se incorpora àquela plêiade.

concretista destoam da apatia, se não da antipatia mantida pela crítica nacional.

2. PROSPECTIVA

Caberá a esta seção analisar de forma mais detida as posições assumidas pela tríade concreta, a partir da reunião de artigos oferecida pela *Teoria da poesia concreta* e desdobrada na década de 1980, assim como a percepção crítico-interpretativa mais genérica de seus analistas mais destacados, os quais voltarão, na seção seguinte, por sua abordagem mais pontual.

Na coletânea, cujo mérito é devido a João Bandeira e Lenora de Barros, *Poesia concreta: o projeto verbivocovisual* (2008), chamará a atenção como, nos anos 1980, as posições de Pignatari e Haroldo se distendem em posições antagônicas. Isso se tornará mais nítido porque os organizadores republicam alguns dos textos da tríade que já haviam estado na *Teoria*. Principio por chamar a atenção de "nova poesia: concreta" (1956), de Décio Pignatari, já incluído na *Teoria*, como também sucederá com "A obra de arte aberta" (1955), e o "Ciropédia ou a educação do príncipe" de Haroldo, antes presente em *Noigandres 2*, de 1955, a "Poesia concreta" (1955) e o "Ad augustum per angusta", antes em *Noigandres 2*, de Augusto. A republicação do texto de Pignatari é decisiva porque, continuando ele então vivo, tê-la permitido implicava reafirmar a posição que sempre o distinguira. Sem divergir, em nenhum momento, da afirmação da "crise do verso" – expressão retirada das *Divagations*, de Mallarmé –, Pignatari entendia que o porta-bandeiras enfático estaria antes em, citando a reedição de 2008: "Contra a poesia de expressão, subjetiva, por uma poesia de criação, objetiva, concreta, substantiva, a ideias dos inventores" (Pignatari, 1975, p.85). De acordo com seu estilo "carbonário", como Augusto o definiria (cf. Campos, A. de, 2016a, p.88-9), de afirmações bruscas, violentas, instantâneas, Pignatari assinalava a consequência daquilo que rejeitava do ponto de vista de uma prática da linguagem: "A poesia concreta acaba com o símbolo, o mito, com o mistério [...]" (ibid.). De acordo com sua teoria da linguagem, nega-se que a palavra contenha alguma referência a algo a ela externo. A nomeação da palavra torna-se "a coisa da coisa". Pignatari não se pergunta se tal reificação não justifica o ostracismo em que o poético havia entrado – por que haveria de preferir tal "coisa da coisa" à simples materialidade?

Pela reiteração da postura do autor, cabe prestar maior atenção a ela? Que estabelece ela senão a mais intensa interação do concretismo com a prática mediática? Portanto, quando acentuamos a euforia desenvolvimentista que envolvia o país com os primeiros anos da corrente, afirmávamos uma relação que será preciso entender melhor. Não se ignora que a posição de Pignatari era fundamentalmente dele e que a tríade não supunha um bloco uno e sem brechas. Mas a proposta de um isomorfismo tendencial da vanguarda proposta com o aspecto gráfico da mídia deixava rastros na prática de seus companheiros. Isso será mais bem visto na seção seguinte. Por ora, bastará lembrar a consequência da concordância que Haroldo estabeleceu várias vezes com a poética de Cummings.

Por certo, ia bem adiante disso, pela afirmação do encaminhamento da recepção "objetiva", isto é, maciça, ao passo que o letrismo destacado por Haroldo remetia à poética proposta. Chamemos, pois, a atenção para o fato de que a incerteza ou mesmo a rejeição que apresentarei à autonomização da letra tem sua origem na leitura do poeta americano. Ainda que haja concordância quanto à diferença já existente entre Pignatari e Haroldo nos textos dos anos 1950, ela não impedia, como veremos, que a confluência fosse então bem maior. É o completo oposto do que se dará nos anos 1980. Os textos decisivos estão na *Poesia concreta*.

Em 1983, Décio Pignatari publicava "Por um design brasileiro" (cf. Bandeira e Barros, 2008, p.99-105). O autor já não se prende à transposição mallarmeana das manchetes, apenas exalta a modalidade de cultura que se constitui a partir do universo eletrônico:

> A contracultura pop e hippie, na realidade, situa-se na crista da crise de passagem entre a industrialização de natureza mecânica e a industrialização de natureza eletroeletrônica e cibernética (informática): toda ela é uma crítica à Primeira Revolução Industrial, de natureza mecânica, e uma tentativa de união entre o artesanato (vinculado ao neoindividualismo) e o universo eletrônico. Do ambiente formado, passa-se ao universo informado, do hardware ao software. O design de objetos mentais é o que importa. É onde estamos hoje em matéria de design. [...] – Cultura é designa de imponderáveis, é design de designs, ancorado na realidade e na necessidade, mas criando sua própria realidade e sua própria necessidade. (Pignatari, 1983, p.101)

A insistência de Pignatari em um design nacional não supunha algum nacionalismo redivivo, nem uma proposta visando ao mercado, mas, sim, à remodelação da própria cultura. Esclarece-se melhor por que não se falava nos pressupostos de uma poética concretista: há o subentendido de que o autor percebia que ela não se propagaria sem a constituição de um design, que, substituindo a concepção de cultura e dando lugar a "objetos mentais", permitiria a propagação de um poema próximo dos processos mediáticos: "Da cultura ao design, este o caminho preferencial do design brasileiro" (ibid., p.103).

Admiti-lo não significa que sua proposta tivesse sido compreendida nos termos propostos pelos irmãos Campos. Do menos afeito a reflexões teóricas, Augusto, não temos nenhuma prova de discordância, mesmo porque, conforme acentuamos, a proposta de Pignatari não visava a um mero mercado de consumo. Por isso, sua observação de raspão acerca da música de John Cage e de Feldman – seu "rápido êxito de recepção (sempre suspeito, quando se trata de arte [...])" (Campos, A. de, 1997, p.107) não poderia ser entendido como discordância ao enunciado de Pignatari. O mesmo já não diria da reflexão de Haroldo, "Poesia e modernidade: da morte da arte à constelação. O poema pós-utópico", que aparecerá em 1984. Procuro sintetizar seu argumento. Sua abertura tem a mesma abrangência do que fora proposto, no ano anterior, por Pignatari, mas seu encaminhamento não é menos diverso. Ao passo que "Por um designa nacional" partia do horizonte industrial, bipartido entre mecânico e eletroeletrônico, Haroldo parte da distinção entre abordagem historiográfica, por natureza diacrônica, e versão sincrônica, que defenderá. O ensaio já abre com sua diferenciação:

> A expressão "modernidade" é ambígua. Ela tanto pode ser tomada de um ponto de vista diacrônico, historiográfico evolutivo, como de uma perspectiva sincrônica: aquela que corresponde a uma poética situada, necessariamente engajada no fazer de uma determinada época, e que constitui o seu presente em função de uma certa "escolha" ou construção do passado. (Bandeira; Barros, 1985, p.115)

Como expoente da posição historiográfica, Haroldo tomava Hans Robert Jauss, cujo texto a ser abordado fora originalmente publicado em *Literaturgeschichte als Provokation* (1970). É a partir de "Tradição literária e consciência contemporânea da modernidade" que Haroldo empreende sua visão retrospectiva da poética contemporânea, com o claro propósito de situar uma corrente que, como já vimos, não podia mais ser chamada de vanguardista. No contexto histórico-cultural em que Jauss pensa, a partição interna a que corresponderia o que, no século XX, veio a ser chamado de vanguarda se inicia com a *Querelle des anciens et des modernes*. Como dizia Jauss, e Haroldo traduz, a distinção assume "uma função de delimitação histórica" quando "um novo presente faz de si mesmo" uma consciência diversa da que até então imperava (ibid., p.115).

Não precisamos acompanhar com detalhes a glosa que fazia Haroldo. À *Querelle* seguirá "o classicismo francês e o século das luzes", o romantismo, a partir de Chateaubriand e o passado nacional até o realce do contingente e transitório, com Baudelaire. O percurso empreendido por Haroldo era tanto uma homenagem ao mestre de Konstanz quanto um modo de vir a uma abordagem distinta, de cunho sincrônico. Para fazê--lo, Haroldo se respaldava em Octavio Paz, de *Los hijos del limo*: "A literatura moderna, é ela moderna? Sua modernidade é ambígua: há um conflito entre poesia e modernidade que tem início com os pré-românticos e que se prolonga até nossos dias" (apud ibid., p.119).

Explorar esse conflito supõe empreender uma análise sincrônica. Deixo de acompanhar o empréstimo que Haroldo fazia do poeta e ensaísta mexicano para concentrar-me na formulação básica do poeta e ensaísta brasileiro: "No momento em que a oposição funcional se converte em convivência de opostos, temos um oximoro poetológico: o poema crítico" (ibid., p.123). É precisamente esse o momento em que o concretismo se encontra; ele deixa de ser vanguarda para tornar-se "poema crítico". A expressão não significa apenas que o poema contraíra uma dimensão crítica, mas que seu antagonismo com o passado dominante implica a convivência da constituição poemática com a escolha de faixas diversas do passado, realçadas como paralelas ao que agora se cria. Nos termos do próprio Haroldo: "Sem perspectiva utópica, o movimento de vanguarda perde o seu sentido. Nessa acepção, a poesia viável do presente é uma poesia de pós-vanguarda, não porque seja pós-moderna, mas porque é pós-utópica antimoderna" (ibid., p.137).

Suponho que está bem definida a contraposição com que Pignatari e Haroldo encaram o movimento do qual, junto com Augusto, foram constituintes. Segundo Pignatari, a oportunidade de uma atuação efetiva do experimentalismo concretista não dependeria de seus membros, mas de uma mudança geral, de que os poetas seriam uma pequena parcela. Conforme Haroldo, diferentemente, o êxito do experimentalismo estaria em pensar que participaria de sua criação a escolha de momentos do passado que, sufocados pela direção presente, dariam condições para a mudança da cena presente. O "poema crítico" supunha um duplo direcionamento: a invenção já não se restringia a seu fazer criador, mas, sim, a realçar do passado um período ou poetas, para que aquele fazer e esse realce pudessem dar uma outra fisionomia ao presente.

Eram duas apostas bastante diversas, contrapostas à unanimidade com que terminava o "plano-piloto para poesia concreta":

"Poesia concreta: uma responsabilidade integral perante a linguagem. Realismo total. Contra uma poesia de expressão, assubjetiva, hedonística... criar problemas exatos e resolvê-los em termos de linguagem sensível. Uma arte geral da palavra. O poema-produto: objeto útil" (Campos, Pignatari e Campos, 1975, p.156).

Terminamos esta seção pela referência a uns poucos críticos que tiveram saliência para a abordagem que está sendo aqui tentada. Ainda que a eles voltaremos na seção seguinte, aqui já os destacamos por apreciações antes gerais que particularizadas.

Em *Do céu do futuro* (2006), já destaco os ensaios de seu organizador, Eduardo Sterzi, e Flora Süssekind. (Por sua qualidade, ainda será nomeado Marcos Siscar, mas só referido adiante.)

De Sterzi, a primeira citação poderia ter servido de epígrafe para o ensaio: "[...] Augusto [...] sempre foi e ainda é o poeta concreto por excelência" (Sterzi, 2006a, p.7). A segunda nomeia o motor central da poética de Augusto: "Augusto confere centralidade e alcance a uma forma poética persistente mas marginal, o epigrama funerário" (ibid., p.16). A terceira já é propriamente interpretativa, e não só analítica: "Incrementando a complexidade de sua práxis artística, Augusto conjuga a consciência de uma *crise* da linguagem com a aposta na concisão e na objetividade como virtudes poéticas" (ibid., p.21).

No caso do ensaio de Flora Süssekind, sua apreciação será prejudicada por supor conhecimentos que não tenho: o da gravação intitulada *Poesia é risco* (1995) e o do espetáculo teatral homônimo, realizado no ano seguinte. Por isso, não me atreverei a considerar suas observações acerca da relação entre o meio sonoro e/ou visual e "registros diversos da presença" (Süssekind, 2006, p.54). Terei assim de me restringir ao que extraio de suas observações sobre o poema "sos". O poema já tinha sido objeto de apreciação valiosa em *Literatura e vida literária* (cf. Süssekind, 1985, p.82). Como se ainda descontente com o que escrevera, a ensaísta reformula o que antes dissera:

> Num poema como "sos" [...], o que se faz, no sentido de uma construção coral, de uma simultaneização de estratos sonoros, é prolongar, ao máximo, a extensão de cada uma das vocalizações de Augusto de Campos para as linhas circulares que constituem graficamente o texto. [...] Cada linha ecoa na subsequente. Há sempre uma espécie de sobra acústica, de confronto de sonoridades, descartando-se qualquer possível apreensão linear. E a mesma voz do poeta parece multiplicar-se, adensando-se momentaneamente via sobreposição e meio que tomando, em seguida, distância, a cada novo acréscimo que se apresenta. Multiplicação vocal em sintonia com a proliferação idiomática, mas, de certo modo, anulatória de "eus", trabalhada no poema. (Süssekind, 2006, p.56)

Conquanto se cumpra uma apreciação particularizada, aqui se enfatiza o seu final, o poema circulando pelas várias línguas com suas correspondências pelos termos com que o "eu" se designa, que se põe à deriva, em um pedido de socorro (sos), que ocupa o centro. Sem antecipar o que deverei dizer, não devo deixar de assinalar que poucas vezes a propriedade do verbivocovisual melhor se afirma.

Reconheço a parcialidade com que recebo o ensaio. Além das razões já apontadas, cabe acrescentar que a parcialidade se impõe por minha pouca competência quanto à obra de Malévitch. Isso só não me impede de assinalar que o suprematismo proposto pelo pintor russo ocupa a posição radical do abstracionismo. Por isso, a citação que Süssekind faz de Dora Vallier – "A ausência de objeto torna-se assim pura presença da abstração" (apud Süssekind, 2006, p.132) – é válida para Malévitch, e não para Kandinsky e Mondrian, pintores também examinados por Vallier. (Confirma-o seu conhecido *Quadro negro sobre fundo branco*.)

No texto de Antonio Risério, levanta-se uma pista até hoje não desenvolvida: a presença de uma dimensão estética – antes apontada que demonstrada – em nossas populações aborígenes ou nas gentes africanas, para cá trazidas como escravos (Risério, 2008, p.169).

Não menos nova, e ainda sem desdobramento, é a comparação com o próprio modernismo:

O modernismo de 22 foi justamente isto: um modernismo, uma modernização literária brasileira, mas não, ainda, a vanguarda. [...] As coisas só começaram a mudar [...] com a vanguarda antropofágica [...]. Na década de 50, a mudança. O Brasil se manifesta, então, com intensidade inédita, como um país de vanguarda, vivendo dias democráticos, exalando autoconfiança por todos os poros. Criou-se, então, entre nós uma "ecologia" do novo, um ambiente propício à invenção. (ibid., p.171)

Caberia aqui o reparo: o que, entre nós, era assim vivido se dava no interior de uma modernidade cujo dinamismo de cunho industrial-mediático, transformando a alternativa socialista na ditadura stalinista, prestou-se à única via da concentração de capital. Ou seja, nossa "intensidade inédita" serviu de pano de fundo para a implantação de um vanguardismo que, em breve, teve de se converter no experimentalismo mantido por seus fundadores.

Só essas duas observações do ensaísta baiano seriam suficientes para tirar ao menos parte da crítica nacional da sonolência que a atravessa. É indiscutível a retração da crítica ante o legado dos concretos. O melhor livro coletivo publicado a propósito de um de seus componentes, *Sobre Augusto de Campos*, foi editado em 2004, 34 anos depois da reunião dos artigos e manifestos da tríade, e até hoje sem maior sequência. Os ensaios de maior alcance aí incluídos serão examinados em combinação com as obras de Augusto.

3. A POÉTICA DE AUGUSTO DE CAMPOS

Começo com *Poesia 1949-1979*, que reúne as obras compostas entre as datas referidas.

O poema que empresta seu título ao livro de abertura, "O rei menos o reino", consta de sete partes. Assim como as demais, a primeira é formada por decassílabos, em sequência linear. Sua dicção, no entanto, já se diferenciava da prática usual pelo desenvolvimento de uma temática do não, de acordo, na verdade, com a linhagem desenvolvida a partir de Baudelaire. Por isso, embora o sujeito seja um ego, este já não se confunde com a lírica harmônica e, desde os românticos, expressivista. Trancrevemos as estrofes inicial e derradeira:

> Onde a Angústia roendo um não de pedra
> Digere sem saber o braço esquerdo.
> Me situo lavrando este deserto
> De areia areia arena céu e areia.
>
> [...]
>
> Por isso minha voz esconde outra
> Que em suas dobras desenvolve outra
> Onde em forma de som perdeu-se o Canto
> Que eu sei aonde mas não ouço ouvir

A estrofe de abertura baseia-se na analogia à angústia, que roe "um não de pedra", e o ego, que lavra um deserto de areia e céu. No último quarteto, a voz oculta outra, que desdobra um som, de que se perdeu o canto. É esse o território do rei sem reino.

Já o terceiro poema da série supõe um encontro amoroso em que cresce a presença da negação. Como declara sua terceira estrofe:

> Do que há de morto na palavra outono
> Galgo o teu corpo – não a ti – teu corpo
> Mais alvo de o fechares contra mim.

A analogia de abertura tem seu equilíbrio roto em desfavor do ego, em prol da angústia e de seu cotejo, que se condensam na abertura do quinto da série:

> ANGÚSTIA: eis a flor marcada a ferro
> Que um vento solitário, o DESESPERO.
> Incrustou numa pedra nua, o TÉDIO.

A sequência que se estabelece impede que o ego seja uma entidade dialógica. Como declara o final do sétimo:

Quando começo: – Mar... – os teus ouvidos apodrecem

(Não se comove a tua massa, move apenas
Aquelas negras, negras vozes.

Falam em pão em prata e eu ouço PEDRA).

A solidão o encobre e envolve. Como dirá o final de poema próximo, "O vivo":

> Há muito que as espadas
> Te atravessando lentamente lado a lado
> Partiram tua voz. Sorris.
> Queres morrer e morres.

O que sucede pertence ao fortuito, ao mar, ao tempo, ao que seja, não ao ego:

> Ao passo que os seus pés recomeçam o tempo.
> É ele também o que está sempre deitado
> Sobre o seu corpo que pesa assim duas vezes
> E que resiste de pé, cansado e vivo
> ("Quando eles se reúnem")

O que age circunda o não eu, sem que o mova:

> As unhas saem dos dedos.
> Os dedos saem das mãos.
> Cavem a terra cavem
> ("Poema do retorno")

Por certo, não será por toada semelhante que o poeta importa. Mas, como alguém já disse, algo do pré-concreto será mantido, e ele já o presumia:

> – Sou o Poeta. O que jaz, sendo vivo
> ("Diálogo a um")

O que nele se manteve combinará o sentimento do poema de abertura com a exploração fônica da proximidade do nome próprio, presente no título do livro que continha os poemas de 1951-1952: *Ad augustum per angusta*, no qual se verifica que a tríade já estava formada:

> A Haroldo, Augusto, Décio
> Pignatari não deixo
> Senão este desfecho
>
> De ouro ou pranto férreo:
> O seu duro mister e o
> Nosso magro destino
> ("Poema no 4")

Desde sempre perdido o reino, o ego não passará de um nome próprio entre dois outros.

Tracemos um paralelo teórico à pequena utilização de trechos dos primeiros livros.

Na análise pela qual procuramos desvencilhar o fenômeno da *mímesis* da suposta equivalência latina, *imitatio*, nós o identificamos como resultado do confronto entre vetores de direção contrária, *semelhança* e *diferença*. Consideramos as passagens acima transcritas como indicativas de uma trama originária (*Urhandlung*), que, acentuando seu caráter formativo, expõe sua tensão primeira. O próprio título do livro de estreia e seu desdobramento pelo livro que citamos a seguir permite uma melhor precisão. O título de estreia corresponde abstratamente a um *ego-menos*. Por si, o *ego-menos* corresponde ao que identificamos como o mínimo vetor da *semelhança*, por constituir o elemento conhecido pelo possível receptor, isto é, anterior à formulação do próprio poema, que permitirá sua leitura, ainda que meramente elementar. Ao *eu-menos* se agregarão as diferenças "míticas", ou seja, dotadas de uma significância social, no caso do poema de abertura, areia, deserto e céu. Enquanto as diferenças se mantiverem "míticas", elas não terão a capacidade de desorientar o leitor, isto é, não singularizarão o poeta. O *eu-menos* permite uma trajetória em que a *diferença* crescerá rapidamente, provocando resultados excepcionais e outros não tão exitosos. Por enquanto, o *eu-menos* se descarta das "joias palavras", aquelas que usualmente são entendidas como adequadas ao poema ou, aproximando-me da formulação do autor, confundidas com o legado de Deus, de que ele, "o grande ateu", se despede. Por ora, limitamo-nos a assinalar a passagem para a outra cena, aquela que subverterá a *Urhandlung* contida no que diz o segundo quarteto do último poema do *Ad augustum*:

> Onde estou? – Em alguma
> Parte entre a Fêmea e a Arte.
> Onde estou? – Em São Paulo.
> – Na flor da mocidade

A outra cena suporá não seguir a distinção de Lessing, já recordada, entre poesia e pintura. Como recordava Gonzaga Aguilar, "a sublevação vanguardista [...] constituiu uma *mudança de paradigma*, que seu trabalho não consistiu em inverter os termos, e sim em *eliminar* uma oposição que era estruturante".[6]

Para nos aproximarmos da outra cena, já não será preciso recorrermos à história do movimento. Bastará a reiteração de que ela terá como estímulos fundamentais "Un Coup de dés" e *Finnegans Wake*, de Joyce e Cummings, a pintura e a música transgressoras contemporâneas.

Voltando à reunião dos livros editados por Augusto até 1979, em *Poetamenos*, de 1953, a saliência da *diferença* se manifesta tanto pela ocupação integral do espaço da página, a requerer uma leitura horizontal e também vertical, quanto pelo uso de cores. Sua primeira página, mais famosa que o título do livro, *Klangfarbenmelodie* [melodiadetimbres], é dedicada a Anton Webern. Como a expressão alemã deixa mais claro, a força de timbre no poema é executada pelas cores. Como não posso presumir que a

---

6 A parte da citação que deixo entre parênteses levava em conta que o autor argentino pensava nas vanguardas do começo do século.

edição do presente livro contemple uso de cores, a homenagem ao músico austríaco fica sem sentido aqui. Sem o uso de cores, prendo-me ao destaque do que teria o direito de ser chamado de a cópula poemática:

```
e i s
os
amantes s e m parentes
                                senão
o s c o r p o s
irmãum gemeoutrem
cimaeu baixela
e c o r a a m b o s
d u p l a m p l i n f a n t u n o ( s ) e m p r e
s e m e n ( t ) e m v e n t r e
est esse aquel ele
in h u m en outro
```

A transgressão da linearidade não parece perturbar a recepção, desde que o leitor perceba a visualização da penetração de um corpo por outro, completada na linha, que traz no centro, a seu resultante, o "infant", a cuja incompletude corresponde a falta da letra. Considero que esse é o primeiro poema concretista de Augusto, de êxito incontestável. As palavras perdem significado mediante sua mera referência para que o façam pela própria figuração que executam.

No pequeno *Bestiário*, de 1955, o verbivocovisual já apresenta uma quantidade maior de textos exponenciais. Limito-me, contudo, a apontar um único:

```
                        sim
                    o p o e t a
infin
itesi
(tmese)
mal
(em tese)
existe
e se mani
```

(ainda)
festa
nesta
ani
(triste)
mal
espécie
que lhe é
funesta

A força figurativa da cópula poemática é aqui substituída por outro recurso, a decomposição da palavra, ou sua recombinação. Ambos os procedimentos são facilmente percebidos. Eles têm, sem dúvida, a qualidade de romper com o automatismo da leitura linear. Mas talvez porque eu permaneça um leitor de textos lineares, eu me pergunto se o procedimento não faz com que o poema se complete dentro de uma menor complexidade. Se a dúvida tiver razão, a própria maior proximidade com a prática contemporânea da leitura em que domina a visualidade provoca a aproximação do leitor e o distanciamento da complexidade poemática. Em consequência, o divórcio continuado dos concretistas com o receptor estaria fadado a desaparecer. Ao mesmo tempo, o poema perderia a dimensão de complexidade que provoca sua marginalidade atual. No entretempo de agora, os concretistas seriam duplamente prejudicados: são vistos com desconfiança pelo leitor, que relaciona experiência estética com um difícil discurso aos primeiros contatos, sem que disponham do leitor a sentir sua proximidade com a prática contemporânea da visualidade.

Parece curioso que o poeta tenha sentido a necessidade de explicar que a decomposição vocabular fosse prevista pela retórica clássica, com o nome de tmese. Nos termos do manual de Lausberg, a figura significava "a divisão das partes de uma palavra composta pela interpolação de uma ou mais palavras" (Lausberg, 1966, v.II, p.165). Como Lausberg acrescenta, o recurso já era empregado por Homero. Mas Augusto esteve certo em fazê--lo porque são poucos os leitores – e eu próprio não me incluo entre eles – capazes de ler o epos homérico, no original. De todo modo, é também significativo que a proximidade buscada pela vanguarda concretista não se fundasse apenas na proximidade com a leitura visual mediática, mas também que recorresse à poética mais remota.

Igual qualidade encontro no poema a seguir. Devo transcrevê-lo porque do contrário o leitor terá uma dificuldade extra:

        ou
para
     sita
para
lí
ti
co
se
equi
(con
dor)
para
(no
voo)
libr
(à
brisa)
ista
à
seca
lista
de
zebra
em
zoo

A alternativa "ou", da abertura, se explica pela leitura do poema integral. Só aparentemente a substituição que efetua do definido masculino é arbitrária: é o próprio desenrolar do poema que mostra sua razão. O poema joga com as derivações de "para" e "equi", estabelecendo uma alternância de combinações.

Ao preterir o artigo definido masculino pela alternativa, o poeta estancava o domínio da oralidade em favor de uma linguagem dinâmica, cinestésica. Seria muito fácil converter a subversão efetuada pela linearidade usual. Sói que, desse modo, seria restabelecida a linguagem congelada que se procurava afastar. No curto espaço de uma página, conjuga-se o parasita (ou) o paralítico, que sempre se caracterizam por rastejar com o que voa – o condor, que, numa leitura complementar, comporta o "com dor" – e, pela decomposição sequente do "equilibrista" – de que se subtraiu o "r", a reaparecer no animal – extrai-se a "lista", que remete à "zebra", a qual, estando no zoo, deixa de estar "à brisa" para manter-se "à seca".

A extrema e exitosa condensação passa a depender da capacidade do leitor. (A leitura feita se limita a mostrar como ela não apresentaria dificuldade maior.) A consonância resultante da decomposição inicial de "para" e "equi" ressalta a ênfase que o poema concretista concede ao leitor. Outra vez, lembremos a expressão "poetamenos", que evidentemente se relaciona à temática do *ego-menos*. Tal ênfase, que também poderia ser entendida como carga maior, não afeta a dimensão poemática do discurso assim formado. Diferentemente, destaca seu caráter inventivo, em detrimento da função que a linearidade concede ao intérprete. De modo concreto, a invenção supõe a díade poeta-leitor, de que o intérprete, enquanto espécie de leitor, exerce uma função suplementar. Daí, como já dito, o efeito ganhar uma saliência que não estivera explicitada no "efeito estético" de Wolfgang Iser. Não seria aqui adequado um excurso maior do que a simples anotação: a releitura de *Der implizite Leser* teria de ser empreendida. Guardo a impressão de que a indagação da "conversa do autor com o leitor" (cf. Iser, 1972) foi marcada por seu início no romance do século XVIII, isto é, pela presença da linguagem oralizada. Assim, embora o capítulo sobre *O som e a fúria*, de Faulkner, introduza outros elementos, eles ainda não eram idênticos ao que notamos na poemática de Augusto. Vejamos, por exemplo, a passagem: "A partir de Benjy, os vários eventos, conversas, impressões e ideais são expressos em uma sintaxe precisa e, em sua construção, sem distorções" (ibid., p.216).[7] Não menos preliminar é a observação seguinte: para alguns intérpretes de Paul Celan, sua obra poemática seria atravessada pela vingança perpetrada contra a língua dos agentes do Holocausto. Creio que explicar dessa maneira seu inequívoco hermetismo exigiria levar a afirmação ao extenso contexto do hermetismo concebido com frequência desde Mallarmé. Ora, ainda que os poetas concretos se declarem oriundos de "Un Coup de dés", sua atitude quanto à língua é oposta: procuravam desembaraçá-la de elementos de redundância, constituída, sobretudo, pela frequência de conjunções, preposições e advérbios, para não falar dos adjetivos convencionais. Torna-se, entretanto, difícil declarar que protótipo de linguagem teriam, porquanto a escrita mediática, através de seus noticiários, afasta-se da dinâmica, mantida apenas pelo cinema de qualidade, em favor de uma oralidade eletronizada. Esse fato, junto com o de que Iser não chegou a prolongar seu efeito estético até à prática poemática, acentua o vazio formado pela ausência de uma indagação crítica sistemática.

Compostos entre 1954 e 1960, são os poemas que começam pelo entrelaçamento de "ovo/novelo"; remete-se para a precisa análise de Sterzi em "Todos os sons, sem som" (Sterzi, 2004, p.95-115). O título do ensaio remete para o significativo:

com can
som tem

con ten tam
tem são bem

tom sem
bem som

---

[7] A brevidade da anotação, assim como a que se segue, mostra que este capítulo exigiria análises complementares para as quais não há agora tempo, muito menos espaço.

Os monossílabos hão de ser lidos, em cada uma das três curtas estrofes, primeiro verticalmente, a seguir horizontalmente. Os timbres que, na homenagem a Webern, dependiam das cores, aqui não reproduzidas, soam integralmente pela separação silábica.

É assim reiterada a centralidade de "com som" e "sem som". Sua proximidade contrai a não menos central da vida com a morte. A instantaneidade da compreensão torna desnecessária intervenção maior do analista. Como não há nenhuma distorção sintática nem ortográfica, o leitor não terá dificuldade em verificar que a estrofe segunda tem em "ten/são" a intermediação que é comum ao canto e à ausência de som. A prática, portanto, da verticalidade em contato imediato com a horizontalidade, combinada com o aproveitamento integral do espaço, apenas acresce a intensidade semântica do poema. Não será preciso ressaltar que um e outro recurso implicam o realce da visualidade. E, na verdade, a reiteração seguinte parece obrigatória. O realce da visualidade se cumprira inicialmente, como Mallarmé saberia reconhecê-lo, pela manchete dos jornais e, décadas depois, pela divulgação televisiva. Mas é indiscutível que a visualidade mediática é explorada – e, do ponto de vista do poema, implodida – por seu fim pragmático de alcançar o maior número possível de receptores. Não há, pois, mistério algum no ostracismo em que o experimentalismo concretista tem sido mantido. Aliás, do choque entre o finalismo pragmático e a ausência de fim da arte, no caso verbal, resulta o marginalismo que cerca o experimentalismo e estimula a direção oposta do *eu performático*. (Apenas é de se assinalar que, enquanto assim tem sucedido no âmbito nacional, o poeta tem sido o escolhido pelos prêmios internacionais.)

O paradigma do ovo/novelo dá lugar ao entrelaçamento mais complicado entre "sol/letra/estrela", "terremoto, metro, termo, metro", até "motor, torto, morto". A mesma técnica de acréscimo é reiterada, de modo mais discreto, nas duas linhas transversais que começam por "vê" e "ne" e terminam, em comum, em um "v", que repete o encontro das linhas transversais em "vê nus". A vitória que então parece ser saudada – se não ironicamente – não é consequente ao que se lê pela continuação de cada transversal.

Como ambos os poemas referidos pertencem a um conjunto composto entre 1954-1960, e o livro de Starobinski que divulga o estudo de Saussure sobre os anagramas, o *Mots sous les mots. Les anagrammes de Saussure*, é de 1971, tendo por base pesquisa que principia a aparecer em 1964, não seria possível pensar que o autor se baseasse em sua utlização. A referência deixa de ser inoportuna se for considerada a seguinte distinção: pela pesquisa que terminou por interromper, Saussure pretendia descobrir um traço que nenhuma poética da antiguidade houvera registrado, no caso, a procura de estabelecer uma poética pela combinação e pela alternância das partes fônicas do vocábulo. É o mesmo caminho que o experimentalismo de Augusto procura desenvolver. Como em todo experimento, é feita uma aposta. Nos dois casos acima referidos, em oposição ao que se concluíra a propósito de "com som", "sem som", parece-me que o avanço técnico alcançado não é acompanhado por um efeito estético, pois assinala apenas o estabelecimento de um virtuosismo inédito. Contrastemos com a última estrofe de um "ovo/novelo" de forma circular:

no
noturna noite
em torno em treva
turva sem contorno
morte negro nó cego
sono do morcego nu
ma sombra que o pren
dia preta letra que
se torn a
sol

Sugiro, sem pretender estar certo, que o poema circula em torno das trevas da noite, definida no "nó cego" da morte; que, do "sono do morcego", emerge a escrita ("preta letra") que em sol se converte. A experiência estética não se realiza passo a passo, isto é, palavra por palavra, mas pela condensação de uma nebulosa.

Quero assim dizer que Augusto permanece filiado ao campo do semântico, seu poema mantém o lastro significante, mas aqui, extraordinariamente, não de maneira pontilhista, ou seja, cumprida pela combinação de palavras ou mesmo por sua decomposição. Se a "noturna noite" conduz à "preta letra" que se converte em "sol", ocorre o inverso do transcurso que se dera em "com som", "sem som".

Deixar de lado os POPCRETOS e muito do que se lhe segue significa que, a meu propósito interpretativo, eles não me parecem decisivos, ao contrário do que volta a suceder a partir da "intradução", "A rosa doente", isto é, a fusão de tradução com o verso de próprio punho. Pela dificuldade de transpô-la graficamente, concentro-me na seguinte, que principia com "The Tiger", de William Blake – que se escreve com "y", assim como também em português, porque a letra favorece a sinuosidade buscada. Em conjunto, o original, sua tradução e as versões que provocam em português formam o contexto verbal para o desenho de um tigre, cujo corpo contém as linhas e curvas que seriam homólogas às palavras que provocaram. O entusiasmo que seu encontro desencadeia não desfaz o desgosto ante o chamado letrismo presente em parte dos textos que saltei. Sorte minha que os dois livros seguintes de Augusto não contem tão só o procedimento que não consigo aceitar.

É de 2016 a edição revista *Despoesia*, que contém a produção efetuada entre 1979 e 1994. À semelhança do que fizemos desde o início desta terceira seção, não será possível tratar de todos os experimentos que julgamos bem-sucedidos.

Já vimos que o estrangulamento do país provocado pelo golpe de 1964, a perdurar por fatídicos 21 anos, não dava condições de um movimento de vanguarda. É o país como um todo, e não só sua cultura, que recua. Chamamos a atenção para a diversidade extrema das posições assumidas por Pignatari quanto ao concretismo depender do estabelecimento do projeto de um design industrial, e por Haroldo de Campos em relação ao potencial significado do concretismo – a promoção do poema associado à valorização de faixas do passado distintas do molde presente.

Sem tomar posição entre seus dois parceiros, Augusto praticamente se aproxima da postura de Pignatari pela exploração do instrumental mediático, conquanto, em instante algum, acatasse sua dimensão pragmática.

Em "2ª via", de 1984, declara sua rejeição irônica, mas não menos terminante, da poesia consagrada "aos deuses de ambrosia", rejeição cumprida por "a nós", aos quais:

> só cabe homens-sanduíche
> anunciar o que avisam
> a vida é kitsch
> e eles não bisam

No "anticéu", do mesmo ano, será dito, com o uso do azul para os dois primeiros versos, e do verde para os dois últimos:

cego do falso brilho

das estrelas que escondem
absurdos mundos mudos

mergulho no anticéu

O "mergulho no anticéu" é correlato ao "sos", referido no início deste ensaio em passagem de Flora Süssekind, e ressaltado por "pós-tudo", já anteriormente transcrito. Sem poder me propor o exame detalhado, em que destacaria o poema de homenagem a Pignatari, paradoxalmente composto numa formatação linear, concentro-me no "poema bomba", de 1987, que abre a série dos "despoemas".

Realiza-se visualmente o que o título indicava. A página, em cor vermelha, é formada pelos estilhaços da palavra, cujas letras ocupam as posições e têm formatos dos mais díspares. No centro do poema, em tipos minúsculos, lemos, com alguma dificuldade, "corpo" e, com menor evidência, "sem m". Eis um poema cuja referencialidade justifica o jogo das letras. Retomando por um instante a explicação já dada, o próprio título assegura a *semelhança* necessária, sem a qual a magnitude da *diferença*, confundida com o estilhaçamento da palavra, deixaria de provocar efeito. Assim, de fato, a combinação verbivocovisual ganha uma força que a linearidade era incapaz de alcançar. Isso não equivale a declarar que a técnica postulada deva ser confundida como instrumento do poema da atualidade. Declara-se mais modestamente que poemas como os destacados no ensaio justificam a razão do movimento. Nos termos de Haroldo, a direção concreta se inclui no "poema pós-utópico".

Em vez de continuarmos a nos prender a exemplos, é preferível utilizarmos uma proposição de caráter teórico. Refiro-me à observação de Eduado Sterzi acerca da tematização da subjetividade por Augusto. O ensaísta principia por mostrar sua qualidade ao assinalar que a desconstrução da centralidade egoica não é privilégio da modernidade, mas que sua origem é tardomedieval. Tomando por referência estrofe[8] de Arnaut Daniel (1150-1210), escreve:

> A plenitude existencial sugerida pelo "eu sou" e pelo nome próprio (que é também o próprio nome) tensiona-se e abeira-se ao colapso com a enumeração de feitos incríveis. As impossibilia se tornam como que nomes impróprios do eu que se diz no poema, e entre "eu sou" e "Arnaut", retrospectivamente, como que se interpõe um virtual ponto de interrogação. (Sterzi, 2004, p.95)

Ao trovador occitano, o ensaísta acrescenta comentário à passagem de Gottfried Benn em "Problemas da lírica": "Retomando a proposição de Eliot segundo a qual mesmo a *poésie' pure'* deve conservar uma certa dose de *impureza*, Benn identifica no autor – em sua intromissão no corpo alheio do texto, sob a forma transfigurada de sujeito lírico – essa impureza" (ibid., p.99).

Em vez de elemento central, o *ego* é a impureza indispensável à constituição do poema (preferiria dizer, da ficção literária

---

[8] Transcrevo o original em limosino e a tradução literal proposta por Sterzi: "Ieu sui Arnautz qu'amas l'aura,/ e chats la lebre ab lo bou/ e nadi contra suberna" [Eu sou Arnaut que agarra o ar/ e caça a lebre com o boi/ e nada contra a ressaca].

em geral). A formulação de Benn ecoa na observação crítica que Sterzi faz à proposta dos concretistas:

> Se tomarmos o movimento da poesia concreta pelo que filosoficamente ele representou, uma investigação do ser da poesia por meio da poesia, ou o que poderíamos qualificar como uma redução ontológica da poesia ao especificamente poético, compreendemos por que o intento concretista de vetar a figuração, de interditar o sujeito e os *seus* objetos, está destinado ao fracasso. (ibid., p.109)

Augusto escapa da declarado fracasso porque a permanência do que temos chamado de *semelhança* mínima tem correspondido à relação do *ego* com a angústia. Na formulação do próprio Sterzi: "[...] Augusto usa a palavra 'vivente' para referir-se ao próprio sujeito lírico [...]: afinal, trata-se antes do *sobrevivente*, daquele que fez da proximidade com a morte seu signo distintivo [...]" (ibid., p.103).

Passemos para o *Não*, editado em 2003. Abro sua análise remetendo à observação de um de seus melhores intérpretes: "'Não' é, por assim dizer, a condição para o exercício da invenção; a negação é o gesto de oposição necessário à proposição do novo" (Siscar, 2006, p.119). Na trilha aberta pelo ensaísta, remeto a um dos poemas mais incisivos do livro, o "Morituro", de 1994:

```
            Salve
céu de
ment ira
            preSente
do paSSado
que não
            mu da

            do céu do
            futuro
            que não
            mente
            o poeta
            mori turo
            te Saúda
```

Siscar bem decodifica seu sentido: "O poeta saúda o presente entendendo-o como tempo derivado de um passado imutável, como tempo de um certo passadismo. Desse ponto de vista, o tom do poema é irônico e, ao *saudar* o presente, também funciona como um modo de *saldar* o presente, de liquidá-lo" (ibid., p.124).

Uma das melhores peças de *Não* é um dos primeiros dos ex-poemas. Assim o entendo no sentido de manter a oposição ao verso linear, de métrica regulada e acentos em ordem preestabelecida. O "Tour" é uma volta irônica pela vida, em que, das catacumbas em que jazem, os poetas "não dizem/ o que fazem/ no fim/ do mundo/", sem que ainda perturbem "o barulho da festa". Paradoxalmente, o "Ex-poema" é um poema extraordinário. Assim como o é "Outis", a peça de abertura. (Como não conseguirei reproduzir suas cores, não os converterei no preto e branco da habitual página impressa.) Sobre ela, enquanto este ensaio era executado, Thiago Castañon empreendeu uma extensa pesquisa, que partia do próprio termo grego do título, de que ele recorda que era usado por Homero para que Ulisses enganasse o Ciclope, e, a seguir, pelo sinônimo de "mé tis", para escapar de Polifemo (cf. Homero, 2011, p.366, 414). O ensaísta principia por chamar a atenção para as datas que acompanham o poema de Augusto, 1953 e 2003. Isso o leva a atentar para o débito que todos nós temos com Gonzalo Aguilar, cujo entendimento das datas é no sentido de que o poema há de ser lido como "pano de fundo" de toda a produção do poeta (cf. Castañon, 2020). E continua por notar que o poema é formado por duas camadas, uma de cor verde, a que se acrescenta a sombra projetada por duas figuras, sendo a de cor atravessada pela palavra "ninguém", escrita obliquamente, em um verde-claro (e com dificuldade de reconhecimento).

A pesquisa não se restringe à identificação da fonte homérica senão a partir da identidade fônica de "grama", em português, e de "gramma" (escrita), em grego, à oitava *Ode' pítica*, de Píndaro, cujos versos finais associam *oútis* à "sombra" (cf. Castañon, 2021).[9]

---

9   Na tradução de Trajano Vieira, citada pelo ensaísta: "Criatura fugaz:/ o que é alguém?/ O que é ninguém/ Sonho de uma sombra: o homem".

As referências aos poetas gregos seriam excessivas se não manifestassem o louvor a uma contribuição que dignifica a pesquisa acadêmica. Consciente de que um ensaio de tamanho reduzido não poderia conter mais do que alguns dos veios notados, incluo duas últimas observações. A primeira remete a Marcos Siscar. A propósito de *Não*, ele acentua que "a poesia se declina cada vez menos como intervenção criativa e preferencialmente a partir da referência reveladora do futuro" (Siscar, 2006, p.133).

É certo que o apego de Augusto à questão da morte o levara à extrema beleza irônica do "tour" sobre as catacumbas. Mas Augusto não faz algum voto explícito sobre o que, do futuro, esperam os poetas. Sua reticência é profundamente alterada pela previsão com que é encerrado prefácio de livro recente: "[...] A poesia (não restrita à metáfora, tampouco à capacidade computacional) estará a salvo da futura e próxima irrelevância humana [...] determinada por robôs e algoritmos. A humanidade ainda não será extinta, mas se tornará em grande parte irrelevante, como hoje a poesia" (Dolhnikoff, 2020, p.13).

Rio de Janeiro, fevereiro/março de 2021

BIBLIOGRAFIA

AGOSTINHO, santo. *Confissões*. Porto: Livraria do Apostolado da imprensa, 1977. [Ed. bras.: *Confissões*. Trad. Lorenzo Mammì. São Paulo: Penguin Companhia, 2017.]

AGUILAR, Gonzalo. *Poesia concreta brasileira*: As vanguardas na encruzilhada modernista. São Paulo: Edusp, 2005.

ALIGHIERI, Dante. Inferno. In: *La divina commedia*. Florença: Le Monnier, 1983.

ALVIM, Francisco. *Poesias reunidas (1968-1988)*. São Paulo: Claro Enigma, 1988.

ALVIM, Francisco. *Elefante*. São Paulo: Companhia das Letras, 2000.

ALVIM, Francisco. *O metro nenhum*. São Paulo: Companhia das Letras, 2011.

ALVIM, Francisco. *Francisco Alvim*: 80 anos. Sel. Heitor Ferraz. São Paulo: Quelônio, 2018.

ANDRADE, Mário de. A poesia em 1930. In: *Aspectos da literatura brasileira*. São Paulo: Livraria Martins, 1943.

ANJOS, Augusto dos. *Toda a poesia de Augusto dos Anjos*. São Paulo: Paz e Terra, 1976.

ARISTÓTELES. *La Poétique*. Texto, trad. e notas Roselyne Dupont-Roc e Jean Lallot. Paris: Seuil, 1980.

ARISTÓTELES. *Poética*. Trad. Eudoro de Souza. São Paulo: Ars Poetica, 1993.

ARRIGUCCI JR., Davi. Beleza humilde e áspera. In: *O cacto e as ruínas*. São Paulo: Livraria Duas Cidades, 1997.

ARRIGUCCI JR., Davi. O guardador de segredos. In: *O guardador de segredos*. São Paulo: Companhia das Letras, 2010.

AZEREDO, R. *Revista Noigandres*, São Paulo, n.5, Massao Ohno, 1962.

AZEVEDO, Carlito. (Texto de orelha). In: RIBEIRO, Dora. *Bicho do mato*. Rio de Janeiro: 7Letras, 2000.

BANDEIRA, João; BARROS, Lenora de. *Poesia concreta*: O projeto verbivocovisual. São Paulo: Artemeios, 2008.

BANDEIRA, Manuel. La Poésie de Claise Cendrars et les poètes brésiliens. *Journal Français du Brésil*, ed. esp., 5 aniv., 11 jul. 1957.

BANDEIRA, Manuel. Belo belo. In: *Manuel Bandeira*: Poesia e prosa. v.I. Intr. Sérgio Buarque de Holanda e Francisco de Assis Barbosa. Rio de Janeiro: José Aguilar, 1958.

BAPTISTA, Abel Barros. Oficina irritada. In: *Inimigo rumor*: Dossiê Carlos Drummond de Andrade. Rio de Janeiro: 7Letras, 2002.

BARBOSA, João Alexandre. Raro entre os raros (prefácio). In: LEITE, Sebastião Uchoa. *A espreita*. São Paulo: Perspectiva, 2000.

BENVENISTE, Émile. Nature du signe linguistique. In: *Problèmes de linguistique générale*. Paris: Gallimard, 1966.

BLOCH, Ernst. Ungleichzeitigkeit und Pflicht zu ihrer Dialektik. In: *Erbschaft dieser Zeit*. Frankfurt am Main: Suhrkamp Verlag, 1985.

BLUMENBERG, Hans. Wirklichkeit und Möglichkeit des Romans. In: BLUMEBERG, Hans et al. *Nachahmung und Illusion*. Munique: W. Fink Verlag, 1969, p.23.

BLUMENBERG, Hans. *Die Lesbarkeit der Welt*. Frankfurt am Main: Suhrkamp, 1981.

BLUMENBERG, Hans. *Arbeit am Mythos*. Frankfurt am Main: Suhrkamp Verlag, 1984.

BLUMENBERG, Hans. *Paradigmen zu einer Metaphorologie*. Frankfurt am Main: Suhrkamp Verlag, 1998.

BLUMENBERG, Hans. Wirklichkeit und Wirkungspotential des Mythos. In: *Ästhetische und metaphorologische Schriften*. Frankfurt am Main: Suhrkamp Verlag, 2001 (1971).

BLUMENBERG, Hans. *La Lisibilité du monde*. Trad. Pierre Rusch. Paris: Les Éditions du Cerf, 2007.

BOSI, Viviana. Poesia em trânsito. *Revista de Letras*, São Paulo, v.45, n.1, 2005.

BOSWELL, James. *The Life of Samuel Johnson*. Londres/Nova York: George Bell & Sons, 1892.

BRITTO, Paulo Henriques. Os decassílabos ocultos em "Alvo" de Orides Fontela. In: LAVELLE, Patrícia et al. (Orgs). *Poesia e filosofia*: Homenagem a Orides Fontela. Belo Horizonte: Relicário, 2019.

CAMPOS, Augusto de. Cubagramma. *Invenção*, n.3, 1963 (1960-1962).

CAMPOS, Augusto de; PIGNATARI, Décio; CAMPOS, Haroldo de. Teoria da poesia completa, textos críticos e manifestos (1950-1960), 2.ed. São Paulo: Editora Brasiliense, 1975.

CAMPOS, Augusto de. Pós-tudo. *Folha de S.Paulo*, supl. literário, 1985.

CAMPOS, Augusto de. *Poesia, 1959-1979*. São Paulo: Brasiliense, 1986.

CAMPOS, Augusto de. *Não poemas*. São Paulo: Perspectiva, 2003.

CAMPOS, Augusto de. Pós-música: ouvir as pedras. In: BANDEIRA, João; BARROS, Lenora de. *Poesia concreta*: O projeto verbivocovisual. São Paulo: Artemeios, 2008. p.107-113.

CAMPOS, Augusto de. *Despoesia*. São Paulo: Perspectiva, 2016a.

CAMPOS, Augusto de. Pós-tudo. In: *Despoesia*. São Paulo: Perspectiva, 2016b (1984).

CAMPOS, Augusto de; PIGNATARI, Décio; CAMPOS, Haroldo de. *Teoria da poesia concreta*: Textos críticos e manifestos, 1950-1960. São Paulo: Edições Invenção, 1965a.

CAMPOS, Augusto de; PIGNATARI, Decio; CAMPOS, Haroldo de. Plano-piloto para poesia concreta. In: *Teoria da poesia concreta*: Textos críticos e manifestos, 1950-1960. São Paulo: Edições Invenção, 1965b (1961).

CAMPOS, Augusto de; PIGNATARI, Décio; CAMPOS, Haroldo de. *Teoria da poesia concreta*: Textos críticos e manifestos, 1950-1960. 3. ed. São Paulo: Duas Cidades, 1975.

CAMPOS, Haroldo de. A palavra vermelha de Hölderlin. In: *A arte no horizonte do provável*. São Paulo: Perspectiva, 1969. p.93-107.

CAMPOS, Haroldo de. Poesia e modernidade: Da morte do verso à constelação. O poema pós-utópico. In: *O arco-íris branco*: Ensaios de literatura e cultura. Rio de Janeiro: Imago, 1997. p.243-269.

CAMPOS, Haroldo de. Poesia e modernidade: Da morte da arte à constelação. O poema pós-utópico. In: BANDEIRA, João; BARROS, Lenora de. *Poesia concreta*: O projeto verbivocovisual. São Paulo: Artemeios, 2008. p.115-137.

CASTAÑON, Thiago. Ninguém te lê: Um poema anônimo de Augusto de Campos. *Alea: Estudos Neolatinos*, v.22, n.2, p.224-239, maio/ago. 2020.

CASTAÑON, Thiago. Assinatura, rasura, poesura: Deserrata para Augusto de Campos. *Alea: Estudos Neolatinos*, v.23, n.2, 2021.

CELAN, Paul. Rede. In: *Der Meridian und der andere Prosa*. Frankfurt am Main: Surkamp Verlag, 1988.

CHABON, Michael. What to Make of *Finnegans Wake?*, *The New York Review of Books*, 11 ago. 2020.

COSTA LIMA, Luiz. *Limites da voz*. Rio de Janeiro: Rocco, 1993.

COSTA LIMA, Luiz. Poesia e experiência estética (primeira versão). In: *Intervenções*. São Paulo: Edusp, 2002. p.39-54.

COSTA LIMA, Luiz. *Mímesis e modernidade*: Formas das sombras. Pref. Benedito Nunes, colabor. Flora Süssekind. São Paulo: Paz e Terra, 2003.

COSTA LIMA, Luiz. *Os eixos da linguagem*: Blumenberg e a questão da metáfora. São Paulo: Iluminuras, 2015.

COUTINHO, Afrânio (Org.). *Caminhos do pensamento crítico*. 2v. Rio de Janeiro: Pallas/INL/MEC, 1980.

DE MAN, Paul. Poetic Nothingness. In: *Critical Writings 1953-1978*. Ed. e intr. Lindsay Waters. Minneapolis: University of Minnesota Press, 1989.

DIDEROT, Denis. Salon de 1763. In: *Salons de 1759, 1761, 1763*. v.1. Org. Jean Seznec e Jean Adhémar. Oxford: Clarendon Press, 1975.

DOLHNIKOFF, Luis. Ataque a Haroldo: Fantasia ideológica descamba em... *Sibila*, 25 out. 2011.

DOLHNIKOFF, Luis. *Impressões do pântano*. São Paulo: Quatro Cantos, 2020.

DRUMMOND DE ANDRADE, Carlos. *Obra completa*. Est. crít. Emanuel de Moraes. Rio de Janeiro: José Aguilar, 1967.

DRUMMOND DE ANDRADE, Carlos. *Boitempo*: A falta que ama. Rio de Janeiro: José Olympio, 1968.

DRUMMOND DE ANDRADE, Carlos. *Menino antigo (Boitempo II)*. Rio de Janeiro: José Olympio, 1973.

DRUMMOND DE ANDRADE, Carlos. *As impurezas do branco*. Rio de Janeiro: José Olympio, 1979a.

DRUMMOND DE ANDRADE, Carlos. *Esquecer para lembrar (Boitempo III)*. Rio de Janeiro: José Olympio, 1979b.

ELIOT, T. S. *The Use of Poetry and the Use of Criticism*. Londres/ Glasgow: Faber and Faber/The University of Glasgow, 1945. [Ed. bras.: *O uso da poesia e o uso da crítica*. São Paulo: É Realizações, 2015.]

FONTELA, Orides. *Poesia completa*. Org. Luis Dolhnikoff. São Paulo: Hedra, 2015.

FONTELA, Orides. *Toda palavra é crueldade*: Entrevistas, resenhas, depoimentos. Org. Nathan Matos. Belo Horizonte: Moinho, 2019.

FRANK, Joseph. *The Idea of Spatial Form*. New Brunswick/Londres: Rutgers University Press, 1991.

FRIEDRICH, Hugo. *Die Struktur der modernen Lyrik*. Reed. ampl. Hamburgo: Rowohlt, 1967.

GILLESPIE, Michael Patrick. Reading on the Edge of Chaos: *Finnegans Wake* and the Burden of Linearity. *Journal of Modern Literature*, Bloomington, v.22, n.2, p.359-371, 1998/1999.

GREENE, Roland et al. (Eds.) *The Princeton Encyclopedia of Poetry and Poetics*. Princeton/Oxford: Princeton University Press, 2012.

GRÜNEWALD, José Lino. *Revista Noigandres*, São Paulo, n.5, Massao Ohno, 1962.

HOLANDA, Sérgio Buarque de. João Cabral de Melo Neto. In: *O espírito e a letra*: Estudos de crítica literária. v.II. Org. Antonio Arnoni Prado. São Paulo: Companhia das Letras, 1996. p.516-21.

HÖLDERLIN, Friedrich. *Werke und Briefe*. v.2. Org. F. Beissner e J. Schmidt. Frankfurt am Main: Insel Verlag, 1969.

HOMERO. *Odisseia*. ed. bilíngue. Trad., posf. e notas Trajano Vieira, ensaio Italo Calvino. São Paulo: Editora 34, 2011.

ISER, Wolfgang. *Der implizite Leser*: Kommunikationsforfmen des Romans von Bunyan bis Beckett. Munique: Wilhelm Fink Verlag, 1972.

ISER, Wolfgang. *Der Akt des Lesens*: Theorie ästhetischer Wirkung. Trad. Johannes Kretschmer. Munique: Wilhelm Fink Verlag, 1976. [Ed. bras.: *O ato da leitura*: Uma teoria do efeito estético. v.1. São Paulo: Editora 34, 1996.]

ISER, Wolfgang. The Play of the Text. In: BUDICK, Sanford; ISER, Wolfgang (Eds.). *Languages of the Unsayable*: The Play of Negativity in Literature and Literary Theory. Nova York/Oxford: Columbia University Press, 1989. p.325-339.

JAUSS, Hans Robert. "Literarische Tradition und gegenwärtiges Bewusstsein der Modernität. In: *Literaturgeschichte als Provokation*. Frankfurt am Main: Suhrkamp Verlag, 1974 (1970).

KAFKA, Franz. *Tagebücher, in der Fassung der Handschrift*. Org. H. G. Koch, M. Müller e M. Pasley. Frankfurt am Main/Nova York: S. Fischer/Schoeken Books, 1990.

KOSELLECK, Reinhart. Fiktion und geschichtliche Wirklichkeit. In: *Vom sinn und unsinn der geschichte*. Frankfurt am Main: Suhrkamp, 1976. [Ed. bras.: Ficção em realidade histórica. In: *Uma latente filosofia da história*. Trad. Luiz Costa Lima. São Paulo: Editora Unesp, 2021. p.109-129.]

LAUSBERG, Heinrich. *Manual de retórica literaria*: Fundamentos de una ciencia de la literatura. Madri: Editorial Gredos, 1966 (1960). [Ed. port.: *Elementos de retórica literária*. Lisboa: Fundação Calouste Gulbenkian, 2011.]

LAVELLE, Patrícia. O que dá nervo ao poema? Uma releitura de Orides Fontela. In: LAVELLE, Patrícia et al. (Orgs.). *Poesia e filosofia*: Homenagem a Orides Fontela. Belo Horizonte: Relicário, 2019.

LEAVIS, Q. D. *Fictions and the Reading Public*. Londres: Penguin Books, 1979.

LEITE, Sebastião Uchoa. *Participação da palavra poética*. Petrópolis: Vozes, 1966.

LEITE, Sebastião Uchoa. Octavio Paz: O mundo como texto (posfácio). In: PAZ, Octavio. *Signos em rotação*. Org. C. Lafer e H. de Campos. São Paulo: Perspectiva, 1973. p.283-297.

LEITE, Sebastião Uchoa. *Crítica clandestina*. Rio de Janeiro: Taurus, 1986.

LEITE, Sebastião Uchoa. *Jogos e enganos*. Rio de Janeiro: Editora UFRJ/Editora 34, 1995.

LEITE, Sebastião Uchoa. *Crítica de ouvido*. São Paulo: Cosac Naify, 2003.

LEITE, Sebastião Uchoa. *Poesia completa*. Apres. Frederico Barbosa. São Paulo/Recife: Cosac Naify/CEPE, 2015.

LÉVI-STRAUSS, Claude. *Le Cru et le cuit*: Mythologies. v.1. Paris: Plon, 1964. [Ed. bras.: *O cru e o cozido*: Mitológicas. Livro 1. Trad. Beatriz Perrone Moisés. Rio de Janeiro: Zahar, 2021.]

MACHADO, Duda. Dentro da incógnita. (Manuscrito inédito), 2012.

MALLARMÉ, Stéphane. Avant-dire du traité du verbe. In: *Ouevres complètes*. Paris: Pléiade, 1956 [1886].

MALLARMÉ, Stéphane. *Poesias*. Trad., pref. e notas José Augusto Seabra. Lisboa: Assírio & Alvim, 2005.

MARQUES, Ana Martins. *A vida submersa*. Belo Horizonte: Scriptum, 2009.

MARQUES, Ana Martins. *Da arte das armadilhas*. São Paulo: Companhia das Letras, 2011.

MARQUES, Ana Martins. *O livro das semelhanças*. São Paulo: Companhia das Letras, 2015.

MARTINS, Max. *Obras completas*: O estranho. v.1. Org. Age de Carvalho. Belém: ed.ufpa, 2015a.

MARTINS, Max. *Obras completas*: Caminho de Marahu. v.6. Org. Age de Carvalho, pref. Davi Arrigucci Jr. Belém: ed.ufpa, 2015b.

MARTINS, Max. *Obras completas*: Colmando a lacuna. v.10. Org. Age de Carvalho, pref. Tarso de Melo. Belém: ed.ufpa, 2015c.

MARTINS, Max. *Obras completas*: H'era. v.3. Org. Age de Carvalho, pref. e posf. Benedito Nunes. Belém: ed.ufpa, 2016a.

MARTINS, Max. *Obras completas*: O risco subscrito. v.4. Org. Age de Carvalho, pref. Eduardo Sterzi. Belém: ed.ufpa, 2016b.

MARTINS, Max. *Obras completas*: A fala entre parêntesis. v.5. Org. Age de Carvalho, pref. Benedito Nunes. Belém: ed.ufpa, 2016c.

MARTINS, Max. *Obras completas*: Para ter onde ir. Org. Age de Carvalho, pref. Maria Esther Maciel. v.8. Belém: ed.ufpa, 2016d.

MARTINS, Max. *Obras completas*: Anti-retrato. v.2. Org. Age de Carvalho, pref. Eliane Robert Moraes. Belém: ed.ufpa, 2018a.

MARTINS, Max. *Obras completas*: 60/35. v.7. Org. Age de Carvalho, pref. Luiz CL. Belém: ed.ufpa, 2018b.

MARTINS, Max. *Obras completas*: Marahu poemas. v.9. Pref. Michel Riaudel. Belém: ed.ufpa, 2018c.

MARTINS, Oswaldo. *Cosmologia do impreciso*. Rio de Janeiro: 7Letras, 2008.

MARTINS, Oswaldo. *Língua nua*. Rio de Janeiro: 7Letras, 2011.

MARTINS, Oswaldo. *Desestudos*. Rio de Janeiro: Texto Território, 2014a.

MARTINS, Oswaldo. *Lucidez do oco*. Rio de Janeiro: Texto Território, 2014b.

MARTINS, Oswaldo. *Minimalhas do alheio*. Rio de Janeiro: Texto Território, 2014c.

MARTINS, Oswaldo. *Manto*. Rio de Janeiro: Texto Território, 2015.

MARTINS, Oswaldo. *Paixão*. Imagens Roberto Vieira da Cruz. Rio de Janeiro: Texto Território, 2018.

MELO, Tarso de (Org.). *Sobre poesia, ainda*: Cinco perguntas, cinquenta poetas. São Paulo: Lumme Editor, 2018.

MELO NETO, João Cabral de. *Poesias completas (1940-1965)*. Rio de Janeiro: Sabiá, 1968a.

MELO NETO, João Cabral de. O vento no canavial. In: *Poesias completas (1940-1965)*. Rio de Janeiro: Sabiá, 1968b.

MELO NETO, João Cabral de. Da função moderna da poesia. In: *João Cabral de Melo Neto*: Obra completa. Org. Pierre Villey. Rio de Janeiro: Nova Aguilar, 1994a.

MELO NETO, João Cabral de. Crime na calle Relator. In: *João Cabral de Melo Neto*: obra completa. Org. Pierre Villey. Rio de Janeiro: Nova Aguilar, 1994b.

MELO NETO, João Cabral de. Poesia e composição. In: *Prosa*. Rio de Janeiro: Nova Fronteira, 1998.

MENEZES, Lu. Francisco Alvim. In: *Ciranda da poesia*. Rio de Janeiro: EdUERJ, 2013.

MERQUIOR, José Guilherme. *A astúcia da mimese*: Ensaios sobre a lírica. Rio de Janeiro: José Olympio, 1972.

MONDRIAN, Piet. From the Natural to the Abstract: From the Indeterminate to the Determinate. In: *The Collected Writings of Piet Mondrian*. Ed. e trad. Harry Holtzman e Martin S. James. Nova York: Da Capo Press, 1993.

MONOD, Jean-Claude. *Hans Blumenberg*. Paris: Belin, 2007.

MONTAIGNE, M. de. *Les Essais*. v.1. Org. Pierre Villey. Paris: Quadrige/PUF, 1988.

NUNES, Benedito. Max Martins, mestre aprendiz (posfácio). In: MARTINS, Max. *Obras completas*: Say It (Over and Over Again). v.11. Org. Age de Carvalho. Belém: ed.ufpa, 2021. p.219-253.

NUÑEZ, Carlinda Fragale Pate; MONTEIRO, Maria Conceição (Orgs.). *Traduzibilidade*: A tradução em perspectiva. Rio de Janeiro: Caetés, 2009.

PAES, J. P. Ocidental. *Invenção*, n.4, 1964.

PAZ, Octavio. El soneto em IX. In: *Traducción: literatura y literalidad*. Barcelona: Tusquets Editor, [s.d.]. [Ed. bras.: *Signos em rotação*. 3. ed. São Paulo: Perspectiva, 2009.]

PAZ, Octavio. Analogía e ironía. In: *Obras completas de Octavio Paz, la casa de la presencia*: Poesía e historia. t.I. Cidade do México: Fondo de Cultura Económica, 1994.

PESSOA, Fernando. Odes de Ricardo Reis. In: *Obra poética*. Rio de Janeiro: Nova Aguilar, 1986.

PESSOA, Fernando. *Livro do desassossego*. Org. Richard Zenith. São Paulo: Companhia das Letras, 1999.

PIGNATARI, Décio. Áporo. In: *Contracomunicação*. São Paulo: Ateliê Editorial, 2004a.

PIGNATARI, Décio. Teoria da guerrilha artística. In: *Contracomunicação*. São Paulo: Ateliê Editorial, 2004b.

POUND, Ezra. French Poets. In: *Make It New*. New Haven: Yale University Press, 1935.

PRATT, Mary Louise. *Toward a Speech Act Theory of Literary Discourse*. Bloomington: Indiana University Press, 1977.

QUEVEDO Y VILLEGAS, Francisco Gómez de. *Obras completas en verso*. Org. Luis Astrana Marín. Madri: Aguilar, 1952.

RIAUDEL, Michel. Uma conversa com Orides Fontela. In: FONTELA, Orides. *Toda palavra é crueldade*: Entrevistas, resenhas, depoimentos. Org. Nathan Matos. Belo Horizonte: Moinho, 2019. p.55-90.

RIBEIRO, Dora. *Começar e o fim*. Florianópolis: Fundação Catarinense de Cultura, 1990.

RIBEIRO, Dora. *Bicho do mato*: Poemas reunidos. Rio de Janeiro: 7Letras, 2000.
RIBEIRO, Dora. *Taquara rachada*. Rio de Janeiro: 7Letras, 2002.
RIBEIRO, Dora. *A teoria do jardim*. São Paulo, Companhia das Letras, 2009.
RIBEIRO, Dora. *Olho empírico*. São Paulo: Babel, 2011.
RIBEIRO, Dora. *Natureza aberta*. (no prelo).
RIBEIRO, Dora; CAPILÉ, André. Posfácio. In: MARTINS, Oswaldo. *Lapa*. Rio de Janeiro: Texto Território, 2014.
RIBEIRO, Dora; RIBEIRO, Lélia Rita de Figueiredo. *Ladrilho de palavras/ Cantos, gritos & tombos*. [s.l.]: [s.e.], 1984.
RICOEUR, Paul. *Temps et récit*: L'intrigue et le récit historique. t.1. Paris: Seuil, 1987.
RIMBAUD, Arthur. Enfance, Illuminations. In: *Oeuvres complètes*. Ed. estab. e anot. R. de Renéville e J. Mouquet. Paris: Pléiade/Gallimard, 1954. [Ed. bras.: Um tempo no inferno & Iluminações. Trad. Júlio Castañon Guimarães. São Paulo: Todavia, 2021.]
RISÉRIO, Antonio. Vanguarda poética e processos culturais. In: BANDEIRA, João; BARROS, Lenora de. *Poesia concreta*: O projeto verbivocovisual. São Paulo: Artemeios, 2008.
ROSTAGNI, Augusto. *Aristotele e aristotelismo nella storia dell estetica antica, origini, significato, svolgimento della "Poetica"*. Florença: Stab. Tipografico E. Ariani, 1921.
SÁ, Lúcia. Histórias sem fim: Perspectivismo e forma narrativa na literatura indígena da Amazônia. *Itinerários*, Araraquara, n.51, p.157-178, jul./dez. 2020.
SAFATLE, Vladimir. A língua como naufrágio. *A Terra É Redonda*, São Paulo, 3 fev. 2020. Disponível em: https://aterraeredonda.com.br/a-lingua-como-naufragio/?doing_wp_cron=1645213135.78834199905395507812 50. Acesso em: 18 fev. 2022.
SAMMER, Renata. Ontologias sobre as naturezas na poesia de Orides Fontela. In: LAVELLE, Patrícia et al. (Orgs.). *Poesia e filosofia*: Homenagem a Orides Fontela. Belo Horizonte: Relicário, 2019.
SAMPAIO, Dora. (ver RIBEIRO, Dora)
SAUSSURE, Ferdinand de. *Cours de linguistique générale*. Org. Charles Bally e Albert Sechehaye, colab. Albert Riedlinger. Paris: Payot, 1965. [Ed. bras.: *Curso de linguística geral*. Trad., notas e posf. Marcos Bagno, apres. Carlos Alberto Faraco. São Paulo: Parábola, 2021.]
SCHOPENHAUER, Arthur. *Die Welt als Wille und Vorstellung*. Munique: Deutscher Taschenbuch Verlag, 1998. [Ed. bras.: *O mundo como vontade e como representação*. 2v. São Paulo: Editora Unesp, 2015.]

SIMMEL, Georg. Philosophie des Geldes. In: *Gesamtausgabe*. v.6. Org. D. F. Frisby e K. C. Köhnke. Frankfurt am Main: Suhrkamp Verlag, 1989.

SIMON, Iumna Maria. Condenados à tradição: O que fizeram com a poesia brasileira. *piauí*, Rio de Janeiro, n.61, out. 2011. Disponível em: https://piaui.folha.uol.com.br/materia/condenados-a-tradicao/. Acesso em: 30 jan. 2022.

SISCAR, Marcos. A crise do livro ou a poesia como invenção. In: STERZI, Eduardo (Org.). *Do céu do futuro*: Cinco ensaios sobre Augusto de Campos. São Paulo: Marco, 2006.

SISCAR, Marcos. *Poesia e crise*: Ensaios sobre a "crise da poesia" como topos da modernidade. Campinas: Editora da Unicamp, 2010.

SOUZA, Fátima. *Armadilhas do tempo*: Fios de uma teia poética. Campinas: Mercado de Letras, 2016.

STAROBINSKI, Jean. *Les Mots sous les mots. Les anagrammes de Ferdinand de Saussure*. Paris: Gallimard, 1971.

STERZI, Eduardo. Todos os sons, sem som. In: SÜSSEKIND, Flora; GUIMARÃES, Julio Castañon (Orgs.). *Sobre Augusto de Campos*. Rio de Janeiro: 7Letras, 2004.

STERZI, Eduardo. Prefácio. In: *Do céu do futuro*: Cinco ensaios sobre Augusto de Campos. São Paulo: Marco, 2006a.

STERZI, Eduardo. Sinal de menos. In: *Do céu do futuro*: Cinco ensaios sobre Augusto de Campos. São Paulo: Marco, 2006b.

SÜSSEKIND, Flora. *Literatura e vida literária*: Polêmicas, diários & retratos. Rio de Janeiro: Jorge Zahar, 1985.

SÜSSEKIND, Flora. *Papéis colados*. Rio de Janeiro: Editora UFRJ, 1993.

SÜSSEKIND, Flora. Desterritorialização e forma literária: Literatura brasileira contemporânea e representação urbana. *Sala Preta*, São Paulo, USP, n.4, 2004.

SÜSSEKIND, Flora. Coro a um: Notas sobre a "cançãonoturnadabaleia". In: STERZI, Eduardo (Org.). *Do céu do futuro*: Cinco ensaios sobre Augusto de Campos. São Paulo: Marco, 2006.

VALÉRY, Paul. Poésie et pensée abstraite. In: *Variété, Oeuvres*. t. I. Ed. estab. e anot. Jean Hytier. Paris: Bibliothèque de la Pléiade, 1957.

VIVEIROS DE CASTRO, Eduardo. *A inconstância da alma selvagem*. São Paulo: Cosac Naify, 2002.

VIVEIROS DE CASTRO, Eduardo. *Cosmological Perspectivism in Amazonia and Elsewhere*: Four Lectures Given in the Department of Social Anthropology, University of Cambridge, February-March 1998. Manchester: HAU Network of Ethnography Theory, 2012.

WEBER, Max. *Wissenschaft als Beruf*. Org. Johannes Winckelmann. Tübingen: J. C. B. Mohr, 1988 [1922], em confronto com a edição de GERTH, Hans Heinrich; MILLS, C. Wright (Eds.). *From Max Weber*: Essays in Sociology. Nova York: Oxford University Press, 1974.

WEINRICH, Harald. *Lethe*: Kunst und Kritik der Vergessens. Munique: C. H. Beck, 1997.

WELLBERRY, David. A representação do sacrifício como fonte de fascinação: Anotações sobre a carta de Chandos e a primeira poética de Hofmansthal. Trad. do alemão Johannes Kretschmer. In: NUÑEZ, Carlinda Fragale Pate; MONTEIRO, Maria Conceição (Orgs.). *Traduzibilidade*: A tradução em perspectiva. Rio de Janeiro: Caetés, 2009.

WITTGENSTEIN, Ludwig. *Lectures & Conversations on Aesthetics, Psychology and Religious Belief*. Los Angeles: University of California Press, [s.d.].

ÍNDICE REMISSIVO

absoluta, metáfora, 23, 152, 157, 228
agoridade, 166
Agostinho, santo, 9, 10
Aguilar, G., 188, 207, 210, 347, 350-1, 375
Alencar, J. de, 32
Alighieri, D. *ver* Dante A.
Almeida, P. M. de, 203
Althusser, L., 160
Alvim, F., 239-58
    afirmação do eu, 252
    meia-volta vivencial, 245
    o corriqueiro e o agônico, 251
    primazia da "vida falsa", 257
    visão do cotidiano, 241
anagrama, anagramática, modalidade, 66-7, 70, 199-200, 370
analógico, 136, 139
Andrade, C. D. de, 57-79, 97, 107, 114, 149-50, 151, 160, 197, 213, 215-6, 239, 245, 255, 280
    romanesco, enredo, 76, 246, 255-6

Andrade, M. de, 44, 47, 57, 113, 114, 173
Andrade, O. de, 44, 114, 203, 271-2, 273
Anjos, A. dos, 38, 139-40, 141-2
antilira, 44, 105, 113-4, 139, 141, 143-4, 145, 151-3, 159, 160-2, 165-6, 183-4, 245
antipoesia, 139, 245
antivivencial, eixo, 106-7
Apollinaire, G., 192, 198
Araripe Junior, 37*n*
Aristóteles, 23, 24-5, 151, 193
Arnold, M., 35
arquitetônica, ótica, 107
Arraes, M., 116-7
Arrigucci Jr., D., 49, 114, 141, 143, 233
arte
    e mentira, 176-7, 181
    crítico de, 177
Assis, M. de, 38, 114, 173, 197
Augusto, E., 249*n*, 250
autobiografia, 63, 106, 156-7

avesso, autobiografia pelo, 106, 156-7
Azevedo, C., 112, 330-1

Bach, J. S., 130
Bacon, F., 136
baixo calão, 273-4
Balibar, É., 160
Bandeira, M., 43-56, 57, 113-4, 141, 160, 197, 213, 280, 318
Baptista, A., 69-72
Barbosa, F., 185
Barbosa, J. A., 115, 131-2
Bataille, G., 252
Baudelaire, C., 18-9n, 34-5, 141, 159, 315, 319, 355, 360
Bauhaus, 204
Benjamin, W., 181
Benn, G., 136, 373-4
Bennett, A., 33
Bense, M., 189
Benveniste, É., 199
Blumenberg, H., 18-9n, 21-3, 24-5, 26-7, 29, 151-2
Bosch, H., 276-7
Bosi, V., 158
Boswell, J., 9-10
Boulez, P., 192
brasileiro
    intelectual, 61, 189
    modernismo, 57, 245
Brennand, F., 117
Britto, P. H., 280, 286-7, 297
Broch, H., 136
Brossa, J., 167

Cacaso, 240-1
calão, baixo, 273-4
Campos, A. de, 43, 57, 173, 188, 191-3, 194n, 198, 200, 202, 204, 207, 209-10, 239, 268, 347-76

Campos, H. de, 39, 57, 72, 112-3, 132, 149n, 166, 173, 188-9, 191, 192, 198, 202, 204, 205-7, 239, 268, 347n, 348, 354, 371
Candido, A., 70
Canetti, E., 171, 174-9, 181, 183-4
Cardozo, J., 245
Carpeaux, O. M., 171, 184
Carré, J. M., 188n
Carroll, L., 132, 171, 176
Carvalho, A. de, 215, 231
catarse, 24-5, 104, 274
Cavalcanti, G., 135
Celan, P., 18, 136, 368
Chabon, M., 207n
Chandos, Lord, 136
Chklovski, V., 261
Coleridge, S. T., 35, 98
coloquialidade, 47, 58
conceito, 22, 24, 25, 27, 40, 45, 79, 151-2, 156
concretismo, concretos, poetas, 13, 44-5, 57, 72, 131-3, 187-8, 189, 191, 192, 197-8, 204-6, 207-8, 210, 213, 225, 228, 239, 280, 319, 347-8, 353, 356-7, 359, 367-8, 371
contradições, cf. Drummond, 61, 72, 76, 78-9
Corbière, T., 35, 141
corrosão
    princípio, 61, 66, 78-9, 216
    espécies, 61, 66, 72-3, 78-9
Cosimo, P. de, 129
Costa Lima, L., 18, 152n
Coutinho, A., 37n
criticism, new, 37, 182, 195
Croce, B., 37
Cruz e Souza, J., 279

Cummings, E. E., 34, 187, 192, 319, 353, 363
Czerny, C., 120, 121, 131

Dante A., 12, 135, 144, 151
desespacialização, 124, 126, 141, 143
despersonalização, 47, 120, 141, 147, 264
dessacralização, 225-6, 271, 276
determinismo, 187, 189
deterministas, explicações, 37-8
Dias, G., 32
Diderot, D., 177-8
discursiva, forma, 36-7, 200-1, 233
discursivo, o, 200-1, 225, 315, 339
documentalista, tradição, 133
Dolhnikoff, L., 112-3, 376
Donne, J., 72
Dostoiévski, F., 155
drummondianas, contradições, 61, 72, 76, 78-9
Duch, L., 171

efeito estético, 14, 367-8, 370
Eliot, T.S., 33-5, 71-2, 98, 102, 119, 319, 326, 373
escravocrata, 32
espacialidade, 101
Establet, R., 160
estética, experiência, 11, 16-21, 180, 182, 192, 196, 365, 370-1
"estética, ideologia", 15
estranhamento, 261, 328
eu
    descentramento do, 216
    distanciamento do, 18, 20, 195
euísmo, 107
experiência
    estética, 11, 16-21, 180, 182, 192, 196, 365, 370-1

    personalização da, 155-6, 162

Faustino, M., 173
Ferraz, E., 112
Ferreira, O. da C., 111, 118, 184
ficção, 17, 21, 29, 31, 33, 34-5, 36, 39- 40, 175, 176, 177, 178, 180, 198, 216, 233, 281, 311, 325, 327, 373
ficcionalidade, 40, 336
fingidor, fingimento, 175-7, 179-80
Flaubert, G., 102
Fontela, O., 279-97, 320
    essencialidade em, 282, 284, 286, 288-9, 295-7
    reflexiva, poesia, 279
forma discursiva, 36-7, 200-1, 233
formalismo, 39, 50, 62, 72, 133-4
Foucault, M., 157
Frank, J., 71, 101-2
Freire, P., 116-7, 184
Freyre, G., 184
Friedrich, H., 23

Gervinus, G. G., 36
Gide, A., 161
Gillespie, M. P., 207*n*
Goethe, J. W. von, 149*n*, 178
Gomringer, E., 189, 192, 205, 207*n*
Gonçalves, J. A., 116, 184
Góngora y Argote, L. de, 72, 183
Goulart, J., 117
Greene, R., 206
Grimm, W., 177
Guevara, Che, 162

Hawking, S., 326
Hegel, C. W. F., 334
Hesíodo, 292
hipálage, 70-2, 304

história, escrita da, 39, 327
historismo, 208
Hofmansthal, H. von, 136
Holanda, G. de, 130, 184-5
Holanda, S. B. de, 49-50
Hölderlin, F., 137-8, 149
Horácio, 193
Horkheimer, M., 132, 185
Houaiss, A., 184-5

ideograma, 192, 202-3, 205, 237, 351
imagem, 22, 53-5, 64, 106, 179, 181, 216, 222, 245, 263, 290, 292, 303, 305, 317
imagética, 58, 103, 220
imaginário, controle do, 181
Ingarden, R., 255
imitação
 e metamorfose, 174-5, 178
 imitatio, 23, 25-6, 177, 178, 192-3, 197, 362
impressionismo, 187
intencional, falácia, 182
ironia, 61, 63, 108, 124, 127-8, 144, 167-8, 170, 183, 218, 225, 266-7, 313, 331, 339-40, 344-5
Iser, W., 36, 182-3, 206, 367-8
Itabira, 58-60, 64, 68, 72, 74-5, 78

Jauss, H. R., 208, 355
João, apóstolo, 170
jogo, 11-2, 21, 56, 174, 176, 182-3, 190-1, 230, 233, 237, 372
Johnson, S., 9-10
jornais, suplementos dos, 33-4, 184
Josefo, F., 174
Joyce, J., 102, 187, 192, 207n, 363

Kafka, F., 136, 151, 160, 309, 311

Kant, I., 17, 180, 292
Kubitschek, J., 203, 348
Kuperman, P., 132

Langer, S., 200
Lavelle, P., 287, 292, 297
Leavis, Q. D., 32-4
Leite, S. U., 97, 111-85
leitor, público, 32, 188
Leopardi, G., 171
Lévy-Bruhl, L., 290
Lima, J. de, 213
Lima, J. L., 183
linguagem
 estratificação da, 36
 jogo(s) de, 11-2, 21, 56, 183, 190, 372
literário, nacionalismo, 336
literatura
 e expressão do ego, 114
 forma discursiva, 36-7
 histórias da, 14-5, 34-5, 37, 39
 nacionalização da, 37n, 38, 40
 teorização da, 15, 29, 39
literatura-verdade, 133, 138
livrarias, fechamento das, 34, 213-4
livro, circulação do, 33-4, 172
Lorca, F. G., 67-8, 72
Lukács, G., 39

Machado, D., 150, 161, 163-5
Macherey, P., 160
Maciel, M. E., 231
Magalhães, A., 116, 184
Magalhães, G. de, 37
Magno, M., 166-7, 185
Mallarmé, S., 19, 34, 66, 99, 100, 101-2, 165, 183, 187, 191-3, 195, 197, 280, 319, 352, 368, 369

Man, P. de, 98-9, 100-1, 102
marginal, poesia, 44, 47, 239, 240
Marques, A. M., 281, 299-318, 320, 324
   experiência do não conforme, 301-2
   modulações da linguagem, 299
   o outro dicionário, 306
Martins, M., 213-37
   eros e dimensão religiosa, 225
   vida e morte, 232
Martins, O., 259-77
   e a recusa do ornamental, 262
   e o subúrbio, 261
   aragem lírica, 267
   vazio, problemática do, 269-70
McLuhan, M., 203
Melo Neto, J. C. de, 57, 70, 81-110, 143, 173, 213
Melo, J. L. de, 111, 116, 118, 130, 184
Melo, T, de, 214*n*, 320
memória, 46, 47-8, 60, 63-4, 72, 75-8, 102, 160, 171, 174, 216, 220, 249, 302, 323, 330, 333-4
memorialismo, memorialista, 58, 76-8
Menezes, L., 240-1*n*
Menezes, P., 225
mercadológicos, interesses, 31, 34
Merquior, J. G., 245-6
metafísica, dimensão, 63, 126
metáfora, 22-3, 26, 55, 101, 103, 135-7, 138-9, 150-2, 154, 157, 160-1, 174, 228, 230, 235, 245, 305, 326, 335-6, 376
   absoluta, 23, 152, 157, 228
metamorfose, 17, 60, 156,1 161, 174-5, 178, 230, 235, 253, 286-7, 296

metonímia, 234, 336
*mí*mema, 25, 195, 323
Mímesis, 193, 195-7
   espécies de, 195-7
mítico, tempo, 120-1, 129-30, 141, 146
modernidade, 22, 25, 101, 103, 112, 136, 139, 143, 152, 174, 193, 195-7, 355-6, 359, 373
   ver poesia, modernidade na.
modernismo, 44, 51, 57, 112, 114, 207*n*, 239, 245, 254, 268, 280, 319, 358-9
Mondrian, P., 102-3, 107, 109-10, 202, 358
Montaigne, M., 22-3, 178
Monteiro, M. C., 136
Moore, M., 171
Moraes, E. R., 216-7
Morgenstern, C., 132, 166, 171, 185
Moriconi, I., 31*n*
morte, alusões à, 130, 140, 146-7, 155, 167, 222, 235, 237, 241, 245, 253
Mozart, W. A., 269

nacionalidade, expressão de, 37-8, 40, 114, 336-7, 354
new criticism, 37, 182, 195
Nietzsche, F., 113
novo, verso livre, 280
Nunes, B., 215-6, 221, 225, 228, 235
Nuñez, C. F. P., 136

Parra, N., 167
Parra, V., 162
Paz, O., 132, 149-52, 154, 165, 171, 185, 207-9, 355
Pedro II, 38

performático, eu, 45, 107, 316, 319, 369
personalização, 121, 129, 141, 147-8, 155-6, 158, 162, 167
Pessoa, F., 144-5, 169
pessoalidade, impessoalidade, 29, 53-4, 119, 219, 235
Pignatari, D., 57, 65-6, 70, 188, 191, 198, 200-6, 208, 239, 348-50, 352-7, 362, 371-2
Pinto, L. A., 200-1, 350
pintura, 102, 177-8, 188, 192, 350, 351, 363
poema, natureza do, 105
poesia teológica, 151
poesia, modernidade na, 36, 97, 101, 196, 207, 315, 354-6
Pomorska, K., 132
Pompeu, R., 133
pós-modernidade, 112, 208, 356
pós-utópico, poema, 72, 113, 207-10, 354, 356, 373
Pound, E., 34-6, 102, 192, 202, 205, 319
Praga, Círculo linguístico de, 13
Pratt, M. L., 15
Proust, M., 5, 102, 203

Quadros, J., 116
Quevedo y Villegas, F. de, 156

Rancière, J., 160
reducionismo, 37, 113, 207-9
Reis, R., 144
representação, crise da, 196-7
retoricizada, palavra, 38
Riaudel, M., 295
Ricoeur, P., 10
Rilke, R. M., 167
Rimbaud, A., 18-9n

Ripellino, A., 132
Romero, S., 38
Rosa, J. G., 114, 197, 335-6
Rosário, A. Bispo do, 275
russos, formalistas, 13, 14-5, 37

Safatle, V., 313
Safo, 274
Sammer, R., 296-7
Sampaio, D., 281, 319-45
 figuração abstrata, 321, 333
 memória e silêncio, 330, 331
 palavra e imaginação, 325-7
 situações basilares, 324
satírica, força, 132, 165
Saussure, F. de, 66, 198-200, 370
Schiller, F., 149n
Schmidt, A. F., 213
Schoenberg, A., 192
Schopenhauer, A., 180
Seabra, J. A., 99n
semântica, redução, 192
semântico, abertura para o, 67
semióticos, micróbios, 153
Sidney, P., 35, 98
significante, 75, 199, 225, 226, 371
Simmel, G., 136, 161
Simon, I. M., 111-5
simulação, simulacro, 124, 130, 158, 167, 174-5, 179, 181, 223
Siscar, M., 315, 351, 357, 374-6
sociológica e imanentista, críticas, 195
Sousândrade, J. de, 38, 72
Spinoza, B., 71
Stálin, J., 68
Starobinski, J., 199-200, 370
Stendhal, 132, 171, 185
Sterzi, E., 225, 351, 357, 368, 373-4
Stock, R., 215

Stockhausen, K., 192
substância, 11, 24, 102-3, 108, 110, 230
sujeito, posição material do, 60-1
Süssekind, C., 133
Süssekind, F., 114, 133-4, 138, 141, 169, 210, 348, 351-2, 357-8, 372

tchecos, 13, 14-5
ver Praga, Círculo linguístico de.
televisiva, mídia, 34, 351
tempo, temporalidade, 9,-10, 21, 22, 26-7, 34-5, 44-5, 46-51, 53, 56, 59-60, 64-5, 71, 76, 79, 101-2, 112, 114, 119-22, 124, 126-30, 141, 143, 145-6, 153-4, 156, 159, 166-7, 172-3, 180-1, 182, 188, 190, 196, 200, 202, 209, 219-20, 235, 251-2, 258, 262, 282, 290-1, 295, 308, 315, 323, 326, 331, 341, 351, 361, 365, 375
tempo mítico, 120-1, 129-30, 141, 146
teoria, teorização, 10, 15, 23-4, 29, 36, 39, 152, 168, 180, 188, 199, 272-3, 350, 352-3
Thatcher, M., 160
tmese, 230-1, 365
transcendência, vazio da, 195, 226

unicidade, 174, 179

Valença, R., 171
Valéry, P., 18-9*n*, 98-9, 118, 164-5, 184
vazio, 46-7, 100, 116, 151-2, 183, 195, 240, 259-77, 290, 368
verbivocovisual, 191, 206
Veríssimo, J., 38
Verlaine, P., 35
vida, 16, 19, 21, 45, 48-51, 74, 79, 98, 101, 104-5, 118, 120, 122, 129, 133-4, 139, 146-7, 156, 161, 162, 163, 169, 180, 183, 188, 204, 215, 217, 220, 223, 232-3, 234, 237, 242, 243-4, 249, 252, 253, 257, 276, 279, 285, 288, 295, 299, 325-6, 329, 332, 334-5, 338, 343, 345, 347-8, 349, 369, 375
Villon, F., 183, 185
Virgílio, 145
Viveiros de Castro, E., 29, 40, 296
vivência, vivencial, vivencialidade, 64, 103, 106-7, 109, 133, 201, 245, 281-2, 293-4, 302, 303-4, 333, 343-4

Wanderley, J., 115-6, 131
Weber, M., 16
Weinrich, H., 19
Wellbery, D., 136
Wittgenstein, L., 11-2, 21, 113
Wordsworth, W., 35, 98

Obras do autor

A ficção e o poema: Antonio Machado, W. H. Auden, Paul Celan, Sebastião Uchoa Leite. São Paulo: Companhia das Letras, 2012 (esgot.).

A aguarrás do tempo: estudos sobre a narrativa. Rio de Janeiro: Rocco, 1989 (esgot.).

A metamorfose do silêncio. Rio de Janeiro: Eldorado, 1974 (esgot.).

A perversão do trapezista: O romance em Cornélio Penna. Ed. revista, com novo prefácio, intitulada de *O romance em Cornélio Penna*. Belo Horizonte: Editora UFMG, 2005 (1976).

Dispersa demanda. Rio de Janeiro: Francisco Alves, 1981 (esgot.).

Escritos de véspera. Org. Aline Magalhães Pinto e Thiago Castañon. Florianópolis: Editora da UFSC, 2011.

Estruturalismo e teoria da literatura. Petrópolis: Vozes, 1973 (esgot.).

Frestas: A teorização em um país periférico. Rio de Janeiro: Contraponto/Editora PUC-Rio, 2013.

História. Ficção. Literatura. São Paulo: Companhia das Letras, 2006; reimpr. 2011.

Intervenções. São Paulo: Edusp, 2002.

Limite. Belo Horizonte/Rio de Janeiro: Relicário Edições/Editora PUC-Rio, 2019.

Limites da voz (Montaigne, Schlegel, Kafka). 2. ed. rev. Rio de Janeiro: Topbooks, 2005 (1993).

Lira e antilira: Mário, Drummond, Cabral. Ed. rev. e modif. Rio de Janeiro: Topbooks, 1995 (1968) (esgot.).

Melancolia: literatura. São Paulo: Editora Unesp, 2017.

Mímesis: desafio ao pensamento. Rio de Janeiro: Civilização Brasileira, 2000 (esgot.).

Mímesis e arredores. Curitiba: CRV, 2017.

Mímesis e modernidade (Formas das sombras). 2. ed. atualiz. Rio de Janeiro: Graal, 2003 (1980) (esgot.).

O chão da mente: a pergunta pela ficção. São Paulo: Editora Unesp, 2021.

O controle do imaginário: Razão e imaginação nos tempos modernos. 2. ed. rev. (1989) e incluída em *Trilogia do controle*. Rio de Janeiro: Topbooks, 2007 (1984).

O controle do imaginário & a afirmação do romance: Dom Quixote, As relações perigosas, Moll Flanders, Tristram Shandy. São Paulo: Companhia das Letras, 2009 (esgot.).

O fingidor e o censor. Reed. incluída em *Trilogia do controle*. Rio de Janeiro: Topbooks, 2007 (1988).

O insistente inacabado. Recife: CEPE, 2018.

O redemunho do horror: As margens do Ocidente. São Paulo: Planeta, 2003; 2. ed. São Paulo: Perspectiva, 2011 (esgot.).

Os eixos da linguagem: Blumenberg e a questão da metáfora. São Paulo: Iluminuras, 2015.

Pensando nos trópicos (Dispersa demanda II). Rio de Janeiro, Rocco: 1991 (esgot.).

Por que literatura. Petrópolis: Vozes, 1966 (esgot.).

Terra ignota: A construção de *Os sertões*. Rio de Janeiro: Civilização Brasileira, 1997.

Vida e mímesis. São Paulo: Editora 34, 1995 (esgot.).

Traduções

Control of the Imaginary: Reason and Imagination in Modern Times. Minneapolis: University of Minnesota Press, 1988.

Die Kontrolle des Imaginären: Vernunft und Imagination in der Moderne. Frankfurt am Main: Suhrkamp Verlag, 1990.

Mimesis: Herausforderung an das Denken. Berlim: Kulturverlag, 2012.

The Dark Side of Reason: Fictionality and Power. California: Stanford University Press, 1992.

The Limits of Voice: Montaigne, Schlegel, Kafka. California: Stanford University Press, 1996.

Coletâneas, organização de

Mimesis e a reflexão contemporânea. Rio de Janeiro: EdUERJ, 2009.

Teoria da cultura de massa (de Abraham Moles a Erwin Panofsky). 9. ed. Rio de Janeiro: Paz e Terra, 2020.

Teoria da literatura em suas fontes. 2v. 3.ed. Rio de Janeiro: Civilização Brasileira, 2002 (esgot.).

SOBRE O LIVRO

Formato
13,5 x 21 cm

Mancha
23,7 x 41,6 paicas

Tipologia
adobe jenson 11/14

Papel
off-white 80 g/m² (miolo)
cartão supremo 250 g/m² (capa)

1ª edição editora unesp: 2022

EQUIPE DE REALIZAÇÃO

edição de texto
Fábio Fujita (copidesque)
Nair Hitomi Kayo (revisão)

capa
Quadratim Editorial

editoração eletrônica
Sergio Gzeschnik

assistência editorial
Alberto Bononi
Gabriel Joppert

Impressão e Acabamento
assahi
gráfica e editora ltda.